国家新闻出版广电总局社科资助项目
项目编号：GDT1504
国家留学基金委艺术类专项资助

融合创新——广播电视媒体发展之道

王海智 著

北京邮电大学出版社
www.buptpress.com

内容简介

随着新媒体时代的到来，媒体呈现出了新的发展趋势，新媒体以其载体丰富、互动性强、渠道广泛、覆盖率高、精准到达、性价比高等特点在现代传媒产业中占据越来越重要的位置。因此，传统媒体如何在与新媒体的竞争中转型发展是摆在传统媒体从业者面前最严峻的问题之一。

本书通过对广播电视媒体发展现状的梳理，结合新媒体市场的特点，探究传统媒体与新媒体融合之道，打造媒体平台在内容、技术、资源、运营、组织上的融合，帮助传统媒体认识自身所处的发展阶段，并调整相应的策略，在转型升级中坚守自己，发挥出传统媒体在后融合时代的真正作用。结合具体案例对深度融合下新旧媒体的媒体环境进行了反思并预测未来媒体发展新环境。

图书在版编目（CIP）数据

融合创新——广播电视媒体发展之道 / 王海智著. -- 北京：北京邮电大学出版社，2019.2
ISBN 978-7-5635-5541-3

Ⅰ.①融… Ⅱ.①王… Ⅲ.①广播电视－传播媒体－研究 Ⅳ.①G220

中国版本图书馆 CIP 数据核字（2018）第 169121 号

- 书　　　名：融合创新——广播电视媒体发展之道
- 著作责任者：王海智　著
- 责 任 编 辑：满志文　穆菁菁
- 出 版 发 行：北京邮电大学出版社
- 社　　　址：北京市海淀区西土城路 10 号（邮编：100876）
- 发　行　部：电话：010-62282185　传真：010-62283578
- E-mail：publish@bupt.edu.cn
- 经　　　销：各地新华书店
- 印　　　刷：北京鑫丰华彩印有限公司
- 开　　　本：720 mm×1 000 mm　1/16
- 印　　　张：11.25
- 字　　　数：227 千字
- 版　　　次：2019 年 2 月第 1 版　2019 年 2 月第 1 次印刷

ISBN 978-7-5635-5541-3　　　　　　　　　　　　　　定　价：36.00 元

前　言

  广播媒体的概念,是在 20 世纪初被提出来的,它是现代社会信息化发展的产物,在信息传递中起到重要的作用。广播媒体所处的传统传播媒体地位,在网络融合加剧的今天面临着新的挑战。传统的广播电视媒体,已经远远不能适应我国媒体行业对信息通道开放性的要求,以及广大受众在精神文化上自由选择的需要。目前,随着新兴媒体的蓬勃发展,无论是国内还是国外,无论是理论界还是业界都一致认为,随着广播电视媒体与新兴媒体融合的发展,将诞生一种全新的媒介形态。

  自媒体融合的趋势出现以来,相关的关注与研究已经很多。其中,有的涉及媒介融合类型的划分,有的涉及融合的趋势,相关的研究呈现出专门化、系统化、多角度的特点。而广播电视媒体与新兴媒体融合发展可以看作是媒介融合研究的一个"子题",与母题相比,有关的研究相对较少。本书对此领域运用了大数据的思维与优势,以及专业化的信息数据处理,对广播电视媒体与新兴媒体的融合发展进行了深入的研究,并提供相应的数据支撑和精准的发展战略。

  本书共从五个层面展开研究,每个部分包含若干个主题,分别论述了传统广电媒体的生存现状、广播电视新媒体的发展现状、传统广电与新媒体的融合之道、传统广电媒体的生机以及深度融合下媒介环境的反思以及对未体媒体环境预测。

  传统广电媒体的生机、深度融合下媒体环境的反思以及对未来媒体环境预测,并总结了后融合时代中可能的四点问题与十二条对策,放在书后。

  书中统计数据取自一线的传媒公司与相关部门,切实保证了数据的真实性与准确性。同时书中包含多幅种类不同的数据图表,以及热点事件与代表性案例分析,生动直观地将结果呈现给了读者。本书补充了国内广播电视媒体行业与新兴媒体融合发展战略,为推动媒介融合发展提供了可遵循的方向,但这仅仅是个开始,新兴媒体空前显现的时代,还有相当多的问题需要我们去解决,所以,对后融合时代的探索应不止于此,还应为媒体融合发展注入源源不断的动力。

  完成这本书的过程十分漫长,但一想到能对广播电视媒体行业的发展有所帮助,我就有写完的动力。很多人也为这本书的诞生付出了长期而艰辛的努力。

  首先,感谢国家广播电视总局为本项目提供资助,同时感谢为本书提供大力支持的中央电视台、湖南卫视、上海东方卫视、浙江卫视、江苏卫视、北京卫视和安徽卫视，以及未来电视和《传媒》杂志，正是各个部门单位提供的访谈座谈、调查资料以及丰富的统计数据，才能让这本书的内容丰富饱满且具有十分重要的意义。

本书团队成员们为本书做出了重大贡献，没有他们的辛苦付出，就没有这本书的灵魂。他们是李霞、张霆、黄佩、周玉基、杨勇、王尊亮和刘书昌。同时，感谢中国新闻出版研究院和北京邮电大学出版社。感谢本书编辑对我的鼓励与指导，以及为本书的出版付出的汗水。感谢北京邮电大学出版社，让人们知道、发现这本书。

感谢我的学生们给予我宝贵的建议与支持，这是一群活力四射的年轻人。感谢所有给我帮助和启示的朋友。

本书所依托课题《传统广电媒体融合发展之路》获得国家新闻出版广电总局社科类项目一等奖。

作者

目　　录

第1章　传统广电媒体生存现状 ………………………………………… 1
1.1　广播媒体 …………………………………………………………… 1
1.1.1　广播的起源与发展 ……………………………………………… 1
1.1.2　传统广播媒体的受众及收听概况 ……………………………… 2
1.1.3　现阶段广播的制作内容与技术手段 …………………………… 6
1.1.4　传统广播媒体的经济现状 ……………………………………… 8
1.2　电视媒体 …………………………………………………………… 10
1.2.1　电视媒体的起源与发展 ………………………………………… 10
1.2.2　电视媒体受众及收视概况 ……………………………………… 11
1.2.3　电视媒体的制作内容及技术手段 ……………………………… 17
1.2.4　电视媒体经济现状 ……………………………………………… 26
1.3　传统广电媒体生存危机 …………………………………………… 28
1.3.1　传统广电媒体存在的主要问题 ………………………………… 28

第2章　广播电视新媒体发展现状研究 ………………………………… 31
2.1　新媒体概况 ………………………………………………………… 31
2.1.1　新媒体的内涵特点 ……………………………………………… 31
2.1.2　新媒体的承载形式的特点及优缺点 …………………………… 34
2.2　新媒体发展现状 …………………………………………………… 37
2.2.1　网络新媒体概述 ………………………………………………… 37
2.2.2　网络多媒体节目类型 …………………………………………… 39
2.2.3　网络新媒体的赢收方式 ………………………………………… 41
2.2.4　网络新媒体的影响力 …………………………………………… 41
2.2.5　移动端新媒体 …………………………………………………… 43
2.3　新媒体案例研究 …………………………………………………… 45
2.3.1　PPTV …………………………………………………………… 45
2.3.2　搜狐视频PPTV ………………………………………………… 48
2.3.3　喜马拉雅 ………………………………………………………… 53
2.4　本章小结 …………………………………………………………… 58

第3章 传统广电媒体与新媒体融合之道··· 61

3.1 传统广电媒体自有属性与特点··· 61
3.1.1 传统广电媒体的自有属性·· 61
3.1.2 传统广电媒体的特点·· 62
3.2 新媒体自有属性与特点·· 64
3.2.1 新媒体的微型化属性·· 64
3.2.2 新媒体的即时化属性·· 66
3.2.3 新媒体的海量化属性·· 67
3.2.4 新媒体的传播特点·· 68
3.3 技术融合··· 70
3.3.1 传输技术融合的两大方面是互联网技术和通信技术····· 70
3.3.2 交互方式的融合·· 72
3.3.3 媒体属性的融合·· 74
3.4 内容融合··· 76
3.4.1 传统广电媒体的主要节目内容······································ 76
3.4.2 新媒体的主要内容·· 77
3.4.3 传统媒体和新媒体如何相互借鉴取长补短····················· 77
3.5 赢利模式的融合·· 80
3.5.1 传统赢利模式探讨·· 81
3.5.2 新媒体赢利模式多样化·· 82
3.5.3 传统媒体与新媒体赢利模式的融合······························· 83
3.6 制作融合··· 84
3.6.1 制作者融合·· 85
3.6.2 制作理念融合·· 86
3.6.3 表现形式的融合·· 88
3.7 营销融合··· 89
3.7.1 传统媒体内容分发渠道单一·· 89
3.7.2 新媒体分发渠道广泛但缺乏权威性································ 91
3.7.3 两者融合带来营销方式的优化······································ 93
3.8 传播渠道的融合·· 94
3.8.1 传播渠道的分类·· 94
3.8.2 新形势下传播渠道的融合·· 95
3.9 大数据及数据挖掘带来的融合·· 96
3.9.1 点播及播放数据的反馈·· 97

3.9.2 内容的准确分发 … 98
3.9.3 广告及内购产品的推送 … 99

第4章 传统广电媒体的生机 … 100

4.1 国内外广电媒体的收视数据及分析 … 100
4.1.1 国内电视媒体概况 … 100
4.1.2 各级频道竞争现状及变化 … 102
4.1.3 国内广播电视媒体基本数据 … 103
4.1.4 国外广播电视媒体 … 104

4.2 传统广电媒体再现生机的案例探索 … 110
4.2.1 案例分析：2016—2017年典型传统广电媒体节目的构建 … 110

4.3 强化互联网思维，为广电媒体注入新活力 … 135
4.3.1 国外互联网模式融合总结 … 135
4.3.2 树立平台思维，主动拥抱新媒体 … 136
4.3.3 建构跨界思维，赋予节目灵魂 … 137
4.3.4 转向用户思维，注重节目互动 … 138
4.3.5 建立社会化思维，创新传播途径 … 139

第5章 深度融合下媒体环境的反思及未来媒体环境的预测 … 141

5.1 媒体的后融合时代 … 141
5.1.1 传统媒体在后融合时代的地位 … 141
5.1.2 新媒体在后融和时代的地位 … 145

5.2 深度融合下媒体环境反思 … 151
5.2.1 内容低俗化 … 151
5.2.2 无序竞争 … 155
5.2.3 内容同质化 … 159
5.2.4 传统媒体的话语权、公信力减少 … 161

5.3 未来媒体环境展望 … 165
5.3.1 媒体微观环境预测 … 165
5.3.2 传统媒体与新媒体进一步走向深度融合 … 170

第1章 传统广电媒体生存现状

1.1 广播媒体

1.1.1 广播的起源与发展

1. 广播的定义

广播是指通过无线电波或导线传送声音的新闻传播工具。通过无线电波传送节目的称为无线广播;通过导线传送节目的称为有线广播。广播的优势是对象广泛,传播迅速,功能多样,感染力强;劣势是一瞬即逝,顺序收听,不能选择,语言不通则收听困难。

数字广播(Digital Broadcasting)是指将数字化的音频信号、视频信号,以及各种数据信号,在数字状态下进行各种编码、调制、传递等处理。

2. 国外广播的发展历程

1906年圣诞节前夜,美国的费森登和亚历山德逊在纽约附近设立了一个广播站,并进行了有史以来第一次广播。广播的内容是两段笑话、一首歌曲和一支小提琴独奏曲。这一段广播节目被当时四处分散的持有接收机的人们清晰地收听到了。

1908年,美国的弗雷斯特又在巴黎埃菲尔铁塔上进行了一次广播,被那一地区所有的军事电台和马赛的一位工程师所收听到。

1916年,弗雷斯特又在布朗克斯新闻发布局的一个试验广播站播放了关于总统选举的消息。

可是在当时只有极少数的人能够收听这些早期的广播。真正的广播诞生于20世纪20年代。

世界上第一座领有执照的电台,是美国匹兹堡KDKA电台,于1920年11月2日正式开播。

3. 广播在我国早期的发展历程

我国的第一座广播电台建于1923年1月,由美国的奥斯邦创办,属于中国无线电广播公司的广播台,首先在上海播出。

1926年,中国出现第一家自办广播电台——哈尔滨广播电台,由刘瀚创办。

1928年,中国国民党北伐成功,在南京创办"中国国民党中央执行委员会广播无线电台",呼号为XKM。

1939年,国民党在重庆创办对外广播台——"中国之声"(Voice of China)。

1940年12月,中央人民广播电台的前身——延安新华广播电台开始播音,标志着中国人民广播事业创建。

1.1.2 传统广播媒体的受众及收听概况

1. 受众人群

传统广播媒体的受众可按如下方法来进行分类。

1) 按年龄段来分

新闻综合广播和文艺类广播在老年听众中有较高的收听率;交通广播在中青年听众(25~54岁)中收听率较高,分析车上收听率的调查数据发现,交通类广播收听率大幅度高于其他类别的广播频率,其车上收听率达到或超过0.63%。而音乐广播则在15~44岁听众中收听率较高。

图1-1所示为北京地区不同年龄段听众平均日到达率。由图可知,北京地区受众人群中的中青年是北京电台的核心听众。

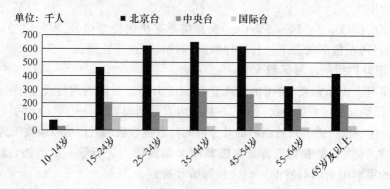

图1-1 北京地区不同年龄段听众平均日到达率

资料来源:央视索福瑞收听率调研(2011年1~11月)

图1-2所示为南京、长春、哈尔滨、郑州四城市不同年龄人群收听频道类型占比情况。

2) 按受众受教育程度来分

交通广播和音乐广播表现出较明显的受教育特征,交通广播和音乐广播在高学历听众中收听率较高,而文艺类广播则在中低学历听众中收听率较高。

图1-3所示为北京地区不同教育程度听众平均日到达率。由图可知,北京电台的核心听众中受过中高等教育的人数较多。

图1-4所示为南京、长春、哈尔滨、郑州四城市不同教育水平人群收听频道类型占比情况。

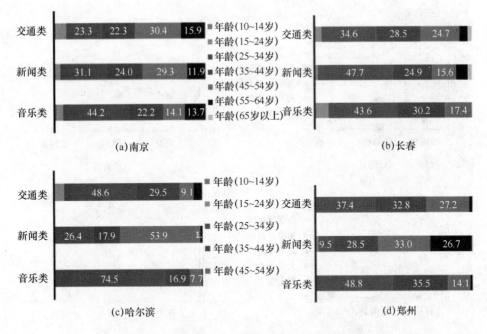

图 1-2 南京、长春、哈尔滨、郑州四城市不同年龄人群收听频道类型占比(2015年5~7月)
资料来源:尼尔森网联 RAM 测量仪收听率(2015年5~7月)

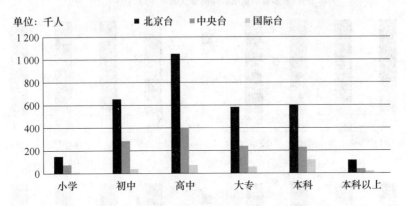

图 1-3 不同教育程度听众平均日到达率
资料来源:央视索福瑞收听率调研(2011年1~11月)

3) 按受众的性别来分

性别特征较为明显的广播类别有交通广播、音乐广播和都市/生活广播等。交通广播在男性听众中的收听率较高,达到 1.43%;而在女性听众中的收听率仅有 0.91%。音乐和都市/生活类广播在女性听众中的收听率明显地高于在男性听众中的收听率。

图 1-5 所示为长春、南京、哈尔滨、郑州四城市不同性别收听频道类型占比情况。

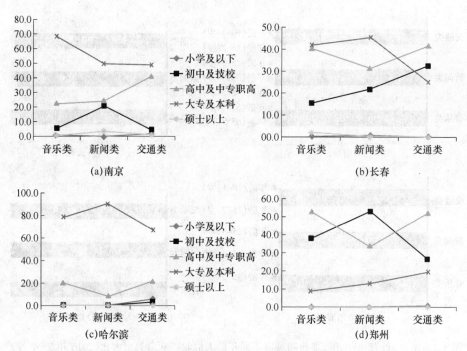

图1-4 南京、长春、哈尔滨、郑州四城市不同教育水平人群收听频道类型占比
资料来源:尼尔森网联 RAM 测量仪收听率(2015 年 5～7 月)

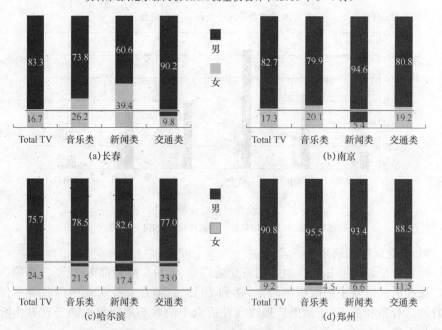

图1-5 长春、南京、哈尔滨、郑州四城市不同性别收听频道类型占比
资料来源:尼尔森网联 RAM 测量仪收听率(2015 年 5～7 月)

4) 以受众收入来分

图 1-6 所示为长春、南京、哈尔滨、郑州四城市不同收入人群收听频道类型占比情况。

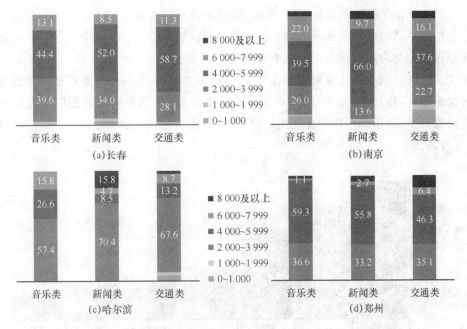

图 1-6　长春、南京、哈尔滨、郑州四城市不同性别收听频道类型占比
资料来源：尼尔森网联 RAM 测量仪收听率（2015 年 5～7 月）

2. 车载广播

车载收听市场将逐步成为广播电台的主战场。

赛立信媒介研究 2015 年上半年不同场所的收听数据显示，移动收听市场的到达率较 2011 年提升了 9.8 个百分点，增幅为 31.8%，比居家收听市场的到达率稍高。移动收听市场在整体广播收听市场的地位及作用已经奠定，并逐步成为广播媒体关注的焦点。以杭州地区为例，2014 年车载收听量占比超过 40%，较五年前翻了接近一番。车载听众的规模日益壮大，车载收听在收听市场中逐步成为主导。

车载收听市场的受众群以 30～45 岁 20 世纪七八十年代出生的人群为主，连同九十年代初和六十年代末的受众，占比则达到 83.0%；从职业上看，以国家公职人员、不同层级的管理者、公司职员、私营业主、个体工商户及自由职业者和城市普通职工为主，占比达 79.0%；人均收入水平为 5636 元/月，个人月均收入在 5000 元以上的占比近 50%，个人消费平均支出为 2879 元/月，占个人月收入的 50% 左右；超过 60% 的受众接受过高等教育。车载收听市场的受众群已经贴上"三高"的标签——良好的职业背景、高收入和强消费力，使其成为广告主关注的重点受众群，也是各大广播电台越来越青睐的受众群，车载听众已经成为广播听众中相当重要的组成部分。

1.1.3 现阶段广播的制作内容与技术手段

1. 现阶段广播的制作内容

(1) 专业广播频率竞争格局：新闻、交通和音乐广播领先。

按照广播频率的名称及其播出的主要节目内容来分类,35 城市 500 多个电台频率可以归类为新闻综合、交通、音乐等七个类别。图 1-7 所示为 2013 年和 2014 年主要广播类别收听比重对比。在 2014 年的调查显示,新闻综合类广播频率的收听比重最高,达到 27.63%,明显高于其余广播类别；听众收听较多的广播类别还有交通广播、音乐类广播和文艺类广播,其收听比重分别达到 23.15%、18.48%和 10.51%。

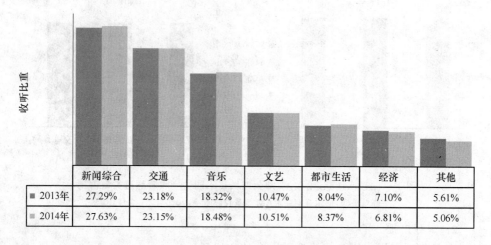

图 1-7 2013 年和 2014 年主要广播类别收听比重对比

(2) 资讯服务类广播峰谷特征明显,音乐娱乐类广播全天平稳运行。

新闻综合和交通类广播早晚收听率高峰突出,车上收听尤甚,早高峰更早地出现于在家收听,晚高峰更早地出现于车上收听。

如图 1-8 所示,从主要广播类别在不同时段的收听率数据来看,不同广播类别的收听率呈现出一定的时段特征。在早晚高峰时段,新闻综合广播和交通广播等资讯服务类广播收听率较高,且其收听率在日间时段回落明显,其收听特征明显地表现为上班前和下班后的收听。而音乐类广播收听率在高峰时段和非高峰时段的差别不大,没有呈现明显的峰谷特征,说明此类广播在全天各时段都有相对稳定的听众群体；具有相似收听率走势的广播类别还有文艺类广播,该广播类别全天各时段收听率波动幅度较小,听众群体也相对稳定。就车上收听率数据来看,交通类广播和音乐类广播表现抢眼,交通类广播的收听高峰出现在 07:00—09:00 和 17:00—19:00 时段,音乐类广播的车上收听高峰出现在 07:00—09:00 和 17:00—18:00 时段。

		03:00-04:00	04:00-05:00	05:00-06:00	06:00-07:00	07:00-08:00	08:00-09:00	09:00-10:00	10:00-11:00	11:00-12:00	12:00-13:00	13:00-14:00	14:00-15:00	15:00-16:00	16:00-17:00	17:00-18:00	18:00-19:00	19:00-20:00	20:00-21:00	21:00-22:00	22:00-23:00	23:00-24:00	24:00-25:00
都市生活	车上	0.00	0.00	0.01	0.05	0.18	0.23	0.13	0.11	0.07	0.05	0.06	0.10	0.08	0.12	0.19	0.05	0.05	0.05	0.01	0.00		
	在家	0.00	0.01	0.08	0.38	0.57	0.54	0.70	0.57	0.35	0.44	0.27	0.27	0.35	0.33	0.36	0.36	0.38	0.39	0.30	0.09	0.03	
经济	车上	0.00	0.00	0.01	0.05	0.11	0.18	0.07	0.06	0.03	0.02	0.01	0.04	0.02	0.04	0.09	0.03	0.02	0.02	0.01	0.00		
	在家	0.00	0.01	0.05	0.37	0.55	0.61	0.51	0.42	0.31	0.23	0.27	0.24	0.26	0.42	0.41	0.31	0.29	0.14	0.06	0.01		
文艺	车上		0.00	0.03	0.16	0.12	0.02	0.02	0.03	0.03	0.02	0.01	0.01	0.01	0.01	0.03	0.01	0.01	0.01	0.00	0.00		
	在家	0.00	0.03	0.11	0.39	0.54	0.64	0.64	0.56	0.50	0.56	0.47	0.50	0.43	0.67	0.70	0.75	0.45	0.19	0.02			
音乐	车上	0.01	0.01	0.02	0.21	0.81	1.21	0.45	0.31	0.27	0.20	0.13	0.19	0.17	0.30	0.62	0.23	0.15	0.08	0.04	0.01		
	在家	0.01	0.02	0.07	0.49	0.71	0.99	0.63	0.55	0.51	0.48	0.42	1.39	0.92	0.45	0.19	0.03						
交通	车上	0.01	0.02	0.06	0.58	1.95	2.57	1.18	0.74	0.68	0.74	0.68	0.88	1.66	1.30	0.67	0.45	0.23	0.13	0.06	0.01		
	在家	0.02	0.04	0.19	0.88	1.23	1.02	0.77	0.74	0.46	0.26	0.44	0.39	0.40	0.48	0.54	0.47	0.64	0.55	0.41	0.13	0.05	
新闻综合	车上	0.01	0.02	0.02	0.13	0.50	0.56	0.24	0.17	0.11	0.07	0.06	0.15	0.11	0.17	0.34	0.22	0.21	0.05	0.01			
	在家	0.02	0.05	0.42	3.21	4.32	2.45	1.63	1.13	1.21	1.14	0.85	0.99	1.00	1.26	1.08	1.56	1.06	1.26	1.22	0.87	0.33	0.04
	时间																						

图1-8 主要广播类别收听时段占比情况

2. 广播的频率监听情况

有关数据、广告时段以及内容时段的比例关系的资料数据较少,特别是地方性广播的广告内容的比例。图1-9所示为南京、长春、哈尔滨、郑州四城市分类型频道全天收听表现情况。

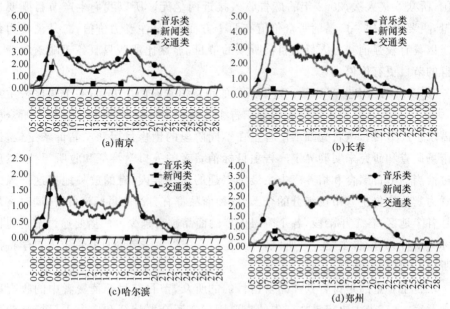

图1-9 南京、长春、哈尔滨、郑州分类型频道全天收听表现情况(2015年5～7月)
资料来源:尼尔森网联RAM测量仪收听率(2015年5～7月,全天)

1.1.4 传统广播媒体的经济现状

传统广播媒体的经济现状具有如下特点。

(1) 制作成本小。录播、直播的制作成本小,性价比高。

(2) 赢利模式单一(广告)。受众量减少导致广告商不再青睐传统广播。

广播广告的分析如下所述。

广播电台的经营包括广告经营、节目经营(在节目市场上进行节目买卖)、资本经营和多种经营(即跨行业经营)。其中,广告经营是广播经营的重中之重。既然是经营,就得有营销观念,就得讲市场规律。

① 广播的营销模式是二次销售。广播的一次销售是指电台制作节目产品,随着节目的播出,产生听众群。二次销售是指电台将产生的听众群的注意力以广告的形式卖给广告主。二次销售是在一次销售的基础上实现的,没有成功的一次销售,就谈不上二次销售。也就是说,一个节目如果没有吸引力,收听率不高,广告主就不会购买这个节目内的广告时间。广播是以节目吸引听众群,再把听众群的注意力卖给广告主来获得收益。

② 广告主所需要的节目。广告主看重的不仅仅是收听率,还看重听众群的质量也就是这个听众群有没有消费能力,有没有能力购买他的产品。今天我们经营广播抓得更多的是听众的质量而不是听众的数量。例如,中央人民广播电台覆盖全国,听众八亿人次,2002年的广告收入接近两亿元。所以我们生产节目既要追求量,更要追求质。广播的听众价值有两个方面:一是注意力价值;二是消费力价值。以具有较强消费力人群为目标听众的节目,显然比那些只服务于缺乏消费力人群的节目更有价值。

③ 以市场需求生产节目。这里所说的市场需求有两个方面,一个是广告主需求,另一个是听众群要求。即先根据广告主的需求定位听众群,再根据这个听众群的需求生产节目。电台先瞄准广告主在不同阶段的销售目标和产品诉求定位,通过市场调查和研究来明确界定广告主目标消费者的人口学特征和收听习惯,然后通过恰当的节目聚合和培养广告主最感兴趣的这一群人,有的放矢地把这群人的注意力卖给广告主。市场细分的今天,各种商品都有自己的目标消费群,同时满足跨越各个地区,各个年龄段,各个阶层人群的商品越来越少。广播要通过节目建构目标听众群,为广告主"生产"听众,并且是符合广告主需要的具备特定人口学特征的听众(即目标消费群)。

广告主看重的是符合其产品营销目的的听众,节目在目标消费者中的收听率和满意率,是广告主决定投放广告的重要因素。听众群特征和广告主目标消费群的重合度成为比收听率更精确的投放指标。

图 1-10 所示为 2006—2015 年广播电视广告收入情况及增长率。

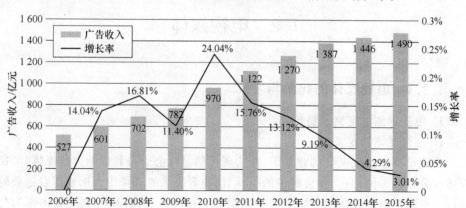

图 1-10 2006—2015 年广播电视广告收入

（3）央视与地方的现状

本地电台的新闻、交通和音乐类广播通常在各地领先。各地市场份额排名第一的多为本地广播电台的新闻/综合类或交通广播类频率。如图 1-11 所示，在 35 个调查城市中，交通类广播频率领先的市场有 15 个，新闻/综合类广播频率领先的市场有 12 个，音乐类广播频率领先的市场有 3 个，都市生活领先的市场有 3 个。国家级电台在 2 个市场领先，省级电台在 16 个市场领先，市级电台在 17 个市场领先。

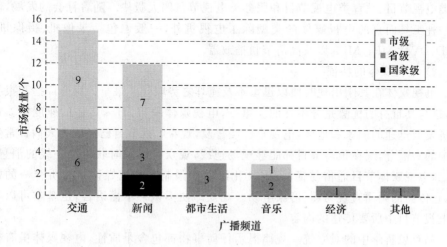

图 1-11 35 个城市市场份额排名第一的广播频道数分布统计

1.2 电视媒体

1.2.1 电视媒体的起源与发展

1. 电视媒体的定义及特征

1)电视媒体的定义

在建设社会主义文化的背景下,作为现代信息社会中最具影响力的媒体,电视媒体在公共政策的传达、社会舆论的引导、消费者决策的选择等方面发挥着重要的作用。新时期电视媒体的发展应该更加积极承担社会责任,履行电视媒体作为公共政策传达载体的义务,成为我国文化建设的风向标。目前电视媒体的发展必须进行科学化、规范化的管理,以充分发挥电视媒体的作用,为增强我国的文化软实力做出更大的贡献。

电视媒体指的是以电视为宣传载体,进行信息传播的媒介或是平台。实际上由媒体的解释可以看出,电视媒体只是媒体的一种分类,我们可以通过对比分析报纸和杂志等平面媒体、以声音为主导的广播媒体、具有全球范围迅速传播特征的网络媒体、以广告和大型屏幕为特征的户外媒体、日常所接触的手机媒体来了解电视媒体。作为一种宣传机构,电视媒体包括的不仅仅是电视台,还包括从事电视节目制作和发行的公司等。在我国,电视媒体的节目类型可以分为新闻类电视媒体、娱乐类电视节目、教育类电视节目和服务类电视节目四大版块。随着社会的发展,作为一种工具而言的电视媒体的类型除了电视机外,一般也包括录像机、摄像机、VCD、DVD、MP4、MP5 以及高清节目播放器。

2)电视媒体的特征

电视媒体在其刚出现时便以迅雷不及掩耳之势取代了最早的媒介广播和报纸等,这与其自身的优势是分不开的。第一,电视媒体覆盖面广,传播的速度快。在经济发展迅速的国家和地区,电视早已经普及,观看电视节目已经成为人们日常生活中的一部分,现在很多节目都能够现场连线,观众可以及时获得第一线的消息。第二,电视媒体节目通俗易懂,不受文化层次的限制。电视媒体是视听合一的媒体,它传播的画面直观易懂、形象生动。观众即便不识字不懂语言,也基本可以看懂电视节目中所要传达的内容。

马克思哲学中的对立统一规律揭示任何事物都包含矛盾性,电视媒体虽有很多优势,但也存在着不足的一面。第一,电视节目制作成本高和播放费用高是它的显著缺点。比如我们平时所看到的电视节目有的因为制作周期过长,需要投入的财力和物力多,因而造成成本和播放的费用过高;再比如我们平时听到的央视所谓黄金时段"上亿元"的广告收费,这使得这个时间段节目和广告的播出费用特别高。第二,电视媒体播放的画面转瞬即逝,不利于人们大脑及时存储信息。比如,我们有的时候听到电视里边播放的一则信息,然后反应过来想通过画面了解清楚时,消息的播放已成为过去式,这经常让人感到懊恼。

2. 电视媒体的发展历程

电视作为一项大众传播媒体,自1936年,英国广播公司(BBC)正式播出电视节目起已经有了80多年的历史。自1958年北京电视台成立以来,电视媒体在我国也走过了60年的历程。纵观电视媒体在我国的发展历程,可以看出它和我国的经济政策方针的变化是紧密相连的。一般而言,以电视媒体在我国经营历程的视角出发,可将其分为以下三个发展阶段。

第一阶段指的是1958年中国第一个电视媒体诞生到1979年上海电视台播出第一条商业广告前。这一时期电视媒体处于我国计划体制经济下,一直是在非营利零竞争的环境下生存的,电视媒体在这个时候主要是作为我党和政府的喉舌,为政府和人民服务的,它根本没有经营和赢利的概念。

第二阶段是指1979—1992年这个时期。随着经济的发展,电视媒体开始迈向商业化,电视媒体的经营意识觉醒并逐步加强,我国电视媒体的经营手段和方式层出不穷。

第三阶段是从社会主义市场经济的确立至今。这一时期,随着社会主义市场经济的迅猛发展,电视媒体凭借着自身独特的优势,在传统媒体中迅速占据优势地位,从而进入全面经营时期。

1.2.2 电视媒体受众及收视概况

2016年,国民经济供给侧结构性改革知难而进,"去产能、去库存、去杠杆、降成本、补短板"成为许多行业分量最重的关键词,传媒行业也在"不忘初心,逐梦前行"的旗帜下不断向前。在我国传媒市场整体进入低增长的"新常态"背景下,融合转型发展是传统广电媒体的必然选择,电视台通过体制机制改革、搭建新型平台、创新赢利模式和增强激励机制等方式,探索"TV+"的连接点。广电监管政策愈加规范、细化,加强版"限娱令、限真令"等进一步影响内容创作。在这些政策的指引下,电视台加快走向自主创新的新方向,适应传媒市场的"新常态",实现了电视事业的新发展。

1. 电视收视总量变化及特点

2016年电视收视市场总体发展显示,收视总量持续下滑,收视竞争有增无减,日均观众规模继续下滑,中度收视观众流失,中年观众收视量加速减少,智能设备带动年轻观众收视量平稳。收视数据的变化是对受众收视行为的客观反映,把握并应对这些变化,对电视媒体人来说,既是挑战也是机会。

(1) 收视总量持续下滑,电视媒体仍然面临极大的竞争挑战。

如图 1-12 所示为 2012—2016 年观众人均每日收视时长调查数据。由图可知,2016 年 CSM 所有调查城市电视观众人均每天电视收看时长为 152.4 分钟,同比下滑 4 分钟,相比于历史数据,每年基本以 4 分钟左右的速度下滑。

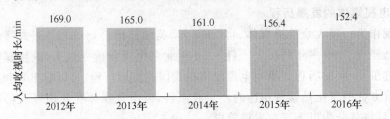

图 1-12　2012—2016 年观众人均每日收视时长(历年所有调查城市)

(2) 日均观众规模继续下滑,中度收视观众流失。

我们将观众的收视情况分为实际收看电视的观众规模和收看时长两个维度,总体电视市场收视量的减少主要缘于日均观众规模的逐年下滑。如图 1-13 所示,2016 年电视观众的日平均到达率下降至 60.5%,较上年同期下降了 1.8 个百分点,过去五年每年以大概 2 个百分点的幅度下降,累计下降了 7.9 个百分点。

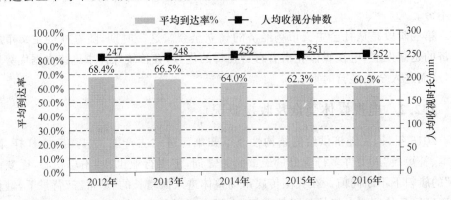

图 1-13　2012—2016 年观众规模及收视时长(历年所有调查城市)

在收视时长方面,这些年观众实际收看时长稳中微升。结合各年龄层观众的收视数据可知,年轻轻度收视观众的流失已经有所放缓,重度收视观众仍保持稳定的收视水平,造成目前收视下滑的主要因素是中度收视观众的流失。

(3) 中年观众收视量加速下降,智能设备带动年轻观众收视量平稳。

由不同年龄段观众的收视量变化趋势显示,2016 年,35 岁以下年轻观众群的收视量降幅放缓,而 35～54 岁中年观众的收视量加速下降,55 岁以上的观众收视量有所提升。

互联网以及移动互联网等新媒体争夺传统电视受众注意力,是电视观众收视量下降的主要因素。近两年来,随着智能手机和平板电脑在中年人群中的普及,中年网民总量大幅增长。根据中国互联网络信息中心(China Internet Network Information Center,CNNIC)第40次《中国互联网络发展状况统计报告》显示,截至2016年6月,我国网民的数量由2016年的7.3亿人提升到了7.5亿人,其中40~49岁的网民比例由13.1%提升至13.7%,成为增幅最大的年龄群体。该群体使用社交软件、网络视频、手机新闻的时间不断增长,并不断挤压他们的电视收视时间。如图1-14所示,35~44岁人群近两年电视收视量下滑每年都在10分钟左右,到目前只有124分钟。45~54岁人群是电视收视的主力人群之一,两年收视量下滑也累计达到17分钟。

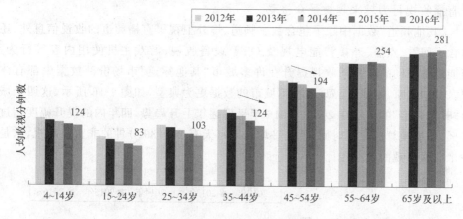

图1-14 2012—2016年各年龄段观众人均日收视时长(历年所有调查城市)

年轻观众收视量在前几年连续下滑后,2016年下滑幅度放缓。这与热门电视剧、综艺节目和奥运等体育直播内容的收视驱动是分不开的。同时,不断普及的智能电视、有线高清机顶盒、OTT盒子、IPTV等智能设备都在吸引观众回到大屏前。非直播收视的拉升作用也不容小觑。4~14岁、15~24岁和25~34岁观众群于2016年在传统频道直播之外的收视量同比增幅分别为52%、24%和11%,弥补了他们在传统频道直播收视的下滑缺口。

2. 各级频道竞争现状及变化

频道竞争是电视收视市场的常态和核心事件。由2016年各级频道竞争数据显示:央视份额得到提升,地面频道面临严峻的竞争压力,智能设备驱动非直播收视份额快速增长;省级卫视仍没有摆脱920(即21:20—22:00节目时间段)的影响,竞争分化明显,领先频道市场份额进一步提升;省级地面频道收视现状普遍好于市级地面频道。

(1) 央视份额提升,地面频道竞争力下滑,非直播收视份额快速增长。

全国各级频道组的市场竞争格局整体仍呈现"三分天下"的格局,如图1-15所示,中央级频道、省级上星频道(省级卫视)和地面频道(省级非上星频道和市级频道)各占30%左右的市场份额。但其中突出的变化是,中央级频道30.1%的份额创下近五年的新高,其中中央电视台3套、4套、5套、8套等专业性频道贡献较大。省级上星频道市场份额继续下降,至30.0%。除了排名靠前的卫视收视有所提升外,处于长尾的多数频道则竞争乏力。省市级地面频道在2015年受"一剧两星"的广电政策影响,曾迎来收视春天,但优质内容的匮乏导致地面频道重新进入下滑通道,其中市级频道的下降更为显著,份额降至8.6%,面临较大的收视困境。其他频道组的市场份额则出现了快速增长,2016年突破10%达到11.4%,这也反映出在智能设备日益普及的收视环境下,时移、回看、点播等非直播收视行为越来越被受众接受。

"其他频道"数据中除了包含数字频道、境外卫视等直播频道的收视信息外,还包含了回看、点播、外接智能电视及OTT设备收视、游戏主机使用内容等行为。智能设备驱动的非直播收视提升在许多城市"其他频道"市场份额数据中都有体现。其中北京、南京、上海、西安等城市的数据更为典型,如图1-16所示,这四个城市"其他频道"的份额在2012—2016年呈现逐年上升趋势,四年内的提升幅度超过50%,如果换算成收视时间,就是平均每人每天有25～30分钟的非直播收视,这是一个非常可观的收视占比。

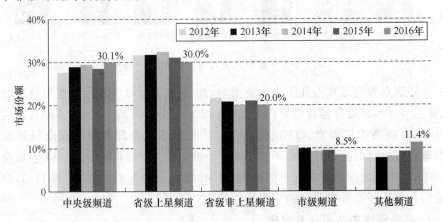

图1-15　2012—2016年各级频道市场份额对比(历年所有调查城市)

CSM媒介研究时移收视测量数据显示,观众对电视节目的时移收视显著增加。以上海、北京、南京、西安四城市为例,2016年上海7天内时移收视与直播收视的比例达到5.9%,北京、南京、西安的比例也都超过4%。在非直播收视中,观众更多关注的是热门的综艺节目,多档热播电视节目非直播收视增量明显,如《奔跑吧兄弟(第四季)》非直播收视与直播收视的比例为17%,《极限挑战(第二季)》为13%。智能设备的普及,带来了收视行为的衍变,拓展了电视节目直播外的收视市场,可以预见这一现象还将持续和普及。

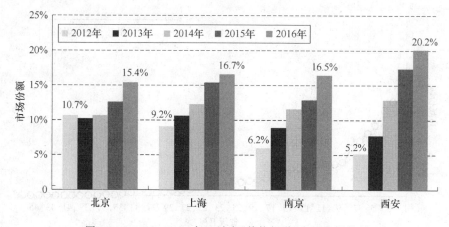

图1-16 2012—2016年四城市"其他频道"全天市场份额

(2) 频道分时段竞争走势稳中微调。

2016年主要频道类别分时段收视格局并无明显改变,各频道组仍拥有各自的优势时段。如中央级频道的竞争优势体现在午间和19:00—20:00时段;省级上星频道在白天时段及22:00后时段;地面频道在17:00—19:00时段。但年度同比数据显示了这些频道各自的变化情况,中央级频道的增长主要发生于20:00—22:00时段,省级上星频道收视的下滑仍主要出现于21:20之后一个半小时的时间段,地面频道的下滑分布在19:00—22:00时段,"其他频道"的增长则在全天各时段都有均衡体现。

(3) 省级卫视竞争分化明显,领先频道市场份额进一步提升。

如图1-17所示,2016年省级卫视竞争状况依然呈现阶梯式分布,活跃的仍然是排名靠前的少数频道。排名榜首卫视频道的份额明显下滑,第二位的卫视份额基本稳定,第3名～第5名的份额数值都有所提升。第一梯队凭借优质节目资源、优化的编排以及长期累积起来的品牌优势将省级卫视竞争门槛越抬越高,部分尝试冲击前列的卫视频道开始出现掉队的情况。以1%的市场份额作为参照(不包含动画卫视),2014年有11家省卫视份额超1%,2015年减少至9家,2016年则仅剩7家,省级卫视频道的竞争分化进一步加剧,弱势卫视弯道超车的难度越来越大。

(4) 省级地面频道现状好于市级地面频道。

2016年地面频道整体处于下滑状态,但省级地面频道的状况好于市级频道。如图1-18和图1-19所示,从29个省级地面频道两年数据的对比情况来看,省级地面频道晚间时段市场份额从2015年的28.5%下滑至2016年的27.8%,其在13省上涨,在16省下跌,涨跌基本均衡体现。而在123个城市调查网中,市级频道整体份额从2015年的12.3%下滑到2016年的11.2%,其仅在34城市上涨,而在89城市下跌,下跌城市数超过7成。

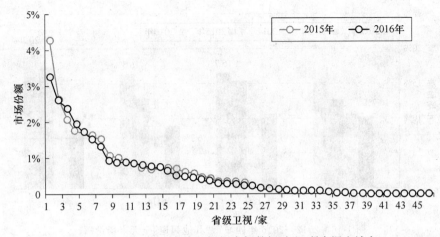

图1-17　2015—2016年省级卫视市场份额对比(所有调查城市)

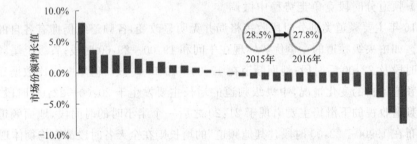

图1-18　2016年省级地面频道晚间市场份额增长值对比(各省网,18:00—24:00)

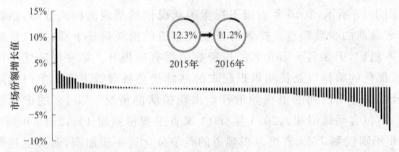

图1-19　2016年市级地面频道晚间市场份额增长值对比(各城市网,18:00—24:00)

不同城市台的市场竞争力也存在明显的差异。2016年晚间时段,份额最高的城市台,其份额接近50%。在市级频道市场份额最高的10个城市,市级频道市场份额的平均值为36.8%,而在份额最低的10个城市,该平均值仅为1%。123个城市市级频道市场份额的中位数为9.2%,前1/4市级频道的市场份额高于17.8%,后1/4低于2.8%。如图1-20所示,从城市分布情况来看,份额较高的城市台一般分布于长三角、珠三角等经济发达区域,而份额较低的城市台一般处于北方和中部的经济欠发达地区。

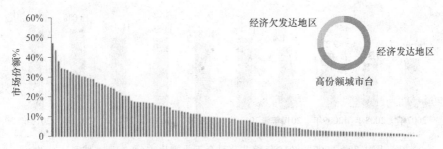

图 1-20　2016 年市级地面频道晚间市场份额（各城市网）

1.2.3　电视媒体的制作内容及技术手段

1. 电视媒体的制作内容

1）电视剧依旧是收视引擎，综艺节目赶超新闻指日可待

如图 1-21 所示，从整体市场各类节目的播出与收视情况来看，电视剧、综艺节目和新闻依然是拉动收视的三驾马车，占据总收视量的 57.1%，与 2015 年数据保持一致。其中，电视剧收视比重由 2015 年的 30% 降至 2016 年的 29.6%，下降 0.4 个百分点；新闻类节目收视比重由 2015 年的 14.1% 降至 2016 年的 13.8%，下降了 0.3 个百分点；而综艺节目收视比重则有明显提升，由 2015 年的 13.0% 至 2016 年的 13.7%，增长 0.7 个百分点，直追新闻类节目。由此可见，综艺类节目的收视比重赶超新闻类节目指日可待。由图 1-22 所示的近十年综艺节目收视比重也可以看到，观众对综艺节目收视的增长趋势，由 2007 年的 8.2% 提升至 2016 年的 13.7%，提升幅度达到 67%，这也说明优质的综艺节目日益获得观众的认可。其他节目类型中，青少、体育、电影等类型的收视比重同比也有所增长。

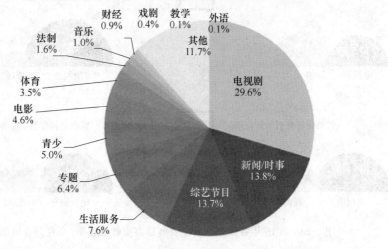

图 1-21　2016 年各类节目收视比重（所有调查城市）

图 1-22　2007—2016 年综艺节目全天收视比重（所有调查城市）

2）上星频道打造综艺节目收视，地面频道深挖新闻潜力

从各级频道组不同节目类型的收视情况来看，上星频道主要致胜于电视剧和综艺节目资源，而地面频道则主要倚重于电视剧和新闻节目资源。如图 1-23 所示，2016 年中央级频道各类节目的收视分布相对均匀：新闻、电视剧和综艺节目位列前三名，占据了整体收视量的 47.8%；专题、电影、体育和青少节目也取得了较好的收视效果，频道专业化优势愈发明显；电视剧、综艺的贡献同比也都出现提升。省级卫视则更多倚重电视剧和综艺节目，两者贡献了近六成的收视量，其中电视剧的贡献同比有所降低，综艺节目的贡献有所提升。在地面频道，电视剧、新闻及生活服务类节目是维系收视的三大支柱，电视剧是地面频道收视贡献最大的节目类型，收视贡献在三成以上；此外，新闻节目也表现突出，在省级地面频道及市级频道分别占有 16.2% 和 24.5% 的收视比重；而综艺节目在地面频道的收视比重不高。

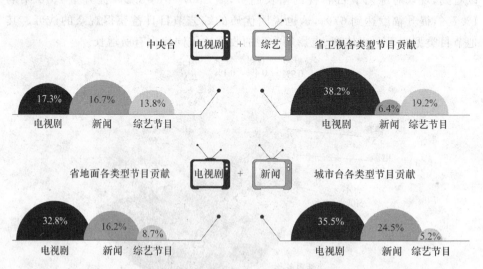

图 1-23　2016 年各级频道组主要节目类型收视比重（所有调查城市）

2017 年上星频道推出了许多新节目，受到观众的好评，如图 1-24 所示，年初

湖南卫视的《向往的生活》打破千人一面的明星游戏法则,借鉴国外观察类节目,寻找慢综艺的市场风口。节目以嘉宾的来去为线索,为观众带来一幅"自力更生、自给自足、温情待客、完美生态"的生活画面。节目播出后收获了不俗的收视,一季度的平均收视率水平比 2016 年同期和上月同时段有显著提升;同时,吸引了众多 4~24 岁的青少年和 35~44 岁的中青年观众,以及高中和大学以上教育程度的高学历人群。

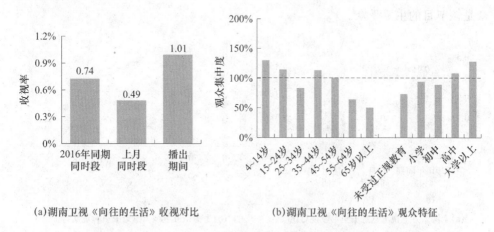

图 1-24 2017 年湖南卫视《向往的生活》收视对比和观众特征

自李克强总理在 2016 年《政府工作报告》中首提"工匠精神"之后,电视节目对其关注也提上了日程。如图 1-25 所示,北京卫视《非凡匠心》不拘泥于对传统文化厚重抽象的刻画,而是通过"真人秀"和"文化体验"等手段,策动两代巨匠与巧匠之间的传承与交融创新。节目收视走势平稳,备受 35 岁以上观众和高学历观众的青睐,其中,大学及以上教育程度观众的收视倾向程度明显。

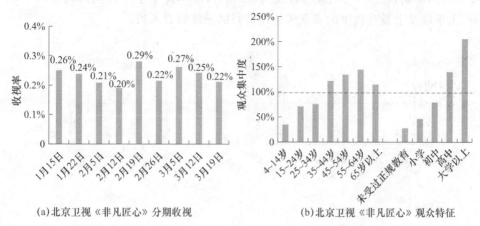

图 1-25 北京卫视《非凡匠心》分期收视和观众特征

2017年2月,在严寒将除之际,上海东方卫视的《越野千里》通过贝尔带领各路明星进行户外生存探险,展现对自然和生命的敬畏、对自身的突破和成长。节目采用嘉宾跟随贝尔1对1相处的模式,深入四川省阿坝县与美国西部大峡谷,以"纪录片式"的拍摄手法,将贝尔与嘉宾在荒野中最真实的一举一动记录成像。如图1-26所示,节目收视略低于去年同期水平(去年同期同时段播出《妈妈咪呀》),较上月同时段有小幅提升;35～44岁和55～64岁、高中及大学以上教育程度的观众是该节目的主要受众。

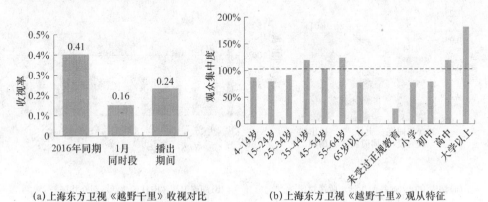

(a) 上海东方卫视《越野千里》收视对比　　(b) 上海东方卫视《越野千里》观从特征

图1-26　上海东方卫视《越野千里》收视对比和观众特征

作为儿童社会化的重要载体,电视在儿童成长中所具有的意义和所肩负的责任重大,以儿童成长和儿童教育为题材的电视节目也成为兼具科普娱乐功能和社会教育功能于一身的创新节目类型。如图1-27所示,辽宁卫视在2017年3月底推出的《爱幼科学说》把知识分享和综艺娱乐结合起来,寓教于乐。节目截至一季度仅播出一期,收视率水平较弱,仅为0.06%,基本持平于上月同时段。35～64岁、大学以及上教育程度的观众成为该节目的重度观看人群。

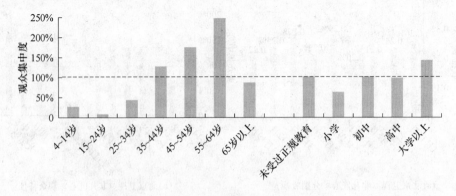

图1-27　辽宁卫视《爱幼科学说》观众特征

3）电视剧收视竞争：央视收视份额连年提升，地面频道稳中略降

电视剧是拉动收视的三驾马车之首，是观众喜闻乐见、老少皆宜的节目资源，收视比重占总收视量的三成。如图 1-28 所示，电视剧收视竞争中，央视频道收视份额连续两年提升，省级卫视则连续两年下滑，地面频道稳中略降。上星频道收视份额接近三分之二，地面频道为三分之一。

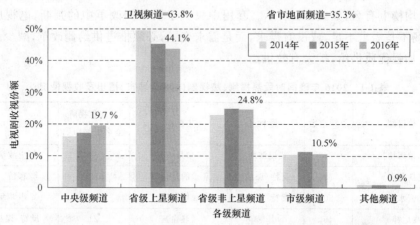

图 1-28　2014—2016 年电视剧在各级频道收视份额（历年所有调查城市）

电视剧是收视的发动机，为整个频道收视打下坚实基础，业内也有"得电视剧者得收视"的共识。由于电视剧对收视的巨大拉动作用，所以增加电视剧播出量通常成为相关竞争频道的首选策略。由图 1-29 所示的 2014—2016 年的电视剧收播数据显示，电视剧播出比重稳中有升，尤其在白天时段，播出比重由 2014 年的 26.9% 提升至 2016 年的 30.3%，但收视比重无论在白天还是在晚间均出现了明显下滑，资源利用效率明显降低。

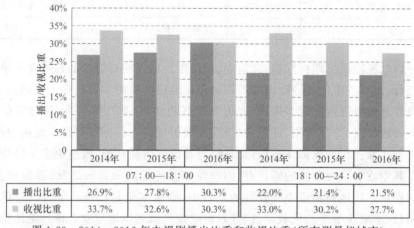

图 1-29　2014—2016 年电视剧播出比重和收视比重（所有测量仪城市）

CSM媒介研究TVPris电视剧分析数据显示,在100个城市的晚间电视剧播出市场中,《琅琊榜》播出频道达到74个,《伪装者》播出频道达到73个。2016年,由"明氏三兄弟"主演的电视剧霸屏无双,远超其他电视剧。而《芈月传》则在54个城市进入了收视前20位。《亲爱的翻译官》《炮神》等多档不同类型的电视剧也在20~30个城市进入收视前20名。而从剧目上观察,《炮神》《擒蛇》《不可能完成的任务》均榜上有名,如表1-1所示。套用中央关于供给侧改革中的判断,电视剧消费市场不是需求不足,或没有需求,而是需求变了,必须推进供给侧改革,减少无效供给,加强优质供给,扩大有效供给。

表1-1 2016年晚间时段热播剧、热视剧(100个城市)播出及收视情况

热播剧	总频道数	题材	热视剧	进入收视前20名的城市数	题材
《琅琊榜》	74	戏说演绎	《芈月传》	54	历史故事
《伪装者》	73	反特/谍战	《亲爱的翻译官》	28	言情
《云水怒》	50	反特/谍战	《炮神》	22	军事斗争
《炮神》	45	军事斗争	《热血》	21	反特/谍战
《守婚如玉》	43	社会伦理	《擒蛇》	19	军事斗争
《不可能完成的任务》	40	反特/谍战	《铁血战狼》	19	军事斗争
《擒蛇》	37	军事斗争	《黑狐之风影》	19	反特/谍战
《妻子的谎言》	37	言情	《宜昌保卫战》	18	军事斗争
《头号前妻》	36	都市生活	《锻刀》	18	军事斗争
《姐妹兄弟》	36	时代变迁	《不可能完成的任务》	17	反特/谍战
《寒山令》	34	军事斗争	《海棠依旧》	17	重大革命
《玉海棠》	34	近代传奇	《解密》	17	反特/谍战
《蚂蚱》	33	军事斗争	《美丽的秘密》	17	言情

分析电视剧播出题材发现,言情剧、都市生活剧等相对轻松的题材在上星频道开始流行,而军事斗争、反特/谍战等题材仍是地面频道的主力。在上星频道中,收视表现较好的电视剧题材多样,既有历史故事题材的《芈月传》,也有《亲爱的翻译官》《美丽的秘密》等言情剧,还包含反特/谍战的《解密》《麻雀》等剧。湖南卫视、东方卫视等几家一线卫视都在布局以IP剧为基础的周播剧场,吸引更多年轻受众的关注。其中收视表现较好的剧目有《山海经赤影传说》《仙剑云之凡》等仙侠、玄幻类型的剧目。而地面频道收视较好的剧目中,则基本全是军事斗争、反特/谍战类型的剧目,军事斗争类的代表剧目有《铁血战狼》《擒蛇》《地道女英雄》《绝地枪王二之松花江上的枪声》《热血共赴国难》《决战江桥》《寒山令》《手枪队》《战火中的兄

弟》等,反特/谍战类的代表剧目包括《热血》《黑狐之风影》《不可能完成的任务》《我的老爸是卧底》《左轮手枪》《蜂鸟》等。

4）综艺节目收视竞争

上星频道收视份额有所提升,地面频道收视份额继续下滑。

2016年是综艺真人秀节目集中涌现的一年,上星频道是综艺节目的主要平台,此间竞争也最为激烈。如图1-30所示,从观众收视分布上看,82.1%的综艺节目收视量为上星频道所贡献,与上年数据相比,中央级频道和省级上星频道的收视份额有所提升,而地面频道综艺节目的收视份额继续下滑。

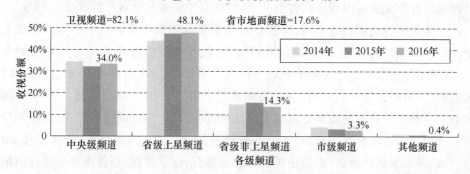

图1-30 2014—2016年综艺节目在各级频道收视份额(历年所有调查城市)

如图1-31所示,2016年省级卫视综艺节目收视主要集中在前七家卫视中,七家省级卫视综艺节目收视贡献占省卫视总体的80%以上。其中,浙江卫视凭借多档热播的综艺节目(《奔跑吧兄弟》《中国新歌声》等)收视保持稳定;上海东方卫视则凭借喜剧(《欢乐喜剧人》《笑傲江湖》等)、真人秀(《极限挑战》《花样男团》等)、脱口秀(《金星秀》等)几大矩阵节目一路追赶,实现快速增长,赶超至第二位;湖南卫视和江苏卫视则有所下滑;安徽卫视和北京卫视也不断发力,努力追赶,如北京卫视打响了"跨界"品牌;另外辽宁卫视2016年也奋起直追,再造喜剧品牌,实现翻番增长,综艺收视贡献达到3.1%。

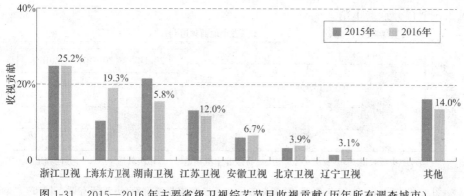

图1-31 2015—2016年主要省级卫视综艺节目收视贡献(历年所有调查城市)

综艺节目市场仍不断有创新节目突围,成功吸引观众的注意力。CSM媒介研究TVPrisrs季播真人秀统计数据显示,2016年省级上星频道共播出季播真人秀237季,与2015年播出的233季相比略有增长。在经历了2015年下半年至2016年上半年的野蛮生长和集中爆发后,2016年下半年季播真人秀开播数量有了明显回落,2016年第四季度比2015年同期开播数量降幅超过10%,反映出节目制作单位一方面在国家新闻出版广电总局《关于进一步加强广播电视广告播出管理的通知》后,在内容制作方面变得更为审慎,另一方面也是集中爆发后的理性回归,制作公司逐渐放弃无法吸引观众收视的节目,转而集中资源打造各自的优质品牌节目。

对绝大多数地面频道来说,综艺节目是看得见却摸不着的空中楼阁。动辄上千万的投入,对地面频道来说是极大的负担,收视虽好但投入产出比却不尽如人意,多年来综艺节目在地面频道的收视比重一直不高。但2015年多家联播的《隐藏的歌手》取得了极大的成功,为地面频道综艺发展开拓了新的道路。2016年更多的节目制作公司和地面频道开始尝试这种统一制作、多台联播的形式,以期在日益红火的综艺市场分得一杯羹,如由安徽经视、江西公共、河南都市、湖北综合、湖南经济、河北经济联播的《多彩中国话》,北京体育、辽宁体育、福建体育等联合制作播出的《全国电视牌王争霸赛》,天津少儿、山东少儿、江西少儿等频道联播的《长大之前去旅行》等,节目数量超过10档。

5)新闻节目收视竞争:央视频道主导收视,地面频道收视份额下滑

新闻每天都在发生,新闻收视的基础在于公信力,中央级频道在这方面具有先天优势。如图1-32所示,2016年新闻/时事类节目收视继续由中央级频道主导,收视份额整体相对稳定。2016年,吸引观众关注的新闻很多,但其中对收视有较长时间影响的主要包括7月中旬的南海争议和9月初的G20杭州峰会,电视观众也主要通过央视频道来收看相关新闻,进而带动央视频道组新闻收视份额从2015年的37.5%提升到2016年的40.7%。同期,地面频道新闻节目的收视份额则出现2.6个百分点的下滑。

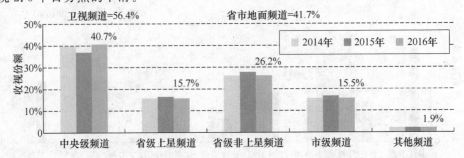

图1-32 2014—2016年新闻/时事类节目在各级频道收视份额(历年所有调查城市)

6) 体育节目收视竞争：中央台五套奥运期间份额提升明显

2016年是体育大年，体育类节目所占的收视比重从2015年的2.8%上升到3.5%，其中中央台五套的贡献最大。如图1-33所示，2016年8月巴西里约奥运会期间，尽管受到时差影响且许多比赛播出时段不佳，但观众收视热情不减，体育节目收看时间仍大幅增长，无论是"洪荒之力"还是"女排夺冠"都被全国观众津津乐道，中央台五套的全天收视份额从平时的2%左右提升到奥运期间的10%以上，最高的一天接近15%。

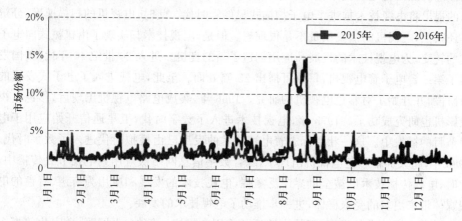

图1-33 2016年中央台五套全天份额走势（所有调查城市）

2. 电视媒体制作技术手段

1) 电视机在国外的发展历程

电视技术概念最早出现在英国。这一概念提出后的第4年即1904年，英国人贝尔威尔和德国人柯隆最早尝试将这一概念变为现实，他们利用电传照片的方式将电视技术的概念具体化。直到1923年，美国科学家兹沃里金发明的"电子电视收发系统"将电视技术带入了新的领域。1925年，世界上第一台电视机问世，掀开了电视技术发展的新里程。电视逐渐成为一种大众传播媒体活跃在人类社会的生产、生活中。进入20世纪六七十年代，电视技术的发展又有了新的突破。1960年，第一台晶体管电视机在日本诞生，从此，电视技术进入了飞跃式发展阶段。1969年后，韩国成立了三星电子公司，1970年推出了黑白电视机，受到了全球热捧。这一时期的日韩电视技术已经完全取代了欧美国家的技术，在全球电视业中处于领军地位。当时，电视机还属于奢侈品。随着科技的进一步发展，黑白电视机逐渐被彩色电视机取代，而且电视机的尺寸也在逐渐增大。现在，电视机已经成为每家每户必备的电器之一。

2) 电视机在我国的发展历程

1958年，我国第一台黑白电视机诞生。20世纪70年代中后期，我国电视机消费逐渐大众化。进入20世纪80年代,电视机逐渐普及,彩色电视机逐渐取代了黑白电视机,成为人们的新宠。直到20世纪90年代,我国电视机主要以显像管电视机为主。进入21世纪,平板电视机逐渐取代了显像管电视机,出现在了许多家庭中。至此,显像管电视机逐渐退出了电视传播的舞台。

3) 电视技术的发展

从电视机诞生起,电视技术的发展和应用就不断被改变、进步。1908年,电子扫描原理的提出为电视技术应用和发展奠定了基础。20世纪30年代,"电子电视"概念的提出将电视技术推进了电子扫描式显像管时代。此时,电视机的扫描速度、分辨率还很低,电视机的播发质量不是很理想。但是,电视技术却实现了由机械式向电子式的转变,为电视技术的发展和应用创造了新的良机。进入20世纪40年代,美国发明了第一台电子管电视机,每秒可播出25幅u面。至此,电视进入了电子式发展的新阶段,并开始了对彩色电视机的研究。1966年,集成电路电视机出现后,彩色电视投影机也研究成功了。1973年,电视技术进入了数字时代,卫星通信开始应用于电视节目的播发中。这一壮举标志着电视技术的发展已由模拟时代进入了数字时代。1985年,超大屏幕彩色电视机出现了,综合数字信息网络被应用到电视节目传播中。此时,电视传播技术已被全世界广泛掌握,电视技术的发展和应用为有声、有色的电视媒体带来更多的受众群体,进一步推动了电视技术的发展。

随着电视技术的发展,新技术被不断应用和推广。例如,大屏幕、数字化等概念已经被广泛应用于电视传播中,形成了电视技术新的发展趋势。目前,彩色电视的屏幕越来越大,一直向着超薄型的方向发展,电视机的规格也已经由原来的21寸、24寸发展到了55寸、60寸,且u面质量良好,清晰、无闪烁、无噪声、色彩逼真、生动。同时,现在的电视机采用立体声、环绕声等伴音技术,给人们带来了更逼真的视觉感受。此外,这一技术还被广泛应用到了电视广告墙等领域,丰富了传媒的形式。又如,电视数字技术是将电视信号以数字的方式加以处理,不但提高了电视机的传播质量,还使影像、声音更加生动、逼真,提高了电视节目传输、接收的稳定性、可靠性,拓展了电视机的功能,实现了电视机的多用途、多功能化。此外,高清电视机的等离子技术、液晶技术、背投技术等的发展不断拓宽了电视技术的应用,将电视机的发展进一步推向了智能化、交互化,大大满足了受众的娱乐生活和精神生活等。

1.2.4 电视媒体经济现状

我国广电行业总收入继续增长,但增长速度有所放缓。2013年,全国广播电视行业总收入约3628亿元,2014年全国广播电视行业总收入4226.27亿元,增长15%,2015年广播电视行业总收入为3914亿元,较2012年减少了7.39%。从收入构成来看,广告收入在广播电视行业收入结构中所占的比重继续降低,目前造成广告停滞不前或者下滑的原因主要是新媒体多样化的发展,造成了广告投放的分流,新媒体与传统媒体最大的区别就是新媒体广告的性价比相对电视来说高很多,电视媒体在所有媒体投放中是比较贵的一种资源。例如,广告投放新媒体两三万元达到的效果,电视媒体可能要三四十万元。而传统广播媒体与电视媒体相比广告收入不跌反增是因为电台相对电视媒体制作成本较低,性价比较高,在与新媒体竞争中有一定的优势;电视媒体则与之不同,以往电视媒体多以垄断形式来获得超高利润,如今不再享受超高利润,增长速度也就有所放缓。

根据央视市场研究(CTR)发布的广告监测数据,2015年中国广告投放额同比2014年下降2.9%,其中传统媒体广告投放额同比下降7.2%。2015年电视媒体广告投放额为5760亿元人民币,同比2014年下降4.6%;广播媒体广告投放额略有下降,同比2014年下降0.4%;报纸和杂志广告投放额出现大幅下滑,同比2014年分别下降35.4%和19.8%。

2015年中国电视媒体广告投放额为5760亿元人民币,比2014年减少了256亿元人民币,下降幅度为4.5%,平均每个月减少21.3亿元人民币。从分月电视媒体广告投放额来看,2015年除了二月份之外,绝大多数月份广告投放额都低于2014年同期。

2015年中国电视媒体广告投放额排名前几位的行业仍然是饮料、化妆品/浴室用品、食品、药品。广告投放额TOP10行业中出现较大增长的是药品行业和邮电通讯行业,同比2014年分别增长29.6%和14.8%;相反,大多数行业广告投放出现负增长,化妆品/浴室用品行业是22.7%的负增长,饮料和食品行业同比也下降,出现2.2%和6.2%的负增长。

从各级电视频道广告投放时长和投放额变化来看,2015年中央级频道广告时长同比下降了5.6%,广告投放额同比下降了5.4%;省级卫视广告时长同比下降了3.5%,投放额反而上升了7.1%;省级地面频道广告时长同比下降了7.0%,广告投放额同比下降了5.4%;省会城市电视台广告时长同比下降了15.5%,广告投放额同比下降了18.5%。在各级频道中,省会城市电视台广告投放下滑的幅度最大。

在2015年各类电视频道广告投放的竞争中,中央级频道份额比2014年减少了0.1个百分点;省级卫视频道份额上升明显,比2014年提升了3.1个百分点;省级地面频道和省会城市台的份额有所减少,分别下降了0.5个和1.5个百分点。

2015年四大传统媒体广告投放额全线下跌,电视媒体跌幅虽然不如报纸和杂志,但同样出现了超过4.6%的负增长。但是电视媒体作为电子时代的巅峰媒体,在互联网时代,电视的力量没有斩断和"传统"的联系,而新的力量更多来自与互联网生态的融合。融合是媒体发展的必由之路,但媒体融合绝不是一场颠覆与被颠覆、替代与被替代的零和游戏,而是传统媒体和新兴媒体相向而行、互通有无的会师之路。在新的发展逻辑下,电视媒体的力量是"带着传统"重生的力量,也是"面向互联网+"聚合的力量。

1.3 传统广电媒体生存危机

1.3.1 传统广电媒体存在的主要问题

1. 传统广电媒体的固有特点与现代生活节奏之间的矛盾

从播出特点上来看,传统广电媒体在内容上固定,形式也较为单一,收视收听的限制大,自由选择性差,导致个性化服务也较差。同时由于现代人生活快节奏、碎片化等特征。传统广电媒体播出形式一瞬即逝,顺序收听,不能选择。同时画面转瞬即逝,输出的内容较少能反复观看(重播除外)。

从传播的时间上来看。传统广电媒体必须是固定的时间获取,同时需要固定的场合获取。而新媒体在传播时间上,利用碎片化时间,能够使传播实效达到最大化。在新媒体冲击下,传统广电媒体不能满足用户的需求,继而收听用户锐减,而传统广电媒体固有的特点和现代生活节奏之间的矛盾,以及多屏时代的来临,使传统广电媒体的传统优势大大减低。

2. 传统广电媒体人才流失

新媒体对于传统媒体的冲击,大环境的改变,导致传统媒体人收入越来越少。在新媒体的冲击下,传统媒体影响力、传播性下降,随之,广告收入也将下降,而收入的锐减,使得传统媒体人不得不考虑跳槽,奔向发展势头好、收入高的新媒体。

从2015年至今广电行业50人次的高层人事变动中发现,外流人数占到36人,变动后传统行业留存14人。外流人员中,电视台方面占比达78%,央视离职情况最为突出,共13人先后离开,除导演哈文等3人以外,其余10人均为主持人,包括观众熟知的赵普、张泉灵、郎永淳等。

传统行业人员流动是现今企业面临的普遍问题,互联网的普及和新媒体的兴起使创造无数辉煌的广电媒体行业压力十分巨大,这种人员流动现象既来自激烈的市场竞争,也来自于体制内的一些深层次矛盾。

在高速发展的科技和思维意识的转变中,曾经那些将"体制"视为"铁饭碗",挤破头也要端"铁饭碗"的人如今却又争着放下。

传统行业从业人员大批流向新媒体这一现象已经清晰可见。据了解,某广播电视集团人才流失趋势由以往每年几十人到2016年增长为100人以上。广电媒体也因此被冠上了"黄埔军校"的美称,似乎在源源不断地为新媒体公司输送人才。近日,微博爆料前跑男总制片人俞杭英近期将从体制出走,可能和龙丹妮、谢涤葵、岑俊义等一众王牌制作人一样,跳出体制后自主创业。所以,越是影响力大的广播电视台、越是重要业务部门,人员出走往往越严重。

事实上，新媒体公司在内容制作方面为传统文娱人熟悉的领域，又是前景一片光明的产业，自然成为广电人"走出去"的理由。梦想、趋势和薪资，在这个日新月异的年代，鱼和熊掌不再是一道单选题。广电成为"黄埔军校"，这其实是后体制时代的产物。

此外，这里还涉及了是人才的"流失"还是"流动"的问题。没有稳定的人才，一个行业的发展就缺乏持续性；没有人才的合理流动，各种生产要素也难以实现优化配置，人尽其才也是一句空话。从主流媒体角度看，关键性人才流失对电台电视台造成巨大冲击；但如果从国民经济整体发展的角度看，广电媒体人才不是"流失"，而是"流动"，这是技术发展带来的视听产业结构转型升级的必然结果，是行业发展的大势所趋。

相比较而言，新媒体的收入则逐年攀高。自媒体人闯出名气后，靠企业软文和培训，收入则相当可观。2016年的一篇网文曾披露个别自媒体人靠软文就能月入30万元。

不过，工资收入并不是衡量一份工作的唯一标准。除了显性的收入外，未来发展前景、工作平台等隐性收入，也决定了人才的流动。

3. 产品创新不足，节目内容不足

（1）节目同质化、内容单一。

所谓电视文化的同质化，是指在经济全球化的背景下，世界范围的电视节目出现的某种程度的"互文本"现象。广播电视节目同质化现象越来越严重，在不同的节目类型都有所体现，尤其是当下的综艺节目。

案例：湖南卫视投资热播的《爸爸去哪儿》，随后便有了浙江卫视的《爸爸回来了》；以及《running man》在韩国热播之后，浙江卫视"炮制"出《奔跑吧兄弟》；湖北卫视携手韩国CJ E&M团队强力打造国内首档大型明星恋爱真人秀节目《如果爱》。电视文化的同质化十分严重。

（2）创新不足。

节目的同质化是因为各媒体之间的相互模仿造成的。如今，我国电视台都在模仿国外的"成熟模式"。模仿的节目成功率比较高，不需要在研发上做大量投入。相比于研发的创新风险，模仿的风险更小。因此这是一种操作性非常强的发展捷径。

（3）明星效应——主要是电视。

现在已有的电视节目中，无论是综艺类，抑或是电视剧、体育类节目，明星效应撑起整个节目的收视和广告。而透过明星光环背后，节目的内容及形式是否打动人心，获得大众的喜爱是需要考量的问题。

比较而言，越来越多的自媒体形式应运而生，各类直播平台，使得一批网民成为最初的网红，也有越来越多的网络红人涌现。

（4）内容与受众互动单一。

传统广播与用户的互动还是以拨打电话或发信息的形式为主。其是由主持人或编导对电话的接听，或信息的读取进行选择。这种方式展示的空间小，受众在收听的过程中，即使很想和电台进行交互，有时也会得不到反馈。

就电视媒体而言，用户可以在不同频道收看节目，同时对于一些特殊节目形式，如电视购物节目会增加电话热线的功能。但总体而言受众与电视媒体的交互还是较少的。

较之传统媒体，新媒体则与用户的互动性更多，在视频观看的过程中，可以随时进行弹幕、评论、收藏、点赞，同时可以非顺序，反复观看视频内容，对于不感兴趣的广告内容或节目内容可以直接跳过，更大的选择自由度能够获得更加满意的用户体验。

4. 市场定位矛盾

首先，广电媒体属于大众媒体，无明显的特定受众群体，传播面广，受众面大；其次，它是时间媒体，即以晚上收看为主，强调黄金时间的时段价值；再次它是品牌媒体，因为它的广告时段较短，成本较大，所以更多的是以品牌形象传播为主要市场价值。而传统广电媒体与市场定位中的矛盾则更加凸显，传统广电媒体是一种自负盈亏的经济实体。

5. 发声方式

传统广电媒体作为国家的发声途径，国家对于传统广电媒体的掌控力较多，对于新事件的发生，国家将信息整理后再传播。对比新媒体而言，以微博为例，在新闻事件首次曝光的时候，用户可以通过自己的微博进行转发分享，在一定程度上传播速度更为快速。

第2章 广播电视新媒体发展现状研究

2.1 新媒体概况

2.1.1 新媒体的内涵特点

1. 与广电媒体的关系

(1) 继承性。新媒体与广电媒体的继承性关系主要表现在以下几方面。

第一,从媒体职能上看,新媒体为受众提供的服务范畴与传统广播电视媒体并没有多大变化,仍然集中在信息和娱乐两大领域。

第二,从具体内容来源看,新媒体平台播出的内容很多仍然是传统广播电视媒体播出的或者是由传统节目制作机构制作的内容。

第三,从制作流程看,新媒体工作人员的分工构成仍然遵循传统广播电视媒体的人员分工,包括前期准备(策划、稿本编写、人员选拔、器材准备)、中期采录和后期合成,最后播出等几个基本环节。

(2) 竞争性。新媒体时代的到来,让媒体的发展呈现出了新的格局,对传统广播电视节目提出了更高的要求。在当前情况下,广播电视业面临的挑战除了它们内部的竞争非常激烈以外,另一主要方面是来自新媒体的冲击。总体来看,新媒体时代对广播电视业提出了以下几个要求。

第一,广播电视业的新发展,需要从体制和机制着手。新媒体的发展对传统广播电视媒体产生了较大的冲击,这并不是技术可以解决的问题。所以在管理方面,要加强体制改革,如何进行体制机制的创新成为广播电视媒体发展的创新点。

第二,广播电视媒体之间竞争激烈,需要扩大市场份额。在市场总量不变的情况下,随着新媒体的强势入局,无论是央视还是各省的卫视,他们在原有的市场份额上都面临着萎缩,地方电视台在竞争中的优势就更加显得不够,所以要想在如此激烈的竞争中生存下去,就要寻求新的发展机会。广播行业也类似。

第三,新媒体的发展,加速了受众分流。现在一些网络电视和智能手机已经吸引了很大一部分人群,很多受众已经不满足于被动地接受媒体节目,而是自主地选择新媒体。这样一来,广播电视媒体的收视率就会下降。

（3）互补性。新媒体与广电媒体的互补性关系主要表现在以下几方面。

第一，从信息真实性上看，新媒体在内容上往往存在不详不实和谣传的问题，新媒体上这些内容导致了观众对新媒体信任度的降低。由于新媒体的门槛较低，人人都能成为报道者，人人都能将第一时间拍摄的视频、照片上传发布，可是因为没有经过专业、深入地解读，纷乱繁复的表面材料可能蒙蔽人们对于新闻的理性认识。而传统电视媒体则拥有高质量的内容，并且电视节目的传播方式是以一对多，新媒体的传播方式却是双向的，这就使得新媒体中的信息审核和管理变得困难。对于新媒体的受众来说，很多人会选择使用新媒体获取最新信息，而选择传统广电媒体来作为信息的验证手段。

第二，新媒体的把关能力较弱。由于内容更加广泛，但具有"采写编评"素质的专业人才非常稀缺，这造成了一些常识性的错误层出不穷、媒体道德的界限模糊、报道缺少必要细节和人文关怀等情况时有发生。传统媒体通常对于社会热点事件的报道更加谨慎小心，会综合考虑事件本身和引领社会舆论的作用，在内容制作中会追求事件的具体细节，并且添加更多的人文情怀。

第三，新媒体在节目原创性上远远不及电视媒体，而且在节目制作上的缺陷也是与生俱来的，制作上的短板使得新媒体对于节目的需求仍大多依赖于电视媒体。

第四，在社会责任方面，新媒体更多的是以追求商业利益为目的，常常会忽视传统的价值观，新闻失范的事件也是日渐增多。传统广电媒体则更多注重社会影响和正能量的宣传传播，对于社会公益事件追求更多。

第五，对曾经辉煌过的电台来说，私家车的兴起给了电台第二次发展的春天，车上听广播已成为众多车主的行为习惯。对于一个地级市来说，私家车至少以十万级来计数，这还不包括出租车和公共汽车，庞大的收听群体成为电台节目的忠实粉丝。事实上，电视仍然是家庭文化休闲娱乐的主阵地，大约有2亿多户家庭的客厅生活仍旧不能没有电视。这些让传统广电媒体看到了自己的不可替代性。

2. 新媒体的媒介特色

（1）新技术的使用。新媒体研究者长期以来着力研究诸如虚拟现实等新型用户体验方式。如爱奇艺、乐视等网络平台均在2016年便开放了VR平台，并投入巨资孕育优秀的虚拟现实内容产品。

（2）高时效性。对比新媒体的即时性，电视节目的内容则较封闭，时效性也相对较差。原因是电视节目的播出有着一套严格的管理体系，各个流程均要按照规定执行，并且受到审核制度的制约，所以无论在时间上还是在内容上，电视报道均比较滞后。而新媒体则能够在第一时间将新闻发布出去，无须通过复杂的程序。

（3）重复性。传统广电媒体的节目内容通常分为直播和录播两类，同一内容一般播出不会超过两次，观众一旦错过这两次播出的时间便无法观看这一节目。但是新媒体允许观众自由点播节目内容，可以突破播出时间的限制重复播放观看同一内容。

(4)互动性。互动性是传统电视媒体的一大短板。电视媒体在新媒体出现之前最大的功能是发布,与观众的交流也仅限于现场互动和观众反馈。而新媒体让所有人都能发表自己的观点,也能让所有人看到其他人的观点,这就极大地发挥了互动性,也充分体现了新媒体的社会功能。

(5)信息海量化。传统广电媒体受限于播出时长和栏目板块的划分,电视节目中不可能把所有的信息都发布出去,而只能挑选具有重大意义或代表性的信息进行播出。但新媒体通过自己强大的网络平台,可以任意推送更大数量的节目,拥有更充足的时间对信息进行解读和补充。用户不仅可以在新媒体网络平台中寻找自己感兴趣的内容,还可以对之前的直播内容进行回看。

(6)互联互通。从内容向用户的终端呈现方式看,多数新媒体相比传统媒体具有双向互动的重要新特性,能够支持用户自主点播,实现以用户需求为出发点的"拉动"模式。同时,随着更多网络直播平台的投入运行,在社会中掀起了一股全民直播热潮,人们通过网络直播进一步拉近了人与人之间的距离。

(7)更容易形成社会影响。在传统广电媒体中,比如某电视台正在播放一个寻人节目或者募捐节目,如果观众没看到这个节目,就不会得到这个信息。而新媒体则可以通过平台发布和社交网络群(如微信群)的转发来让更多的人知晓并关注这个信息的发生及后续情况,并通过共享和互动来推动或改变某些事件的发展。

(8)提供给广告商更多的选择。

电视媒体因为受到新媒体的冲击造成了巨大的受众分流,因此对于广告商来说,新媒体成为广电媒体之外另一个优秀的广告投放平台。同时,电视媒体的广告会因为政策等因素受到一定的限制,使得很多广告无法进入电视的投放宣传平台。而新媒体平台的广告审核相对宽松,这种宽松的环境吸引了许多的广告运营商将广告投放到新媒体上。同时,与传统媒体的广告投放形式不同,由于网络新媒体平台上的用户通常在注册时就有登记相关信息,并且结合用户的浏览轨迹,可以轻松对一个用户进行定位。广告主可以结合平台数据,更加精准地进行广告投放。

(9)非线性多维度传播。

第一,全时传播。信息传播的时效性有四个发展阶段:定时、即时、实时、全时。全时传播指的是信息随时可以进行发布。

第二,全域传播。地域和空间限制越来越少,只需要设备和传输信号就可以发布信息。

第三,全民传播。传播不再是机构、媒体单位的事情,每一位民众都可以参与其中,谁都可能是记者、编辑。

第四,高速传播。传播速度比传统媒体快,在事件发生的同时就能够进行传播活动。

第五,全媒体传播。新媒体的传播信息方式不单是文字或者图片,还附有音频、视频等多感觉通道。

第六,全互动传播。新媒体新闻的线索搜集、采访、发行等一系列活动,所有用户都有机会参与进去,并且在事后可以发表评论。

第七,去中心化传播。新媒体不存在类似于"头版头条"这样的状况,不同受众可以选择出很多主题进行讨论;另外也说明了新媒体使新闻多元化。

第八,去议程设置传播。新媒体的信息传播不再是比较固定的用词模式,不同的消息发布人可以用自己使用的语言习惯进行传播。

第九,自净化传播。虽然在新媒体的传播过程中,负面信息传播面积是正面信息的四倍,但是一般小道消息都会有相关人员出面澄清,所以造成的误会基本可以得到有效的遏制。

2.1.2 新媒体的承载形式的特点及优缺点

新媒体的承载形式主要包括直播、网络视频网站、短视频、BT 资源、在线播放器以及本地播放器等。

本节主要介绍新媒体承载形式的现状、特点及其优缺点如下所述等。

1. 直播

简单来说,直播平台的特点主要是实时互动、多元文化迸发与信息价值并存,主要的问题是直播平台同质化问题严重。

首先,网络视频直播是现在媒体的最高端形态。从信息传播的角度来看,文字可以捏造,图片可以 PS,就连视频也能剪辑制作,唯独直播,它的本质是基于场景之中的,让用户与现场进行实时连接,受众与受众之间,主播与受众之间都可以进行实时的交流,是最真实最直接的体验。正是因为其真实性,所以接下来会出现什么都是不可预料的,才会给用户足够的想象空间和惊喜,吸引用户观看。

其次,网络视频直播平台能充分地实现用户互动。网络媒体区别于传统媒体的主要特征就是互动性,而网络视频直播则把实时交互的特点发挥到了极致。在这个开放的平台中,观众可以评论,可以发弹幕,可以给主播送礼物,甚至可以和主播一起做游戏,这种参与感是一般的网络视频节目所不能给予的。在秀场、游戏直播平台上,播客分享视频、推销自己,获得别人的赞美、认同,满足想要成名的内在欲望。而普通用户则通过视频直播获取内容、表达自己的看法、消遣时间、发泄情感、排除空虚寂寞,双向互动加大了用户对于网络视频直播等内容的需求。

最后,内容模式上的千篇一律导致了各大平台间的相互模仿、挖人,主播跳槽事件层出不穷。视频平台同质化严重,需要有创新力的产品来引爆视频消费的增长点,这是未来 Web 3.0 时代的主要发展方向。

2. 网络视频网站

这类网站的特点主要是内容生产速度快、技术门槛低、鼓励用户参与。

网络视频网站开放的内容和模式为广大网络用户提供了上传和分享自己制作视频的机会。随着"90后"逐渐步入社会,视频制作技术已经不再是高端的技术壁垒。一台数码相机、一台计算机就可以完成一段视频的剪辑和制作。自制视频的内容取材不限,审核的规范也较为宽松,因此,自制视频的生产速度极快,用户自制视频几乎成为各大视频网站的主要内容。视频网站体现出的传统媒体与新媒体的交错融合,是目前最为显著的特色。

但是目前,国内视频网站普遍存在以下问题。

第一,以低质视频追逐高点击率,使用制作比较粗糙、内容比较劲爆的恶俗视频,并将其放在首页来吸引网友关注,其中不乏一些带有色情意味的视频。

第二,视频资源内容的同质化。目前的视频网站几乎绝大部分的内容都差不多,除了专业化视频网站在内容上有自己的特色之外,其他的视频资源都存在个性化不足的问题。

第三,产业链不够稳定。目前,网络自制节目市场刚刚开始,能够连续、固定地周期播放,并且保证品质的自制节目并不多。受众对于自制节目没有形成独立的品类的认知,没有养成受众的固定观看习惯。这导致用户的流量成本一直居高不下,并且节目期间的贴片广告影响用户体验。

3. 短视频

短视频指一种视频长度以秒计数,主要依托于移动智能终端完成快速拍摄和美化编辑,可在社交媒体平台上实时分享和无缝对接的一种新型视频形式。

(1) 视频长度较短,更适合碎片化场景消费。

短视频长度一般控制在1分钟以内。这种短小精悍的视频模式使得即拍即传成为一种可能。随着移动互联网的发展,移动客户端成为视频传播的主要途径,用户只需要几分钟的时间,就可以拍摄一段短视频并发布。同时,即时观看使短视频的播放更加便捷,一段视频仅以秒计的长度也可以充分利用人们的碎片化时间,这为它的快速传播提供有利条件。

(2) 异步的优质内容更容易传播和沉淀。

"发布"将生产和消费分隔开,生产者有足够时间准备好的内容,而优质的异步内容更容易获得点赞、关注、收藏、二次传播甚至是转发链讨论,与社交关系链之间的相辅相成作用体现非常好。

(3) 广泛参与性,社交媒体属性更强。

短视频不是视频网站的缩小版,而是社交的延续,成为信息传递的一种方式。一方面,用户通过参与短视频话题,突破了时间、空间、人群的限制,参与线上活动变得更加简单有趣,使用户更有参与感;另一方面,社交媒体为用户的创意和分享提供了一个便捷的传播渠道。

(4) 商业化变现模式操作空间更大。

一般而言,短视频的内容更为聚焦、主题更为明确,用短视频卖东西、做广告的路子正在飞速发展中。

4. BT 资源

全名叫"BitTorrent",中文全称"比特流",最初的创造者是布拉姆·科恩。BT现在独立发展成一个有广大开发者群体的开放式传输协议。BT下载是目前互联网最热门的应用之一。BT下载通过一个 P2P 下载软件(点对点下载软件)来实现,克服了传统下载方式的局限性,具有下载的人越多,文件下载速度就越快的特点。双向传输突破了带宽的限制、资源丰富,其好处是不需要资源发布者拥有高性能服务器就能迅速有效地把发布的资源传向其他的 BT 客户软件使用者,而且大多数的 BT 软件都是免费的。但是 BT 下载很难控制数字产品的版权问题。

5. 在线播放器

在线播放器(如暴风影音等)的特点如下。

(1) 实时点播,想看就看;

(2) 每日更新,海量资源。

6. 本地播放器

这类播放器包括 QQ 影音、KMPlayer、迅雷看看播放器、PotPlayer 等。

(1) QQ 影音是由腾讯公司推出的一款支持任何格式影片和音乐文件的本地播放器。QQ 影音首创轻量级多播放内核技术,深入挖掘和发挥新一代显卡的硬件加速能力,软件追求更小、更快、更流畅的视听享受。

(2) KMPlayer 以其强大的操控功能在众多免费播放器中逐渐显示其开发实力。底层调用了 WMP 的内核 DirectShow,外部同时支持临时挂接 Windows 下的全部解码器。通过各种插件扩展 KMP 可以支持层出不穷的新格式。强大的插件功能,直接从 Winamp 继承的插件功能,能够直接使用 Winamp 的音频、输入、视觉效果插件;通过其独有的扩展能力,只要你喜欢,可以选择使用不同解码器对各种格式进行解码。只要安装了它,不用再另外安装一大堆转码程式,就能够顺利观赏所有特殊格式的影片了。

KMPlayer 安装版也是目前很少见的检查流氓软件的安装方式,如果一旦有恶意的汉化小组汉化并捆绑了流氓软件。该安装程序自动会识别,并做出提示,建议用户不要安装,虽然不是特别准确,但 KMPlayer 的无广告及第三方插件的特点使其深受好评。目前韩国官方已经在 KMPlayer 里自带了中文字库,只要用户是中文系统,软件就会自动识别,十分方便。

(3) 迅雷看看播放器,即原迅雷影音。该软件更好地整合了迅雷网页看看的特性,支持本地播放与在线视频点播。不断完善的用户交互和在线产品体验,让用户的工作与生活充满乐趣。迅雷影音是迅雷公司旗下的一款媒体播放器,在推出到 3.0 版后正式更名为"迅雷看看播放器",而后在其中加入了迅雷的热门网上在线影院系统"迅雷看看",将迅雷看看由一个网页插件转变为软件实体化,可谓是相当的出色。

(4) PotPlayer 是 KMPlayer 的原制作者姜龙喜先生进入 Daum 公司后的新一代作品。PotPlayer 的优势在于强大的内置解码器;而 KMPlayer 的优势在于强大的定制能力和个性化功能。PotPlayer 使用 VC++编写,KMPlayer 为 Delphi 编写。PotPlayer 是 Daum 公司的一款网络播放器,有自己的独立著作权,并非由姜龙喜先生原创,目前由 KMPlayer 的原始作者姜龙喜进行后续开发。

2.2 新媒体发展现状

2.2.1 网络新媒体概述

1. 网络新媒体的定义

新媒体是一个相对的、动态的概念,是相对于报刊、广播、电视等传统媒体,基于新的数字和网络技术,其传播更加精准化、对象化。具体传播途径有互联网、手机、移动电视、IPTV 等。

国内外有一些较为典型的新媒体的定义。"新媒体"的概念出现于 20 世纪 60 年代末。1967 年戈登马克最初提出了"新媒体"(New Media)一词。1969 年,美国传播政策总统特别委员会主席罗斯托在向当时美国总统尼克松提交的报告书中再次提到此概念。"新媒体"一词就这样在美国普遍开来,很快扩展到全球。

"新媒体"的概念有广义与狭义之分。"新媒体"的广义概念定义为通过运用网络数字技术及移动通信技术,通过无线通信网、宽带局域网、卫星和互联网等渠道,以手机、计算机、电视作为最终输出终端,向使用者提供语音数据、音频、在线游戏、远程教育、视频、音频等合成信息及娱乐服务的全部新型传播形式与手段的总称。"新媒体"的狭义概念定义即"新兴媒体"。

2. 网络新媒体的特点与优势

新媒体以其形式丰富、互动性强、渠道广泛、覆盖率高、精准到达、性价比高、推广方便等特点在现代传媒产业中占据越来越重要的位置。新媒体体现了科学技术的进步、内容方式的转变、传播语境的变化、传统话语权的解构与转变。新媒体的"新"体现在以下几点。

(1) 全方位的数字化。新媒体最为显著的特点即数字化的传播方式。科学技术的不断进步,必然带来数字化传播方式。Nicholas Negroponte 在《数字化生存》一书中提出:"现代信息技术的突飞猛进必然将改变人类的工作、学习、娱乐方式,即人类的生存方式""当无数产业扪心自问'我在数字化世界中前途将如何'时,事实上,它们的前途归根结底要看它们的产品或者服务能不能转化为数字形式。"而新媒体就是通过全方位的数字化过程,将所有的文本缩减成二进制元编码,并且可以采用同样的生产、分配与存储的过程。

(2)交互性。网络新媒体的传播方式可分为以下四种:①多人对个人和个人对多人的异步传播,是指信息接收者通过使用网络寻找信息的活动,例如浏览网页和远程通信等;②个人对个人的异步传播,如电子邮件;③个人对个人、个人对少数人、个人对多人的同步传播,例如网络在线闲谈、多用户游戏等;④多人对多人的异步传播,如新闻讨论组、电子公告牌和电子论坛等。在第一类中,用户只是作为信息的接收者。而在后三类里,用户很有可能是信息的发布者或交流者。由此可见,网络新媒体的传播方式最突出的变化即为"受众"不仅仅是指大众,也可能是个人,"受众"不仅是信息的接收者,也可能是信息的发布者。

(3)个性化。新媒体实现了信息传播与收阅的个人化。以网络环境为基础,通过先进的机器学习和人工智能算法,基于信息用户的信息使用习惯、偏好和特点,新媒体可以向用户提供满足其各种个性化需求的服务。这种新媒体提供的个性化信息服务,令信息的传播者针对不同的受众提供个性化服务。此外,受众也对信息具有同样的操控权,受众可以运用新媒体选择信息、搜索信息甚至定制信息。所以,新媒体的时代是一个"受众个性化"的时代,传统媒体中只能"被动接收信息"的受众转变为主动寻找和制作信息的用户,这是一个基于用户个人建立起来的双向交流的系统。

(4)分众性。互联网更加适应受众需求的多样化和受众市场的细分化。互联网的交互性特征引起了用户分化。它将目标受众按年龄、性别、种族、社会地位、文化程度、兴趣爱好、专业程度等标准划分为一个个群体,从而有针对性地为这些不同的群体提供信息服务。所以说,这是具有小众化倾向的传播。由于媒体生存与发展必然与受众群体数量密切相关,所以每个受众群体仍然保有一定数量。

(5)复合性。通过互联网传递信息突破了传统媒体传递信息的单一性,互联网传递实现了信息传播的图、文、声一体化,它将文字、图像、声音、视频、音频等完全融合。其复合性也充分体现了传播形态的多样性特点。它将报纸、电视、广播的传播手段与传播方式基于一体,其形式的多样化是前所未有的。它将各种接收终端、各种传输渠道、各种信息形态整合在一起,从而保证用户可在任何地方、通过任何终端进入新媒体网络。

3. 新媒体的现状及存在的问题

目前我国网络新媒体的发展现状如下。

首先,我国目前新媒体发展已经相当普及。网络新媒体所传播内容的丰富性和传播信息数量已远远超过传统媒体。数据显示,传统媒体每日传播的信息量不到网络的 1/4。网络新媒体的市场已经达到了一定规模,且逐年扩大。其次,网络新媒体的技术支撑以及硬件技术较为成熟,尤其是在通信领域,可以与发达国家相媲美。

但是,网络新媒体存在的问题也不容忽视。

第一,我国网民数量激增,但分布不均。调查显示,网民分布与地区经济发展状态密切相关,城市网民尤其大城市的网民是主力军,西部地区如新疆、西藏等地,网民数量依然有限。数字鸿沟依然存在,随着信息的获取渠道逐渐转向新媒体,发达地区与落后地区在知识、信息上的这一鸿沟将会变得更宽而不是更窄。

第二,网民素质良莠不齐。网民拥有自由发表意见的平台,但此类言论自由随意、导向不明,甚至部分网民热于揭人隐私、制造谣言,而导致偏激和非理性、盲从与冲动。很多新媒体平台,比如某资讯平台提供了自由评论功能。这种自由评论的功能更加凸显了网民素质的亟待提高,很多平台的评论区域成了网民互相谩骂的营地,攻击网友的内容甚至超过了对于内容本身的评论。

第三,虚假信息多。目前,网络上频繁出现一些虚假的、低俗的等有害信息,给构建健康文明网络造成了极坏影响。这一现象已经引起新媒体运营者的关注,比如前不久的某网站,便有相关负责人出面表示要集中力量治理平台的虚假内容。新媒体平台的立命之本还是内容,一个内容导向的行业万万不能放弃的原则就是信息的真实可靠性。

2.2.2 网络多媒体节目类型

1. 传统广电类互联网视听节目

传统广电类互联网视听节目服务是指由传统广播电台、电视台通过互联网为计算机用户提供的视听类节目服务,如 CNTV、CBox 央视影音、芒果 TV 等。这类节目的最主要的特色是服务商本身有着长期制作视听节目的经验,所以他们既是内容生产商,又是内容服务商,自身不必投入大量成本购买内容。

传统广电类互联网视听节目服务主要包括以下几个方面。

第一,各广电企业对其制作的供自己的电台或电视台播放的节目进行重新编排后在其互联网平台中推出。

第二,由于网络媒体不受排期的限制,传统广电类互联网视听节目服务商一般会围绕电台、电视台播出的有限内容,制作、编排一些相关的视听节目供互联网用户观看。

第三,虽然具备强大的内容生产能力,但传统广电类互联网视听节目服务商还是会从其他内容生产者手中采购一些自身需要的音视频内容(如影视剧),按照内容主题将这些内容分类编排进互联网视听节目服务平台的各个频道中。

第四,传统广电类互联网视听节目服务还包括重大体育赛事、文化活动等节目的网络直播服务。

2. 综合性互联网视听节目

综合性互联网视听节目服务是指由民营资本组建，制作、收集、采购各种类型的视听节目，如搜狐、爱奇艺、乐视等。这类节目主要包括以下几个方面。

第一，综合性互联网视听节目服务商基本都有内容制作团队，按照规定，他们可以采访、报道各种非时政题材的新闻事件，制作、编排成视听节目，或自己拍摄、创作一些网络影视剧，为用户提供原创视听节目服务。

第二，为了给用户提供更全面的内容服务，综合性音视频网站也会收集、转载其他网络平台的视听节目，除了时政新闻类视听节目必须从广播电视类平台转载之外，他们还会转载一些合作网站的视听节目。

第三，综合性互联网视听节目服务商同样会从其他内容生产者手中采购一些视听内容，经过编排后放入自己的平台中供用户欣赏。

第四，综合性互联网视听节目服务还包括一般的体育赛事或文化活动的实况音视频直播服务。

3. 聚合类互联网视听节目

聚合类互联网视听节目主要是汇集互联网中视听节目的信息，供用户搜索查找，如百度视频等。这类服务的业务范围很窄却很特殊，用户在这类网站中能找到的视听内容最全面，其服务主要包括两个方面。

第一，将各个合作网站的视听节目信息收集、编排、分类后发布到自己的网站上，供用户搜索、查找、收看，由于他们收集的只是视听节目的信息，所以用户在选择视听节目观看的时候就相当于点击了一个视听节目的链接，一般会直接跳转到内容本身所在的网站。

第二，聚合类互联网视听节目服务还提供 UGC（User Generated Content，用户生成内容）共享服务，用户可以将自己制作的内容及相关信息上传到这类视听服务网站中，经过网站编辑的审核后即可展示在该网络平台中。

4. 转播类互联网视听节目

转播类互联网视听节目包括如 PPTV、爱奇艺、PPS 影音等，服务所转播的内容主要包括以下三个方面。

第一，是对传统广播电台、电视台的视听节目进行完整转播，即对被转播频率、频道的所有视听内容进行全程转播。

第二，是对传统广播电视类互联网视听节目服务平台提供的自制内容进行完整转播。

第三，是对其他互联网视听节目服务平台提供的体育赛事、文化活动等实况音视频直播进行完整转播。

2.2.3 网络新媒体的赢收方式

网络新媒体的赢收方式主要包括以下几类。

1. 广告费

在网络新媒体上注册的用户，广告主可以通过他们的浏览轨迹精准地对其投放广告。传统的广告主要耗费高额的成本来获取海量用户，从中捕获他们的目标人群。但是此类新媒体可以轻松地获得用户的基本信息和喜好，从而广告主可以轻松地选择目标人群并进行广告的投放。

2. 用户收费

用户收费主要是会员收费，通过收取一定数额的费用，可以使用户成为 vip 用户，并享受增值服务，如乐视、爱奇艺等平台推出的 vip 专享剧、vip 抢先看等形式。会员类型通常包括包月用户和年费用户等。

3. 内容服务

内容服务主要包括自制网络剧、综艺节目等，通过已经掌握的内容资源，发挥入口优势，产生营收。

4. 内容排位

内容排位即竞价排名，是一种按效果付费的网络推广方式。用少量的投入就可以给企业带来大量潜在客户，有效提升企业销售额和品牌知名度。

竞价排名按照给企业带来的潜在客户访问数量计费，企业可以灵活控制网络推广投入，获得最大回报。具有见效快、关键词数量无限制、关键词不分难易程度等特点。

5. 版权分销

通过自创 IP 或是买断线上的独播权而拥有一些 IP 版权，将这些 IP 授权分销给 A 网站、B 网站等，从中赚取差价获得营收。

6. 用户体验赢利——"流量为王"

其主要是发挥平台的优势，通过活动占据入口，凝聚人气，搭建平台，再通过相关的商业模式将流量变现。

2.2.4 网络新媒体的影响力

1. 新媒体优化整合了传统的文化传播系统

新媒体对文化传播力有重大的影响，对于传统的文化传播系统更是具有优化整合的巨大作用。从社会信息系统的层面上来看，在现代科技飞速发展的条件下，新媒体的出现，不但使现代的文化传播平台发生了改变，还增加了文化传播的渠道。从人类的文化发展文明史中可以了解到，在文化传播的过程中，首先是人与人之间直接的口头传播，随着科技的不断发展，直到现在出现了新媒体，传播方式和媒介有了翻天覆地的变化，触摸屏、虚拟现实、幻影成像、多媒体、互联网等传播媒介都为文化传播提供了非常便利的渠道。新传播媒体从多个角度上突破了传统的传播界限,开创了不同于之前的新型传播文化途径的方式,实现了文化传播途径的优化进程。目前看,在经典纸媒数字化转型的浪潮中,纸质媒体一直饱受数字化和新媒体的冲击,报纸发行量和广告收入逐年下滑。报刊业除了试图在实现内容数字化转型的同时,也期待打开数字广告这一新的收入渠道。

2. 新媒体改变了传统的文化交流传播的方式

从新媒体方式的传播技术来看,在固定的文化交流互动的进程中,新媒体拥有不实名的独特特点,所以能够从根本上破除传统人员身份的束缚,在不暴露自身的信息的特征下可以和陌生人进行沟通交流,大众在文化传播中具有足够的安全感,新媒体传播是具有保护机制的。在有保护的情况下,就有大部分的人情愿吐露自己最真实的内心想法,就可以有效率地进行互动交流,文化传播在质量上和效率上都会有所提升,能够不断地增强文化传播者之间的凝聚力。此外,在新媒体的条件下,文化传播的主客体会随着交流的情境不同产生地位交换。自媒体作为后网络时代的新秀,开创了个体传播的新时代。人人都可以成为内容的提供者,传播的主体不再局限于专业媒体。自媒体的广泛应用,推动着数字出版企业从单一的内容提供商向内容交流者与内容组织者转变[1]。另外,在新媒体中,社会中的主流文化和边缘文化能够得到有效的碰撞,可以激起思想的火花,这样,社会大众便能体会新的文化、内容和情感。

3. 新媒体能够有效地刺激多元化文化形式的产生

新媒体对文化传播力的影响还体现在它能够有效地刺激多元化文化形式的产生。一种新的文化传播媒体的出现,不仅仅在社会中是以一种文化存在,还是一种文化系统的组成元素。这种新媒体在进行文化传播时,就一定会形成一种崭新的关于文化的秩序规则,所以,不同于传统的传媒方式可以将文化重新进行包装,进而重新定义和理解新媒体。例如,在开始进行歌曲表演时,可尝试利用高科技和计算机技术来营造虚拟影像,给观赏者呈现极为高端的新的视觉享受,以一种新的形态出现,才能有这样的交流互动,才是新旧文化相互融合的状态,能够创造出新的文化形式,就能够使新时代的文化进行传播,且在文化传播体系中,具有更大的包容性和参与性。

4. 新媒体为多元文化对接带来机遇和挑战

新媒体在实现文化传播的过程中是需要一定的前提条件的,也就是文化传播的过程中需要有一定的共享性,新媒体在沟通交流中具有良好的交互性、界面友好性和操作便利性。大众以新媒体的使用便捷特性为基础进行文化交流,对于提升信息传播的效率发挥了重要作用。

例如,2015年6月初,新华社对其客户端进行改版升级,从界面设计来看,此前的大红色Logo,已变为清爽的"新华蓝"风格。而最值得一提的是,为实现"更懂用户"的需求,新版客户端中加入了算法推荐引擎,通过以大数据为基础的"身份识别"技术,APP产品就会根据用户的兴趣图谱进行相关领域新闻内容的智能推送。而"问记者"这一特色功能将会使传播主客体间的交流具有更大的便捷性与交互性。

因此,新媒体在根据市场规律的规则之下让文化传播得更加快捷,这样能使文化传播范围更广泛,时间更短。新媒体是一种非常高效率的传播手段,能满足人们日益增长的文化需求。目前社会文化不断的发展变化,新媒体也随着时代潮流的发展产生了变化,新媒体的传播方式更加形象直观。

国内纸媒体也开始向新媒体转型,在新媒体中,尤其是微博、微信等媒体交流软件的应用较为广泛,国内纸媒的转型,都结合了新媒体的传播方式。例如,形成跨区域发展战略,实现业务的区域扩张,南都全媒体集群与《郑州晚报》的合作和签约,包括21家全国主流报纸的60余家媒体在北京启动成立全国云报纸技术的应用平台,为成员媒体提供数据收集、数据分析等服务,《河南日报》报业集团与河南联通签署全面战略合作协议,将在移动互联网、云采集平台、物流与动信息等新媒体平台等开展业务合作。由此可见,新媒体对于文化传播有着非常大的影响力,对于提升文化传播效率有重要的作用。

2.2.5 移动端新媒体

1. 移动端新媒体的定义

移动新媒体,就是以手机为接收与交互的终端,基于移动通信网络的全新媒体形式。

2. 移动端新媒体的特点与优势

第一,便携性。手机终端与人相伴,基本不受时间、空间等自然条件的限制,实现真正的随时随地随身信息访问。

第二,互动性。手机平台发展至今,无论是手持终端还是局端设备都已经具备了相当的计算能力,在此基础上可以实现丰富的互动功能,手机游戏便是典型的例子。

第三,私密性。与传统大众媒体不同,移动端新媒体通常为私人独立使用。使用者在体验过程中可以很好地保护自己的隐私,不受他人的干扰,并在此基础上进行丰富的个性化定制。

第四,跨界性。凭借强大的移动网络支持,手机媒体可以很方便地与报纸、广播、电视、互联网等其他媒体形成紧密的互动。

第五,增值性。手机平台可以实现灵活的计费,这是传统媒体一直无法企及的,也是在此基础上,移动新媒体可以创造固定收益之外的更多边际收益,甚至以后者为主体。

3. 移动端新媒体的内容

（1）向大众文化消费转型。关注受众喜好，更具流行时尚文化，比如网络剧、网络综艺等。

（2）向数字创意生产转型。通过独特的创意建立新的文化景观，注入互联网基因。如暴走大事件系列视频等、奇葩说等。

（3）向高新科技融合转型。将媒体内容与最新网络技术、数字技术融合，在生产方式和传播方式上改变人们接收信息的渠道，如搜索、下载等。

（4）向"草根"个性创作转型。内容生产从专业化走向社会化，受众既是接收者，也是传播者和创造者。如微博自媒体、喜马拉雅FM自媒体等。

（5）向微内容碎片化转型。用放松性的视听享受代替深层浏览，目标指向用户的碎片化时间。如微信小视频、微博短视频等。

4. 移动端新媒体的盈收方式

（1）广告费。其主要包括影视广告、动画广告、贴片广告、banner广告、文字广告等，将其通过各种方式嵌入在手机端的APP中。

（2）用户收费。通过对会员收费，并向会员提供一系列增值服务。与网络新媒体的形式相同。

（3）内容服务。其包括如自制网络剧、综艺节目等。

（4）内容排位，即竞价排名。其是一种按效果付费的网络推广方式。用少量的投入就可以给企业带来大量潜在客户，有效提升企业销售额和品牌知名度。

竞价排名按照给企业带来的潜在客户访问数量计费，企业可以灵活控制网络推广投入，获得最大回报。具有见效快、关键词数量无限制、关键词不分难易程度等特点。

（5）版权分销。通过自创IP或是买断线上的独播权而拥有一些IP版权，对这些IP进行线上播放的授权分销来获得营收。

（6）用户体验赢利——"流量为王"。通过内容汇聚一定的人气，通过预定的商业模式将流量进行变现。

5. 移动端新媒体的影响力

（1）极度个性化的内容需求导致长尾市场出现。

手机平台由于其自身的限制，相对于互联网而言，是个非常窄的信息渠道。在这种情况下，除非实现高度的个性化定制，否则很难进行有效的内容过滤以满足每个用户个体的个性化需求，也正式在这种高度个性化的内容刺激下，移动新媒体一定会呈现出高度的长尾市场特征。

（2）手机用户同时作为内容生产者和消费者的双重角色。

作为数字内容生产者，手机用户可以随时随地拍摄照片、录制声音、输入文字；

作为数字内容消费者,手机用户也可以随时随地下载视频、播放音乐、访问各种各样的移动互联网站。基于移动网络方便地上传和下载功能,媒介和受众的关系得到前所未有的融合,并且不再受到时间和空间等自然环境的限制。

(3) 对新闻传播方面的影响。

首先,增加了受众群体的范围,提高了读者的关注度。收集作为便携的通信工具,在承载通信功能的基础上也承载了新闻传播的作用,手机移动端媒体可以利用手机作为新闻的载体,既可以作为发布者,也可以成为传播者与接收者。同时,能够有效保障新闻传播的同步性,突破了时间与空间的障碍。

其次,移动端新媒体拓展了新闻传播的分销渠道,使传媒行业的发展呈现多元化态势。并且,各种新闻传播的形势也呈现融合化的趋势。甚至利用互联网的快速传递性,在某一新闻内容中设置超链接,拓展新闻的深度与广度,使传统媒体单一化的劣势被彻底解决。

最后,新闻传播中的受众与编撰者地位趋于平等。传统媒体在新闻传播过程中只注重新闻内容的传递,只有自上而下的传播过程,相应的反馈机制则相对落后。而结合互联网的手机移动端媒体可以实现新闻内容的实时互动,例如,手机端新闻媒体公司在自己的网页上针对新闻内容设置了评论区。

2.3 新媒体案例研究

2.3.1 PPTV

PPTV 网络电视,别名 PPLive,是由上海聚力传媒技术有限公司开发运营的在线视频软件,它是全球华人领先的、规模最大的、拥有巨大影响力的视频媒体。它全面聚合和精编了影视、体育、娱乐、资讯等各种热点视频内容,并以视频直播和专业制作为特色,基于互联网视频云平台 PPCLOUD 通过包括 PC 网页端和客户端、手机和 PAD 移动终端,以及与牌照方合作的互联网电视和机顶盒等多终端向用户提供新鲜、及时高清和互动的网络电视媒体服务。

PPTV 是一家由多家国际知名风险投资公司投资的,服务于中国及全球互联网用户社群的网络电视技术平台提供商,是第五代网络新媒体中的领军企业。聚力传媒始终致力于新一代流媒体传输技术和网络视频技术的开发、推广和应用,是第一家向海外输出中国自主知识产权技术及专利,并被国际知名企业/机构(哈佛、麻省理工、微软研究院)广泛引用的互联网视频企业。

1. 主要优势

(1) OTT 行业的人口红利。2014 年中国电视机销量在 4500 万台左右,而非智能电视机的存量却有3.6亿台。从工信部的统计来看,电视机产品的产品周期为5~8年,除去之前已经销售的智能电视,未来4~5年内,国内智能电视的需求量约为3亿台。而且对于互联网尚未完全渗透的农村地区,智能电视的爆发时间还要更晚一些。其实,除了PPTV、优酷、爱奇艺等视频网站巨头也在和相关家电厂商合作以推出智能电视机产品,OTT行业的人口红利诱人之处可见一斑。

(2) 销售渠道。苏宁是PPTV最大的销售渠道,也是PPTV相比于乐视、优酷们的最大优势。苏宁的千家线下门店和线上电商平台,对家电厂商来讲是不可忽视的销售渠道,这给PPTV电视机在定价和服务上有了更多的亮点。除了深挖苏宁的渠道优势,PPTV更需要在产品上打动用户,以获取更好的销售业绩。

(3) PPOS的技术优势。PPOS整合了PPTV的视频资源、解码方案以及苏宁的电商业务,相比于其他平台"一方面为合作的视频网站提供视频服务;一方面与京东、淘宝等多家网站合作,提供上传、转码、存储、分发、播放等全面视频服务"。PPTV一体化的服务模式,在用户体验上有着不小的优势,对一些家电厂商而言,这极大地降低了接入成本,但对试图靠服务赢利的家电企业,却少了最基本的吸引力。

2. 所面临的问题

(1) 生态链尚缺,需以内容积累用户。在电视盒子开始出现的时候,包括小米、华为、阿里在内的科技巨头以及一大批创业公司蜂拥而上。虽然电视盒子只是智能电视的过渡产品,结果却成了智能电视发展的绊脚石。原因很简单:智能电视虽有生态之名,在生态链不完备的情况下,其功能与电视盒子无异。

目前在智能电视生态上,乐视是当之无愧的先行者,其"平台+内容+终端+应用"已经成为视频生态的典范,PPTV的电视生态在乐视模式的基础上加入了开放的元素。但不得不正视的是除了正在苏宁众筹的PPTV电视,和其他家电厂商的合作并未付于实际,也就是说相比于小米、乐视、联想等厂商,PPTV的生态链缺少了电视和手机的支持。不完备的生态链可以通过手机APP或后续的手机产品进行弥补,但对当前的PPTV来讲,想要挖掘用户必须靠内容来完成。

智能电视的内容早已不再局限于视频资源,游戏、娱乐、应用等服务才是内容的"重头戏"。PPTV在视频资源上接入了华数和CNTV,并且在视频版权上和一些平台进行了交换,但在视频资源上的优势并不存在。一是视频行业巨头们每年的版权购买费用都在几十亿元的数量级上,PPTV花费30亿元购买版权却没能拉开差距。二是不少电视厂商也开始和视频网站合作,如小米投入10亿美元来换取视频资源。但如果PPTV对其他内容资源青睐有加,竞争的天平将会有所倾斜。

2015年4月29号,三大运营商共同解读了《智能电视游戏操控规范》,智能电视游戏将打破操控标准的混沌局面,智能电视游戏的未来逐渐明晰。而在此之前,智能电视的游戏和应用很多都是从手机上移植而来的,真正为智能电视开发的应用少之甚少。希望PPTV能够抓住这一契机,投入更多的资金来吸引开发者,进而补充和优化应用资源,在生态链不完备的情况下,吸引更多的忠实用户进来。

(2) 商业模式遭遇困境,赢利之路道阻且难。智能电视生态的商业模式"仁者见仁,智者见智"。当传统家电厂商还在延续硬件赢利的模式时,乐视则选择了硬件免费服务赢利,而对于 PPTV 和苏宁来讲,开放的生态既要考虑硬件厂商的利润,又要保证自己赢利,有着更多样的选择却也有更多的不确定因素。

其实在智能电视赢利问题上,阿里巴巴"机关算尽"。2013 年天猫盒发布,内置了其精心设计的购物服务,从而在手机—电视—PC 三端打通,形成了一个购物闭环,巧妙的解决了电视购物的资源和交互不便的问题。无独有偶,京东、当当等纷纷效仿天猫现身智能电视平台。对 PPTV 而言,除了会员体系,打通苏宁易购、PP 商城、线下门店的做法则开辟了智能电视生态里新的商业模式。

相比于阿里和京东,苏宁最大的优势还是线上线下合一的 O2O 模式,电视购物也必定是苏宁发力的一个重要方向。可以预想的一个思路是,苏宁可以通过 PPOS 将易付宝内置其中,进而发掘出更多的赢利点。

3. 发展机遇

(1) 通过应用商城出售优质的游戏和应用资源,与开发者共同受益。

无论新媒体还是传统的广电媒体,都依靠信息传播的效率、公众的接受程度和喜爱程度进行发展,便捷的渠道只能方便公众的信息传播,并不能引起他们获取信息的兴趣,因此真正能激发群众兴趣的是吸睛的内容,而非其他外在的东西。新媒体包括数字电视、手机电视以及微博、微信等各式平台,具有不同的特点与优势,但同样有着重要的传播功能,不能一概而论,应该一视同仁。因此广播电视行业应树立"内容为王""差异化生存"的理念。

"特色"是一大重要的竞争优势,使广播电视产业节目更加受欢迎、更加为大众所喜爱。新媒体传播迅速、内容量大、资源丰富等优势可以成为广播电视行业发展特色产业的一大助力,可以加强广播电视节目的互动性、及时性、多元性,并更好地贴近真实生活,打造特色广播电视节目。

(2) 通过优惠刺激培养用户电视购物的习惯,进而突出苏宁的 O2O 优势。

广播电视节目传播越广泛,群众知晓度越高,产生的价值就越大。一般广电节目以电视为主要传播渠道,具有一定的限制性,普及性和宣传效果欠佳,正好可以利用新媒体在这方面的优势,将其发展为外延渠道,在电视宣传和传播的基础上,利用手机电视、网络等途径进行传播,增大扩散范围。

(3) 迎合在线教育的趋势,依托智能电视平台从中分一杯羹。

与 CNTV 网络电视台不同的是,"民营队"成员之网络电视台,虽然没有实体电视台资源可依托,但从成立到现在已历经了 8 年的发展,积累了丰富的网络电视运营经验,拥有一大批忠诚度高的受众群,积攒了极高的用户人气,这都是它独特的优势。8 年间,网络电视运营过的热点事件有超女、奥运会、快女、国庆、快男、车展、各体育赛事等,每一次直播或转播都让自身人气上涨。而这对于精准营销和互动营销无疑是大有裨益的,PPTV 网络电视也因此成为越来越多广告主的首选媒体。2012年,在第84届奥斯卡颁奖典礼的娱乐氛围下,"大牌直播间"在网页、PC端、TPAD等全终端上线。作为PPTV网络电视一档自制的访谈节目,它一方面对颁奖典礼进行实时报道,另一方面再现了明星及其作品的风采。独特、优质的节目内容,外加多终端的覆盖,使PPTV网络电视成为人们观看首映或娱乐盛典,围观大牌的标杆性新媒体。PPTV网络电视之所以能在新媒体格局下不断拓展、拓深自己的发展之路,与它在娱乐营销上下的功夫分不开,而在其中起着推波助澜作用的就是它作为新媒体的网络人气。

2.3.2 搜狐视频PPTV

随着互联网技术的发展和视频网站的兴起,网络视频已成为一种全新的国民娱乐休闲方式。在当前激烈的行业竞争中,塑造并传播品牌是视频网站赢得市场、站稳脚跟的重要手段。视频网站需要实施以品牌建设和品牌传播为重点的企业发展战略。品牌的形成得益于企业与消费者之间的互动,而互动的产生只有通过品牌传播才能得以实现。品牌拥有者必须通过自觉的品牌传播来实现与消费者的互动,从而使消费者了解产品、体验产品并提出评价。品牌传播中的核心要素是受众。从受众需求的角度出发,精确定位目标群体、不断创新节目内容和根据反馈效果适时调整视频节目,应该是当前网络视频品牌传播的受众策略。

1. 搜狐视频的发展历程

2004年年底,伴随网络视频在世界范围内兴起,宽带时代和流媒体技术发展的必然,搜狐视频的前身搜狐宽频成立。2006年,作为门户网站第一个视频分享平台——搜狐播客成立;2009年2月,搜狐"高清影视剧"频道上线,独家首播千余部影视剧。提供正版高清电影、电视剧、综艺节目、纪录片在线观看,网罗最新最热新闻、娱乐视频资讯,实时直播各大卫视节目,同时提供免费无限的视频空间和视频分享服务。

搜狐视频是中国第一家以正版高清长视频为显著优势的综合视频网站,并于2008年年底推出100%正版高清电影、电视剧、综艺、纪录片和音乐等系列高清优质视频频道,由此迅速成为中国最有竞争力和影响力的综合视频平台之一,同时旗下也涵盖了电视直播、视频新闻、电视栏目库以及网友上传播客等传统视频业务。

2010年,搜狐视频与搜狐娱乐、搜狐矩阵媒体平台全面整合,进一步强化了搜狐视频独有的门户媒体属性领导力,制作出一系列有影响力的原创影视作品。同时搜狐视频首家提出并实践"台网联动"理念,在宣传与营销领域,全面与传统电视台深入整合,取得优质的产业协同发展效应。

2011年,搜狐视频在自制影视剧方面持续发力,保持市场领先,同时加大力度推出一系列高品质原创栏目。以独有的门户媒体力实现强大协同效应,通过不断创新的可持续商业模式,实现正向商业循环。

2. 给谁看:视频网站品牌传播的受众类型

调查显示,视频网站在品牌传播的过程中首先要解决的一个问题是"给谁看",或者是"谁来看"。这就涉及传播学"5W"理论中的受传者(to Whom),即传播者(Who)拟将信息(Say What)送达的目标对象。寻找并精确定位目标对象,是一切品牌传播与营销活动的起点。从实践层面看,品牌传播的受众分为企业组织内部受众和企业组织外部受众两类。

(1) 企业组织内部受众。简单来说,企业组织内部受众是指搜狐视频的内部员工。内部员工通过搜狐视频内部品牌行为了解品牌理念,并需要将这些理念内化在日常工作中,直接影响到外部品牌传播行为的质量,从而极大影响着企业的发展和形象。搜狐视频作为搜狐门户的一个频道,本身就带有良好的"品牌基因"。

搜狐在创立伊始,张朝阳就提出:"搜狐一开始便不是在做一个网站,而是在经营一个品牌。"品牌理念植根于搜狐的发展历程之中。"无论是品牌意识、品牌塑造观念,还是具体操作层面的互联网站建设、标识系统、品牌文化内涵赋予整合、品牌营销、品牌互动,搜狐的品牌塑造都堪称是国内互联网品牌塑造之佼佼者。"2010年,张朝阳提出要"再造搜狐",并将视频、游戏、搜索和 Web 2.0 确定为搜狐重点发展的四大业务。2013 年 7 月,搜狐视频高层构架做出重大调整,张朝阳亲自出任搜狐视频的 CEO,这些都说明包括高层在内的组织内部受众,对于企业品牌的传播无比重要。搜狐视频的品牌传播活动中,内部员工既是视频信息的受众,又是视频信息的传播者。作为传播者的角色,多是以客户服务的形式出现的。在一般情况下,用户在搜狐视频上观看视频的过程中,遇到的卡顿或者不能播放等问题,都可以在视频播放页面右下角的"反馈"链接中,提出问题并等待客服人员的解答。搜狐视频提供了在线描述问题、拨打客服电话、用户反馈 QQ 群和客户服务微博等四种形式的客户服务。

因此,搜狐视频在员工选拔方面抓住了这一传播特性,避开消极受众,选择认同或者支持搜狐视频品牌理念的从业人员,从而极大降低内部品牌行为中的传播阻碍。搜狐视频内部员工通过内部品牌行为了解搜狐视频的品牌理念,并学习相关的行为准则。搜狐视频的品牌理念通过员工培训、内部会议和员工手册等形式在企业内部进行传递和分享,并逐渐内化在外部品牌行为之中。一方面,搜狐视频以品牌忠实员工来树立行业的精英形象,另一方面员工以搜狐视频品牌为骄傲并努力工作,这样就形成了搜狐视频发展的良性循环。

(2) 企业组织外部受众。企业组织外部受众是指与企业没有直接利益关系,借由搜狐视频外部品牌行为接触到品牌传播的受众。潜在用户和当前用户是品牌传播最为主要的受众。

潜在用户和当前用户是搜狐视频品牌传播的主要目标。根据 CNNIC 统计,截至 2013 年 12 月底,中国网络视频用户规模达 4.28 亿人,同比增长 15.2%。预计视频使用率在未来3年内将提升13个百分点,由2013年的68%提升到2016年的81%。理论上来讲,网络视频的用户都是搜狐视频品牌传播的受众。潜在用户通过各类传播渠道接触到搜狐视频的品牌信息,从而了解和接触搜狐视频,依据内容和产品体验效果做出成为用户或者放弃的选择。

3. 看什么:视频网站受众的内容需求

调查显示,视频网站在品牌传播的过程中面临一个非常重要的问题,即"看什么",即通常所谓传播学理论"5W"中的"讯息"(Say What)。这在视频网站的品牌传播中体现为品牌理念、品牌行为和品牌视觉等要素。其中"品牌行为"作为最核心的传播要素,又表现为优质的内容生产与良好的用户体验。

(1) 品牌理念:视频网站的文化价值观。

作为品牌传播核心要素的品牌理念,体现着品牌所崇尚的文化价值观。事实上,它类似于企业识别系统(CIS)中的关键组成部分——理念识别(MI)系统,它被认为是企业之魂。品牌理念不仅在企业的发展过程中起着支配和统帅作用,而且代表着企业的核心和灵魂,可以说,品牌理念全方位地影响着企业的经营发展。品牌理念包含着品牌的价值观、个性、品位、态度、美学、情绪和其他精神产物,以及与受众建立起来的情感的总和。

搜狐视频在2011年提出"权威媒体、专业制作、诚意出品"的品牌理念。这一发展理念为搜狐视频的发展指明了道路。张朝阳在众多场合都强调搜狐视频的媒体属性。作为中国发展最早的门户网站和北京奥运会互联网内容的赞助商,搜狐成为中国最具影响力的媒体平台之一,这也成为搜狐视频可以从搜狐品牌继承得来的优良"基因",这就意味着搜狐视频不仅仅是以赢利为目的的内容聚合、播放平台,它也担负着传递信息互动参与、彰显公信力和履行社会责任的媒体属性。"专业制作"强调了搜狐视频对于内容品质和对内容差异化诠释的追求,内容品质不仅体现在搜狐视频斥巨资进行的独播内容引进,而且更为重要的是对内容的策划制作上。"诚意出品"体现了搜狐视频对自制内容的重视和对内容质量的高追求。2014年被誉为视频行业的"自制元年",各家视频网站竞相自制内容。从这一点上来看,搜狐视频无疑是行业中最早出发的一个。

"权威媒体、专业制作、诚意出品"的品牌理念伴随着搜狐视频每一步的关键成长。这也是它顺利开展品牌传播的关键。

(2) 品牌行为:内容为王与体验为先。

品牌行为是指在品牌理念指导下企业的品牌传播行为。如果说品牌理念是企业在品牌建设之时的"想什么",那么品牌行为就是品牌建设过程中的"做什么"。品牌行为可以分为内部品牌行为和外部品牌行为。内部品牌行为是指对搜狐视频的员工进行品牌理念的传播、培训并制定出相关的行为和工作准则。搜狐视频的品牌理念通过员工培训、内部会议和员工手册等形式在企业内部进行传递和分享,并逐渐内化在品牌外部行为之中。调查显示生产优质内容和优化用户产品体验构成了搜狐视频品牌外部行为,生产优质内容和良好的产品体验是现阶段搜狐视频品牌传播中最重要的两个要素。

(1) 生产优质内容

信息传播的理论研究与实践操作都表明,当传播者和传播渠道确定后,要使受众有效接收信息,信息传播的内容就非常重要。在当今的网络视频竞争中,"内容为王"仍是一句没有过时的口号。搜狐视频目前有10个频道,频道数量虽然不多,但是内容资源比较丰富,且每一个频道中都有相对"顶级"的内容资源。以电视剧频道为例,从2013年9月至2014年2月这6个月期间,网络视频电视剧TOP10中搜狐视频有版权的电视剧数量可以看出,搜狐视频至少会涵盖4部TOP10电视剧,最多有8部,值得一提的是,这6个月期间搜狐视频拥有全部TOP1电视剧的版权。在美剧方面,搜狐视频已经建成了一个包括经典美剧和热播剧集在内的完整的美剧资源库。由此,我们可以窥见搜狐视频在优质内容的投入上,还是十分用心的。

此外,在"权威媒体"的品牌理念指导下,搜狐视频强调自身的媒体属性,将新闻资讯类内容视为不可或缺的重要资源,并在内容运营中充分体现了新闻价值。在一般的传统媒体中,对突发事件的报道能够衡量一家媒体价值和影响力;而网络媒体拥有传统媒体不可比拟的时效性优势的同时,也增加了判别信息真实性的难度。于是,对于突发事件的及时报道是网络媒体提升媒体价值和影响力的必考内容。以2014年3月8日发生的"马来西亚航班失联"这一突发事件报道来看,相比于优酷、爱奇艺等其他视频网站来说,搜狐视频以首页的第一屏左侧大图推荐位和几乎全部文字链接推荐位以及中部两个小图推荐位来报道事件最新进展和相关内容,并在视频播放页面右侧制作了"马航飞机失联"专辑,为受众提供事件最新进展的报道。搜狐视频首页在2014年3月9日一天之内更新了3次大图推荐内容。可见其对自身品牌媒体属性的重视。

(2) 优化用户产品体验

用户体验(User Experience,简称UE/UX)是一种由用户在使用产品的过程中建立起来的主观感受。目前搜狐视频的产品主要有3种,分别是搜狐视频PC网页端、PC客户端(搜狐影音)、移动客户端(搜狐视频APP)。其中,用户数量最大的是PC网页端。本研究从视觉体验、浏览体验、交互体验和情感体验四个方面较为详细地考查了搜狐视频PC网页端的用户体验情况。

调查结果显示,在视觉体验方面,用户对于搜狐视频"画面清晰"的符合程度最高,也就是说搜狐视频为用户提供了画面清晰度较好的产品体验。同时用户肯定了在搜狐视频"页面导航""视频播放流畅度""网页布局"和"加载速度、缓冲时间"这几个视觉方面获得的良好体验。但对于"页面广告位置"和"广告时长"用户则表示出较低的符合度。

在浏览体验方面,搜狐视频的"美剧资源"得到了用户的最高认同。从这里我们可以看出搜狐视频对于独播美剧的战略部署得到了用户的认可。用户心中已经形成了"看美剧,上搜狐"的品牌认知。此外,用户对于搜狐视频内容的"及时更新"也给予了很高的评价。用户基本认可了搜狐视频"全""火""快""好"的内容资源优势。

在交互体验方面,用户比较认同搜狐视频搜索结果的交互效果,也就是说用户利用搜索行为很容易得到自己想要看到的视频内容。为了形成更好的交互,搜狐视频对内容分享和转载的交互设计做得十分出色,不仅提供了微信二维码分享,还把各位SNS网站、个人空间、贴吧和微博等网站做成一键分享按钮,因此,用户对分享和转载的容易程度也给予了认可。

在情感体验方面,用户对于通过视频内容进行表达、沟通的情感体验比较认可。在页面出现问题时,给予用户适当的"友好提示",这一举动也可以产生较好的情感体验。"鼓励评论和投票"可以给用户制造出一种急切的情感沟通的需求,让用户产生一种"我是自己人"的情感体验。搜狐视频基于用户的视频点击习惯,不仅在个人视频空间里推荐用户感兴趣的视频内容,而且为用户之间的交流提供平台,在个人空间里展现用户独特品位,也鼓励用户上传和分享视频内容成为视频达人。

综上所述我们可以看出,用户对于搜狐视频的使用体验总体上感到满意。尤其是对于视觉和浏览体验的认同度较高一些。搜狐视频已具备的清晰度、流畅度的优势,视频资源已具备了"全""火""快""好"的特点。此外,最为重要的是搜狐视频的"美剧"优势,获得了用户的普遍认可。这些都是搜狐视频在品牌传播中所取得的成果。

4. 看得怎样:视频网站受众的效果评估

品牌传播反馈与效果检验是品牌传播模型中不可忽视的一部分,效果反馈的内容体现了品牌传播过程的双向互动性,让品牌信息的传播和接收形成一种循环机制。品牌传播中的传播者和受众角色在这种循环机制中有机会相互转变,从而构成一个相互传收的关系体。

搜狐视频对于品牌传播效果的评估主要来自两个方面:一是由自身发起调查,二是由第三方机构的评估。搜狐视频鼓励用户注册成为会员,填写相关用户资料,这使它有机会通过用户数据和用户行为进行分析评估。同时搜狐视频会以电子邮件或者网页链接的方式邀请用户参与相关调查问卷的填写。搜狐视频曾于2011年开始在搜狐调查频道开展"搜狐视频用户调研",针对用户观看视频时的喜好、产品使用体验感受、存在不足等内容进行调研。搜狐视频的第三方机构的评估主要由尼尔森、CNIT-Research、艾瑞等知名调研机构对搜狐视频的用户体验和品牌价值进行调查。

除此之外,用户评论、投诉等也是品牌传播反馈的通路之一,搜狐视频通过各渠道反馈情况对产品、传播渠道、传播内容进行调整,以达到最佳的传播效果。

5. 小结

研究表明,视频网站的品牌传播需要实现与受众的持续沟通,并在与受众的沟通中逐渐提升品牌认知度和美誉度。受众在品牌传播中的地位不言而喻。企业组织内部受众通过内部品牌行为了解品牌理念,并用这些理念指导日常工作。企业组织外部受众分为当前用户和潜在用户。对用户的使用习惯、内容喜好的研究能够更好地帮助品牌传播者制定传播方案和规划传播行为。用户对于搜狐视频的内容和产品体验最为在意,因此要不断加强这些环节的建设力度。

(1) 企业员工与视频内容最为接近,直接关系到外部品牌行为的质量。因此,视频网站要重视培养自身员工对视频内容的认同,特别是客户服务人员要做好服务,以免造成负面的品牌传播。视频网站要特别重视那些以用户身份参与品牌传播的企业组织外部受众,可以在公共关系、广告营销等品牌传播渠道中重点影响"意见领袖型"的用户,将其培养成视频网站的忠实用户,再通过他们影响其他受众,这样会让企业的品牌传播事半功倍。

(2) 品牌传播内容中,注重品牌理念与品牌行为的协调一致,以及品牌视觉的个性辨识。作为品牌核心价值的体现,品牌理念起到了提纲挈领的作用。搜狐视频形成的"权威媒体、专业制作、诚意出品"的品牌理念已经形成,最好不要轻易改变。品牌行为是品牌传播内容中最重要,也是与用户接触最多的要素。搜狐视频的品牌外部行为体现为生产优质视频内容和优化用户产品体验。用户对于优质视频内容的需求十分迫切,搜狐视频不仅要承担起媒体责任,彰显公信力,还要为用户提供丰富、及时和质量上乘的内容资源。用户体验则是用户在使用产品过程中建立起来的主观感受。良好的用户体验能够帮助用户更快捷地找到自己想看的内容,并且通过搜狐视频的平台展现自己的个性。品牌视觉一定要能充分地彰显出品牌理念并且要具有辨识度。搜狐视频的新 LOGO 和视觉颜色给人以简洁醒目和易于辨识之感,能够准确传递搜狐视频的品牌理念,但仍需强化。

(3) 品牌传播反馈与效果检验是品牌传播活动中不可忽视的一部分,效果反馈的存在体现了品牌传播过程的双向互动性,让品牌信息的传播和接收形成了一种循环机制。品牌传播中的传播者和受众角色在这种循环机制中有机会相互转变,从而构成一个相互传收的关系体。如前所述,搜狐视频品牌传播效果的问题是用户对于搜狐还没有形成很高的认可度和忠实度;用户中主动分享视频、积极评论与反馈视频内容与服务质量的比例也不太高;基于品牌个性的品牌形象代言人性别确定需要慎重;与优酷、土豆和爱奇艺等其他视频网站的差异化、特色化经营并不明显。这些都有待于进一步改善。

2.3.3 喜马拉雅

传统广播电台受限于特许经营限制、开办手续烦琐、运营成本高昂等问题,广播范围至多只能覆盖到区县一级。直播模式注定了传统广播更倾向于单向的输出内容，无法顾及个人兴趣和社交互动，并且一旦错过播出时间就无法收听，大量的优质内容无法到达用户。移动互联网时代的到来，几乎颠覆了所有的传播形式，同样，广播电台也不例外。移动的场景，碎片化的时间，人们迫切需要一种伴随式的新媒体。坚持"内容为王"的上海证大喜马拉雅网络科技有限公司（简称"喜马拉雅"），率先重构了电台，以互联网技术为支撑，以全版权链运营为基础，打造了一个用户、版权方、主播和广告主都能获益的新型生态系统。喜马拉雅FM已经成为国内发展最快、规模最大的在线移动网络平台。

2017年Q1移动电台行业报告显示，随着网络条件的成熟和市场的发展，移动网络电台用户规模由2012年的0.4亿人上升至2014年的1.5亿人，年增长率高达95.9%；2016年用户规模突破2亿人，预计2017年移动网络电台用户规模增至2.6亿人；在移动网络电台APP下载量中，喜马拉雅FM以年均48 306万次位居第一。喜马拉雅FM是目前国内最大的音频分享平台，商业模式相对成熟。喜马拉雅公司于2012年成立，2012年11月Web 1.0版本上线，2013年2月iOS版本上线，2013年7月Android版本上线，手机APP用户迅速增长。2014年3月和10月分别通过A、B两轮融资，获得超过6000万美元的投资，资金方面为其进一步领跑中国音频市场奠定了基础。2015年7月，喜马拉雅FM联合与音频相关的主播、媒体、出版、广告等行业精英，发布"新声活"的未来音频生态，挖掘声音的价值，将美好声音融入生活，提倡"随时随地，听我想听"的"新声活"愿景，尊重声音的"个性"，满足用户随时随地的听觉享受，并全面规划公司的发展前景。

1. 主要成效

（1）互联网＋电台，用户数倍增。喜马拉雅FM构建的"基于互联网和移动互联网的喜马拉雅声音云平台"，于2013年2月上线，同时支持iPhone、iPad、Android、Windows Phone、车载终端、台式计算机、笔记本式计算机等多智能终端。至2016年9月14日，喜马拉雅FM官方宣布，其激活用户数已超过3亿人，每日新增用户达到40万人。喜马拉雅FM官方数据进一步显示，平台活跃用户的日均使用时长超过111分钟，许多人一天听音频的时长甚至超过了看视频的时长。而其平台内有3000万条声音，覆盖财经、音乐、新闻、商业、小说、汽车等328类有声内容。

（2）全生态产业链拓展，平台、广告主、主播和用户实现多赢格局。喜马拉雅FM利用自身平台优势，推行主播认证模式，拥有认证主播5万多位。同时，挖掘粉丝经济，扩大平台用户数，百视通在"喜马拉雅"开设了"百视通专区"，《今晚80后脱口秀》和《可凡倾听》等王牌节目，单期播放动辄数十万听众；上海极视开设的"郎咸平说"电台粉丝突破650万人；上海少年儿童出版社的"小青蛙爱阅读"电台，上线后广受好评；五星体育与"喜马拉雅"开展的"谁来解说世界杯"大赛，中国梦之声开设的喜马拉雅海选分赛区,均获得热烈反响。开展全版权链运营,在上游与多家知名出版机构达成了战略合作,形成了纸质书—电子书—有声小说—电影/电视剧多维联动。喜马拉雅已经获得上千万广告收入,同时也给主播和上游版权方带来了丰厚回报,如草根主播"采采"每月能获得广告商近10万元广告赞助。2016年上线的"付费精品"专区,已成为喜马拉雅FM最具潜力的频道之一,其中马东《好好说话》、田艺苗《古典音乐很难吗?》《郭德纲超清经典相声集》等音频内容自上线以来,均获得了很高的人气,马东《好好说话》上线10天内销售额即突破1000万份。从"付费精品"专区畅销榜的排名情况来看,从娱乐、教育到财经、人文等各个领域,优质的内容均能够吸引用户。

(3) 产业重构,获得产业资本的青睐。新技术重构了产业形态、新商业模式让喜马拉雅FM一枝独秀,迅速获得产业资本的青睐。在项目运行期间,喜马拉雅获得了国际顶级VC(风险投资)青睐,在一年内完成了两轮高额融资,创造了国内互联网音频领域最大融资个案,也使得平台在发展过程中有效地突破了人才、资金和技术等发展"瓶颈"。

(4) 公益活动,获得良好的社会反响。喜马拉雅FM开展了"为爱朗读"活动,关爱西部孩子的成长,用声音在孩子的心田播撒爱与希望。喜马拉雅为视障人群推出了特别功能,只需三步,就可以让视障小伙伴轻松听世界;喜马拉雅还与上海电影译制厂开展了"无障碍电影""网络配音学校"等项目。搭建专属的互动云电台,与各级政府部门、街道社区合作,推动正能量在移动互联网时代的传播,丰富了广大人民群众的文化生活。浦东新区通过喜马拉雅FM轻松地为社区政务和社区文化建设服务,将有效内容即时地智能推送到社区居民身边耳畔,这将极大提升政府公共服务和公共管理的水准和效率,提升社区文化建设的深度和广度,从而大大增强社区居民的幸福感,并推动浦东成为上海建设智慧城市的先导区和国家建设智慧城市的示范区。现已建成"浦东发布""上海闵行"等政务电台,进行了自贸区、上海书展、习大大书单等专题报道,极大地扩张了主流文化传播的深度和广度。

(5) 加速传统媒体拥抱互联网的步伐。喜马拉雅还为传统媒体机构提供了一套高效、经济的解决方案,以帮助他们迅速拥抱移动互联网,直达用户手机。喜马拉雅优先从上海本地传统媒体开始树立典型示范案例,这大大推动了上海本地传统媒体机构更快更好地在移动互联网时代的产业升级,从而使得上海逐步成为整个传统媒体行业复兴的典范。此外,为了加速传统媒体适应移动互联网,帮助草根主播走上明星之路,喜马拉雅推出了大数据分析服务。喜马拉雅FM上所有加V(认证)用户都可以实时看到自己节目的播放总量、增量、完播率、收听时段、排名和听众性别、地域分布等数据。现在,根据自己的听众地域分布,出版社可以实时调整各地书籍的铺货量,相声团体可以合理安排自己的演出地域和场次。根据完播率,主播可以看到自己节目哪些地方值得改进,如75%的听众选择在收听完节目25%时跳出,那主播可以大致得出:是不是片头太长或者开头不够吸引听众?喜马拉雅FM让传统媒体彻底告别了入户调查等传统用户调查模式,也帮助草根主播摆脱了自己瞎捉摸的困境。

喜马拉雅FM建成和运营,快速建立了数量众多的传统媒体云电台,从而带动国内传统媒体行业的就业机会,项目已增加上千个媒体就业岗位。同时,喜马拉雅直接新增就业100多人。近日,喜马拉雅在复旦、浙江大学等校园进行的招聘会,场场爆满。

2. 主要特色和创新特点

喜马拉雅FM在新媒体的运用上主要采用了以下做法和创新。

(1) 把握机遇,打造云电台。据工信部近日公布的2017年1~2月通信业经济运行情况显示,我国4G用户占比超六成,移动宽带用户数达9.78亿户。2月末,移动电话用户总数达到13.3亿户,其中1~2月累计净增1171万户。移动宽带用户(即3G和4G用户)总数达到9.78亿户,占移动电话用户的73.5%,其中1~2月累计净增3709万户。2G和3G用户稳步向4G用户转换,4G用户持续爆发式增长,总数达到8.14亿户,占移动电话用户的比重达到61.2%,其中1~2月累计净增4427万户。喜马拉雅把握住智能手机快速普及以及移动互联网浪潮所带来的机遇,开发了"基于互联网和移动互联网的喜马拉雅声音云平台"项目,通过信息技术创新,颠覆传统广播单一的直播模式,实现了任何个人和任何机构都可以轻松地创建云电台,无限量存储历史声音资讯,并通过智能手机和平板电脑等移动设备,精准推送给感兴趣的听众,搭建起电台创立者和听众之间的沟通桥梁,让播出和听众双方随时互动。通过信息技术和大数据架构,开发了"基于互联网和移动互联网的喜马拉雅声音云平台",构建云声平台,实现广播内容的双向输出,改变了传统广播内容单向输出的局限性。

(2) UGC+PGC模式,人人是主播。随着互联网技术的普及,人们不仅是信息的接收者,还是信息的传播者、制造者。传统广播的专业创造内容的播放已经不能满足大众的需求,互联网给大众提供了多元的自媒体平台。作为声音传播云平台,致力于构建UGC+PGC(用户原创内容+专业创造内容)模式。一方面,喜马拉雅FM拥有9000多位优质主播,其中签约主播数百人。同时,诸如《晓说2017》《郭德纲相声》《罗辑思维》《朗读者》《中国新闻周刊》《中国好声音》等一大批优质栏目纷纷入驻,每档节目平均粉丝数已达上百万人。而且,喜马拉雅FM积极开展全版权链运营,在上游与多家知名出版机构达成了战略合作,如博集天卷、果麦文化、读客、中信出版、凤凰联动、悦读纪、悬疑世界等,形成纸质书—电子书—有声小说—电影/电视剧多维联动,已推出《死亡游记》《官仙》《分歧者》《风中奇缘》《南渡北归》《万物生长》等优质有声读物。另一方面,着力支持原创内容开发,鼓励草根人才施展才能,发展个人事业。喜马拉雅FM希望成就人人都是主播的场景。UGC+PGC模式,不仅可以扩大内容生产的量,而且使人人可成为主播成为现实。UGC+PGC的生产模式决定了它的内容与用户需求是伴生关系,从而达到了精准营销。

(3) 布局端口、抢占市场。在下游,加速布局端口市场,喜马拉雅独自研发了车载硬件,让普通车也能随时随地收听喜马拉雅FM上的优质内容。此外,喜马拉雅已经与宝马、上汽集团、东风等汽车厂商以及智歌、新科、路畅等车载硬件厂商达成了战略合作。在智能硬件和可穿戴设备浪潮中,喜马拉雅作为国内最大的音频内容供应商,受到了多家厂商青睐,已有智能音箱等多款产品投入市场。喜马拉雅FM未来的目标是让电台新媒体的声音无处不在。

(4) 勇于创新,产业重构。喜马拉雅重构电台行业产业链,建立一个广告主、主播、用户产业链全生态模式。基于庞大的用户群体,喜马拉雅提前进行了商业模式探索。不同于传统广播电台枯燥的硬广告插入,喜马拉雅FM采用了贴片、冠名、品牌电台、口播软广告等多种广告模式,将广告改编成笑话段子植入节目中,大大提升了用户体验度。

3. 基于移动互联网的场景化音频传播生态圈布局

技术的发展消弭了不同行业之间的边界,需要跳出单一行业去探索新的融合发展之道,而从传媒生态到商业生态的跨越又意味着运营方式的革新,"若要获得未来市场的竞争优势,培育以用户价值为核心的'商业生态'非常重要……最迫切的是构建入口、内容、文化、运营等四个相互依存、相互作用、相互影响的良性发展的微生态系统"。入口在未来商业生态系统当中处于最基础的层面,也是当下各行各业探索"互联网+"改造过程中急欲拓展的领域,能否立足自身优势开拓、抢占新的入口对各种传媒形态都具有长远的战略意义。

喜马拉雅FM之所以能够成为当下网络电台的代表者,正是因为在移动智能终端的争夺当中占据了先机,并且探索出了符合当前阶段移动互联网传播要求的运营方式。不过,随着数字技术的飞速发展,移动智能终端的外延将得到更多扩展,在万物互联的趋势之下,越来越多的设备将被纳入移动智能终端的范畴,它们会具备信息接收、处理的能力,甚至能够基于数据分析做出实时智能反应。音频传播生态圈面对这样的趋势必须做出超前布局,如果不能将音频传播生态迁移到多样化的泛智能终端上,那便存在着被其他竞争对手"弯道超车"的危险。也就是说在不久的将来,只有通过物联网技术实现各种智能终端协同传播,才能构建起真正基于移动互联网的音频传播生态圈。

喜马拉雅FM也充分认识到了这一点,并探索着与不同的硬件厂商深入合作,把硬件厂商在各自渠道的"场景"优势与自身的音频内容优势相结合,使音频内容能够搭载不同硬件进入人们的各种生活场景,进而完成场景化的音频传播生态圈构建。比如喜马拉雅FM与音响品牌——漫步者开展合作,不仅实现了音频终端的扩展,还能形成两者品牌效应的有效互补。当然,与硬件厂商的合作能够实现"入口"的扩展,这仅仅是构建了形式上的场景化音频生态,却难以达到"内容、文化、运营"层面的主动。

为了推动场景化音频传播生态圈的深入,掌握未来音频生态运营的主动权,喜马拉雅FM推出了"In-side"战略,即自主研发喜马拉雅FM智能芯片,通过在不同合作厂商的产品中植入此芯片,使它们具备音频内容接收、播放以及数据反馈的功能。只要抓住了这个核心,就可以与更多的厂商开展合作,在多方共赢的前提下不断丰富音频传播生态,使其扩展到人们生产生活的更多场景当中。目前已经开发出了多款智能玩具,灯具、冰箱等多种智能家居产品也提上了开发日程。通过这样的布局,一方面实现了"喜马拉雅FM In-side"无论硬件的形态如何变化,喜马拉雅FM都能够掌握音频生态的主动权,一方面推动基于移动互联网的音频传播生态圈快速场景化,让音频走进不同的场景细节当中,真正实现"新声活"。

2.4 本章小结

新媒体市场的形成离不开新技术的不断涌现和新电子设备的不断应用,智能手机、智能电视和移动终端等设备的不断普及,都给广电媒体行业的发展提出了更高的要求。近年来,广电媒体企业不断推行的三网融合和基于IPTV的广电网络改造都表现出企业为了应对这一时代所做出的积极地应对和改变。新媒体时代的发展必将颠覆传统的以电视、广播为主体的信息传播方式,信息传播行业面临着产业结构方面的大调整,新媒体正在成为现代媒体发展中的支柱性行业,但这一转变过程必然也是漫长的,并不是一蹴而就的。新媒体时代同样也存在着诸多问题,如网络媒体资源质量参差不齐,缺乏一套行之有效的市场规范和监管体系,"偷拍门""艳照门"等事件迫使国家对新媒体市场进行控制和监管。

(1) 广电媒体行业应当积极应对挑战,采用新技术来传播信息。开发微博、微信等网络平台来进行广电媒体资源的发布,利用广电媒体在信息来源权威性和规范性方面的优势,借助网络平台发布一些与民众生活、工作和学习息息相关的重要信息,以确保人们能在最快时间内获得最重要同时又是最权威的信息是非常重要的,尤其是在当前网络媒体来源不明、信息可靠度不高等环境下,广电媒体刚好可以借助自己的优势,在互联网市场上打造一个来源可靠、发布及时和信息权威的

"正规"媒体,无疑能够提高企业的知名度和公信力,推陈出新,利用新技术和设备开发出适合网络传播和网络用户"口味"的新节目,改变人们对于广电媒体节目新颖度不高的偏见和认识。

(2)节目播出的时间安排更加灵活,提高了观众观看节目的可选择性。传统的广电媒体的节目播放时间相对固定,一周之内的节目很早就已确定,观众只能被动选择并调整个人时间来收看自己喜欢的节目;而新媒体时代的核心就是以用户为核心,给用户更大的选择性和自主性。这也是为什么越来越多的观众更加倾向于通过网络平台来收看一些节目视频的主要原因,因此,广电媒体应当积极适应环境的变化,调整节目的时间。如在节目播出时间相对固定的基础上,增加一些互动性更强的电视节目;而对于新媒体节目,应开发出大众喜欢的、节目类型更加丰富的内容,来吸引更多的观众,收入来源也能更加多样化。

(3)结合新媒体市场的特点,促进广电媒体和新媒体的融合。互联网时代从传播的角度来讲,传统媒体的优势在持续退减,主要是受众的关注点在转移;而新媒体最为显著的特点就是数字化的传播方式,互联网的迅猛发展给信息传播乃至生活带来新的景观,更是将传媒行业带入一个崭新时代,但在其迅速发展的同时,互联网的健康发展也日益成为焦点问题。广电媒体应当积极开展与各种新媒体的合作,如与其他内容相近、受众一致的节目可以进行合并,在音乐类网站植入广电媒体的音乐类专题节目,在教育培训类网站植入讲座、论坛等视频专题节目,提高目标群体获取广电节目资源的效率,达到针对性引流的效果,还可以借助于网络平台的论坛、贴吧和问答等互动平台,积极进行广电媒体资源的宣传和推广。

传统媒体主导型的网络电视,诸多资源来源于传统电视,但是如果只是把电视节目"搬"到网上,与普通电视毫无差别,能带来多少点击率实在令人质疑。商业网站主导型的网络电视,本就要花高昂的费用购买传统媒体的资源,如果能在此基础上,进行内容的拓展和延伸,那么这费用花得就更值了。另外,一些电视节目经过精良制作,里面蕴藏许多有价值的东西,传统的电视播出方式并不能使其价值全部实现,而网络电视的再度挖掘可以起到补充、延伸的作用。因此,对传统节目资源进行创新性地开发非常有必要。

二次开发之前,首先应理解网络电视的优越性在于互动,这是它区别于传统媒体的地方。网络电视的受众与传统节目的受众,在收视需求和习惯上存在差异。电视是每个家庭的必需品,传统电视面对的是家庭的各个成员,可以说是老少皆宜的,观看者不受文化层次的限制。对于网络电视,每一个网民都可能成为其用户。相比于传统电视的观众,网络电视的受众具有年轻化的特点。随着新媒体传播技术的发展和人们多样化需求增长,受众不再满足于单一的节目收看,互动、分享、个性化收视日益受到用户的欢迎。所以,内容的二次开发必须遵循网络电视传播规律。

新媒体时代是一个以用户为核心的信息传播时代，是一个更加强调新技术和新设备应用的时代，广电媒体只有适应这一时代的特点才能在新媒体时代取得进一步的发展和突破，不论是什么样的媒体时代，只要抓住一个核心——用户，把握住信息技术和网络技术，抓住媒体资源是重点，进一步提高媒体节目的互动性和丰富性，必然会给广电媒体行业的发展带来更多的机遇。

第3章 传统广电媒体与新媒体融合之道

传统广电媒体的转型,以及与新媒体融合,不能简单理解成是渠道向平台的反向入侵。媒体融合时代的主题应该是:你中有我,我中有你。每个媒体都长成影响力巨大的超级怪兽是不可能的也不现实,在媒体新旧融合中,传统广电媒体要深刻认识自身所处的发展阶段,并调整相应的策略。

3.1 传统广电媒体自有属性与特点

3.1.1 传统广电媒体的自有属性

首先,作为传统媒体,客观真实是立身之本,对于信息有着严格的鉴别筛选,对事实真相有严格的要求,并且传播所经途径相对单纯,因此有较高可信度。自媒体则可信度低,自媒体全民参与的特性决定了它的参与者构成复杂,良莠不齐。因此通过自媒体,时见一些网络谣言传出,并且由于网民分辨力的限制,一些谣言的传播速度极快,从而对社会造成危害。另外,即使是真实的信息,由于自媒体的传播特点是通过每个个体逐步扩散,参与的个体可能会以自己的认识对原有事实进行加工或评述,逐渐使原有真实信息失去本来面目。

然而在经过近十年的发展后,当我们重新回顾新媒体对传统广电媒体的影响时不难发现,在之前所有的媒体演变过程中,尽管技术得到了一次次的更新和超越,但是信息依然是传播的主要内容;尽管技术可以改变满足社会大众获取信息的形式和渠道,但无法改变的是人们对于信息内容产品的刚性需求。同时,在较新的媒体形态出现时,相对旧的形态通常并不会死亡,就像广播并没有取代报刊、电视没有取代广播一样,新媒体并不作为取代性的媒体形式出现。通过比较广电媒体与新媒体的内容与渠道关系我们可以得知,广电媒体既能生产形态较为成熟、权威的内容产品,又具有自身的传输渠道;而虽然部分新媒体拥有用户生成的内容产品,但仍然无法满足人们对优质信息的需求,其最大的优势仍然在于内容送达过程中的多终端、多平台的组合。因此,从内容与渠道的角度出发,广电媒体可以把新媒体视作内容产品的又一可"为我所用"的传输平台。

这意味着广电全媒体是传统广电媒体的延伸和进化,必然带有鲜明的广电媒体特色。广电全媒体虽然在信息传播形态上具备文字、图片、音频、影像等多种信息形态,但其优势在于音视频内容的制作和传播,广电全媒体不是要放弃音视频优势,相反是要不断加强这一优势。这也是广电全媒体区别于报业全媒体的重要特征。其次,广电全媒体的本质是传统广电媒体与网络新媒体的融合。这意味着广电全媒体融合了包括传统广电媒体和网络新媒体在内的多种媒介渠道,这些媒介渠道不是简单的叠加,而是一个有机整体。目前我国广电集团大多拥有广播、电视、网络等多种媒介形态,但每个媒介形态自成一体,集而不合的现象难以发挥"量变到质变"的效应。

再次,广电全媒体是开放信息平台,能够提供一云多屏式的信息传播服务。广电全媒体是基于传统传播渠道融合基础上的开放信息平台,通过打造大型信息云平台,建立融合内容制作中心,实现集约化采集生产、多渠道编辑分发的一云多屏式的传播格局。

最后,广电全媒体归根结底是媒体,具有鲜明的媒体属性,需要承担公共服务和舆论引导的社会责任,广电全媒体的目标是在新的媒介生态下提升传播效力和公信力,同时也要提升媒体的市场价值,追求社会效益和经济效益的双赢。媒体属性是广电全媒体区别于民营互联网企业的最重要的特征。

3.1.2 传统广电媒体的特点

1. 传统广电媒体的内容为王

当明确了新媒体只是又一次技术革命,而不是简单替代传统媒体成为新的传播主体之后,我们就进入了对作为传播主体的传统广电媒体如何在新技术时代进行作为的思考和考查。如同蒸汽机、电的发明一样,第三次技术革命带来的是生产力的又一次提高,此次带来的是信息交流的革命,使得沟通可以更加及时、通畅、不限时空不论地域。速度上的跃升(从缓速传播到及时传播)、地域限制的打破(信息的全球化)以及人际传播和大众传播混合的传播形式,都将对传统媒体生产中的很多组织产生瓦解作用。

然而,新媒体本身也具有难以规避的弱势:作为人人可以获取信息又可以生产信息的高度开放性的平台,充斥着垃圾信息、虚假信息和不良信息的网络,正日益陷入美国学者加勒特·哈丁那著名的"公地悲剧"理论模型——网络上大量涌现的微价值、零价值甚至负价值的信息,借助网络门槛极低的弱点加速扩张,网民对互联网的忧虑和不信任情绪迅速弥漫。劣质的信息势必会对受众造成误导,从而不仅使网络信息传播的效果大打折扣,也造成了网络这一平台的传播公信力降低。于是,即便面对新媒体的强势冲击,传统媒体依然具有自身不可替代的优势:强大的内容资源与制作整合优势,以及几十年积累而来的媒体信誉权威。

2. 传统广电媒体内容和渠道的关系

传统广电媒体身兼两种身份:内容提供商和渠道服务商,即"内容渠道"模式。随着内容和渠道的分离,在广电全媒体发展上出现了内容主导还是平台主导的困扰。"内容主导"倡导内容为王,强调专业内容的价值,优质的内容通过全媒体渠道传播出去,追求内容的影响力。"渠道主导"倡导渠道为王,强调全媒体渠道的传播价值,追求渠道的影响力。

在传统媒体时代,媒体自制内容,通过自有渠道传播,从而形成了媒体影响力,这种影响力是内容和渠道共同作用的结果。在数字媒体时代,产业链开始分化,内容和渠道分离,从而形成了内容生产商和渠道提供商,进而出现了内容和渠道相互选择的问题。内容和渠道有不同的诉求,内容的诉求是内容的传播覆盖率和到达率,不管通过什么渠道和方式,接收到内容的受众越多,内容的价值越大;渠道的诉求是渠道的影响力和市场价值,不管传播什么内容,渠道的使用者越多,渠道的价值就越大。

优质内容强势渠道。这种模式下,内容和渠道互相提升,能够产生最大的传播效应和市场价值,使内容商和渠道商获得最大的利益。这种模式是内容和渠道的最佳结合。

优质内容弱势渠道。这种模式下,内容会提升渠道的影响力,优质的内容会让弱势渠道逐渐变为强势渠道。这是目前广电全媒体发展中较为常见的现象,传统广电媒体以战略转型为契机,用传统媒体的优质内容培育自有的新媒体。

低质内容强势渠道。这种模式能够提升低质的内容的传播价值,但会损害渠道的影响力和价值,会让强势渠道变成弱势渠道。

低质内容弱势渠道。这种模式既没有传播价值也没有市场价值,低质的内容和弱势渠道互相耗损,陷入恶性循环。在现实中要尽量避免这种模式。

以内容思维主导下的广电全媒体,强调内容传播价值,定位于专业化内容提供商以内容和业务为主导,实现全媒体传播。其内容不仅在自身的渠道传播,也可以通过其他有影响力的渠道传播。电视台一些品牌栏目,如《快乐大本营》《天天向上》《年代秀》等都在积极寻求全方位的传播。

以渠道思维主导下的广电全媒体,强调渠道传播价值,定位于专业化平台提供商,通过各种新媒体的建设、维护和营销,形成平台的传播影响力。平台不仅传播自己生产的内容,也汇聚其他媒体生产的内容,成为一个内容与服务的集成平台。如凤凰新媒体、百视通等都是这种模式。

对于广电全媒体而言,虽然有以内容为主还是渠道为主的分别,但内容和渠道还是不可分的。从内容层面看,需要改造内容生产流程和机制,提升内容的质量,打造专业化的精品内容;从渠道层面看,建立多种媒介形态的渠道,实现集约化生产,多渠道分发的"一云多屏"式的传播,不断提升传播渠道的影响力和市场价值。

3. 传统广电媒体的信誉权威

坚持内容为王,是传统广电媒体持续发展的主要原则。面对芜杂的互联网信息爆炸和舆论多元,传统媒体必须坚持自身的立场,以广电媒体平台为主要阵地,传播有鲜明立场的内容,同时积极利用新媒体,抢占互联网舆论高地。事实上,只要存在报道者就应存在立场——国家立场、民族立场、政党立场、媒体立场,等等。这一原则往往被掩盖在广为推崇的新闻"客观真实"的表象之下,在传统报刊和广播电视的新闻实践中,我们似乎总是小心翼翼地规避着"立场"。如今,我们在要提出新技术时代对新闻"客观"定义的再阐释——在新技术带来的海量的信息和观点中,传统的传播主体如何能做到脱颖而出,而又不是像某些互联网"注意力经济"一样以低俗、媚俗、庸俗的信息形式抓人眼球?这就要求传播主体发布的传播内容立场鲜明,具有高辨识度。在信息爆炸的时代,人们可以从各个渠道取得信息,看似客观而全面,却陷入了选择的困境——什么是可以相信的,什么是应该相信的?在这时,传统媒体的特质将帮助受众厘清头绪,获得精准而正确的信息。在新技术时代做信息传播,传播主体不能致力于追求完全的客观,因为那会使其陷入信息的泥淖,消弭自己的优势,却与新媒体竞争新媒体的长项;相反,传统媒体应该和背后的传播主体一起,发挥自身"把关人"的重要作用,舆论的引导、立场的明确表述、新闻的标新传播和深度解读,将成为传统媒体必须肩负起的重任。

另一方面,随着微博、社交媒体、播客、手机 APP 等新媒体形式的出现,信息得以即时、海量性呈现和增长,但与此相对应的并不是人们获取信息的需求被充分满足,而往往是陷入了分辨碎片化信息真实性的困境。同时,新媒体平台往往缺乏"把关人"和有效的外部监督机制,相关从业人员和网民的媒介素养也有待提高。与此相对的是传统媒体具有信誉优势和多年积累下的较高的公信力。即便是那些经由网络炒热而进入公众视线的新闻事件,唯有在传统媒体跟进报道之后才能算进入正式的解决流程,最终也需要由传统媒体为事件"定调"使得事件告一段落,这是公众对传统媒体权威的依赖心理,也是传统媒体占领舆论高地的契机,其强大的采编能力,使生产权威性、专业性信息的优势得以尽情发挥。在这样的语境下,传统广电媒体需要更好地利用自身的信誉优势,坚持立场、站稳脚跟,进行深度解读继续保持信誉权威,这将是综合中国传媒业实际情况的选择;同时,若能够获得互联网舆论中的"民心所向",那将进一步提升传统广电媒体本身的信誉度和品牌优势,从而形成线上、线下双赢的局面。

3.2 新媒体自有属性与特点

3.2.1 新媒体的微型化属性

微型化属性这一概念术语的形成虽是近些年由西方学者提出,但其中蕴含的关乎学习认识与理解的相关思想并非现代独有。早在春秋战国时期,儒家代表人物之一荀子的千古名作《劝学篇》,在论及学习的态度、过程与方法时便有如此的表述,"积土成山,风雨兴焉;积水成渊,蛟龙生焉;积善成德,而神明自得,圣心备焉。故不积跬步,无以至千里;不积小流,无以成江海。"与积土成山、积水成渊、积善成德等类似的成语还有很多,如积少成多、聚沙成塔、集腋成裘等,这些习语或成语体现了古人对学习以微量化累积而渐进的过程认识。在德育教育中,人们也常会引用三国时刘备对儿子刘禅的训示,"勿以善小而不为,勿以恶小而为之",提倡个人德行的修养应从日常小事和细微之处入手,方能终成大器、有大作为。

古人记事作文讲究微言大义,理解只言片语中隐含的深文大义和以简约的方式表达复杂深邃的道理都是古代文化人学作文、学做人的基本修为和素养。明清童子刚开始接受启蒙教育即"蒙学"时的学习材料一般为"三百千"的三本经典蒙书,《三字经》《百家姓》和《千字文》都是以三字或四字一节,音律合韵、朗朗上口,因而也易背易记,积月累、循序渐进之下不需数年、一般儿童皆可小学有成且终生难忘。

古代读书人奉为经典的《论语》,也基本都是只言片语的形式以语录体记载着孔子和他的学生之间的对话。甚至有网民幽默地将《论语》比作是最早的微博集,将孔子称为最资深的微博控,说他是微博体的开创者,因为每条论语都未超过140字,言简意赅、寓意深刻,内容碎片化,多为孔子晒心情,谈哲理,点评人物或对热门事件发表观点的言语,而且内容互动感强,经常出现与子贡、颜回、子路等实名关注者之间的回复应答。如此比拟虽是一种穿越式的戏谑之语,但也在一定程度上反映《论语》的特点,寥寥数语,精妙简练,意蕴深远。

儒家之外,佛家的禅语中也有"一花一世界,一叶一菩提"或"一沙一世界,一叶一天堂"之说,这类禅语都是以某个具体物象为例,从特定视角喻示了小与大之间的辩证关系,包含着小中见大、见微知著的悠深意味。这些东方传统文化中对学习世界的微观认识可以看作与当代微型学习理念精神价值相近的传统文化。

新媒体多以轻量化的媒体形式为主流存在着,比如微博、微信、微视频、微电影等。为何轻量化的媒体传播形式会越来越受到追捧?这与目前人们的生活、工作节奏加快有关。以前,在传媒不发达的时候,人们获取资讯的时间比较固定,加之工作节奏缓慢,会有比较充裕的时间通过读报、听广播、看电视等途径获取信息。而如今,人们的工作节奏加快,工作方式发生转变,时间碎片化,并且这些碎片时间较零散,无法接收消耗时间较长或者连续的资讯内容。所以大量更轻巧的传媒形式——"微"便应运而生。从140个字的微博到连文字都不用输入的微信、从短小精悍的微视频到新艺术形式的微电影,无不体现着"微"的便捷。人们可以利用等车、吃饭甚至如厕的时间获取资讯并转发传播,完成传统互联网无法做到的信息接收传播过程。

3.2.2 新媒体的即时化属性

新媒体的即时性远超以往的传统媒体。在人人都是信息源的年代,信息的即时性得到了空前的发展。在很多新闻事件中,微博、微信等新媒体的发布速度远比传统媒体快得多。因为在突发新闻中,新闻现场的当事人是最快的信息源,专职记者绝不可能比当事人更快地出现在新闻现场。

新媒体的特性使信息的传播以几何级的倍率扩散,很快即可遍布整个互联网。新媒体的即时性还得益于互联网软硬件技术的快速发展,比如移动媒体终端、传输网络、摄像照相系统的发展等。尤其是 4G 移动互联网的应用以及智能手机的广泛普及。4G 移动互联网的应用使得人们有了随时随地使用高速移动互联网的可能,图片、音视频等对传输带宽需求较大的介质有了高速传输的途径。而智能手机的应用则为人们提供了随身的、集新闻采集、编辑、播发于一身的平台。正是这两个条件的支持使得新媒体信息传播的即时性得到了极大的保障。在过去传统媒体一统天下的媒体环境里,有关社会公共事务的信息的大众传播渠道和人们对其意见的公开表达渠道,主要有报刊、广播电视等传统媒体,传播渠道非常有限,而且由报社、杂志社、电台、电视台等职业化的大众传媒组织和记者、编辑、主持人等专业化的传播者所垄断,除了少数被大众传媒所选中、有机会接近大众传媒的人外,绝大多数人只是被动的受传者,只能充当"他说你听"的角色,是没有多少机会利用大众传媒传播有关社会公共事务的信息,公开表达对社会公共事务的意见的。即使是有幸被大众传媒所选中的、有机会接近大众传媒的人,其传播社会公共事务的信息、发表有关社会公共事务的意见,也要经过大众传媒的层层选择、审核和修改。

因此,在过去的媒体环境里,社会大众传播有关社会公共事务的信息和公开发表对有关社会公共事务的意见的渠道非常有限,而且传播要经过层层把关,非常不容易。

而在当今新媒体环境里,除了报刊、广播电视等传统媒体外,手机、互联网等新媒体为社会大众传播社会公共事务的信息和公开表达意见开拓了全新的、便捷的传播渠道。特别是互联网为社会大众创造了 BBS、(微)博客、播客、SNS、维客、掘客、QQ、贴吧、视频分享、个人网页、公民新闻网、RSS 新闻发布、电子邮件以及各种各样的跟帖等信息发布平台和意见表达渠道,而且还根据社会大众传播信息和表达意见的需要不断创新的传播平台和渠道。手机与互联网的无线联网,更使社会大众能够在"任何时间、任何地点、对任何人"传播信息,发表意见。例如早在 2005 年英国伦敦地铁爆炸案中,爆炸发生后,在极短的时间内,英国市民就将有关爆炸的图片和录像片段通过电子邮件的形式传到 BBC、TTV、《卫报》等英国主流媒体的网站邮箱中,或者通过有关博客网页直接发布到了网上,而这些图片和录像片段都是那些亲历现场的英国市民以手机等现代通信工具拍摄的所见所闻所感。

其传播的快速让传统媒体及其专业化的传播者惊叹不已。总之,在当今新媒体环境里,社会大众传播并公开发表对有关社会公共事务的意见的传播渠道前所未有地多样化了,便捷化了。

3.2.3 新媒体的海量化属性

新媒体具有海量化的特征。据中国互联网络信息中心(CNNIC)最新发布的《第42次中国互联网络发展状况统计报告》显示,截至2018年6月30日,我国微博用户规模为3.37亿人,较2017年底增长了2140万人,网民中的微博用户比例较上年底提升了六个百分点,达到42.0%。如此庞大数量的微博用户,互相织成一张关系网,每天有大量的信息在这张网内传播。截至2018年6月,我国网民规模达8.02亿人,普及率为57.7%;2018年上半年新增网民2968万人,较2017年末增长3.8%;我国手机网民规模达7.88亿人,网民通过手机接入互联网的比例高达98.3%。我国近2/3的民众使用手机上网,可以随时随地的接收发布信息,所产生的信息数量如同浩瀚的海洋一样。

在过去传统媒体主宰的媒体环境里,有关社会公共事务的信息和人们对社会公共事务的意见主要由报社、杂志社、电台和电视台等大众传媒组织及其专业化的传播者通过报刊和广播电视等大众传媒传播,传播者和传播渠道、载体有限,传播内容也就有限。而且由于传播者和传播渠道有限,因此对社会公共事务的信息和人们的意见的传播也容易受到社会政治、经济、文化等各种势力的影响和控制,导致许多内容得不到传播。

而在网络、手机和传统媒体一起构建的新媒体环境里,传播主体大众化了,传播者不但有传统媒体、新媒体组织及其专业化的传播者,还有生活在社会各个阶层、各个角落、各行各业的千千万万的大众;传播渠道便捷化了,人们只要用手机或计算机连上互联网,就可以随时随地将自己的所见所闻所感上传到互联网上发表。而且相比报刊、广播电视等传统媒体,互联网的内容容量更是要用海量来形容。因此,在新媒体环境里,有关社会公共事务的信息和人们对社会公共事务的意见的公开传播,从量上来说可以说海量化了,比如光每天人们通过互联网发表的微博、各种帖子数量就是天文数字,大得惊人。而且与在过去的媒体环境里社会政治、经济和文化势力可以很方便地对有限的大众传媒组织、传播者和传播渠道进行控制不同,在新媒体环境里,由于传播者大众化,传播渠道便捷化,社会政治、经济和文化势力要想对社会公共事务的信息传播和人们意见的公开表达进行完全控制几乎是不可能的,甚至要想对其进行有效过滤、把关都难上加难。因此,在新媒体环境中,有关社会公共事务信息的传播和意见的表达,不但海量化,而且前所未有地多样化、复杂化。

总之,在互联网、手机和传统媒体共同构建的新媒体环境里,社会公共事务信息的传播和人们意见的公开表达发生了重要而深刻的变化,传播主体大众化,传播渠道便捷化和传播内容海量化是其鲜明特征。

3.2.4 新媒体的传播特点

在过去那种传统媒体垄断的媒体环境里,社会公共事务信息的大众传播,主要是由报刊、广播电视等大众传媒传播,是一种从上到下、点对多的传播,是大众传媒组织及少数精英对社会大众的传播,传播主体主要是职业化的大众传媒组织及其专业化的传播者等,传播主体有限。而人们对社会公共事务的意见,除了少数被大众传媒所选中的对象能够通过大众传媒公开表达外,绝大多数人要么被大众传媒所"代表"了,要么被忽略了,成为"失语者"。因此,对社会公共事务能够通过大众传媒公开发表意见的是极少数能够接近大众传媒的人,"沉默的是大多数",传播主体也非常有限。

而在当今的新媒体环境里,互联网和手机为社会大众提供了一个便捷的传播平台,人们利用计算机或手机连上互联网就可以通过网络传播信息和公开表达意见,打破了过去由大众传媒组织及其专业化传播者对大众传播的垄断。数字技术使社会大众可以随时随地利用手机、数码相机、数字摄像机等媒体将自己的所见所闻记录下来,打破了以往专业传播者对新闻来源的优先权和垄断权。他们可以同专业传播者一样直接获得新闻事件的第一手材料,并通过手机和网络向社会大众进行报道、解释与评论。同样,只要能用手机或计算机连上互联网,社会大众对社会公共事务的意见就可以随时随地上传到网络上,并公开发表。因此,可以说,在新媒体环境里,"人人都有录音笔","人人都有摄影(像)机","人人都有麦克风","人人都是传播者",进入了一个"全民传播时代",它不再是一种点对多的传播,而是一种多对多的传播,不再是一种少数精英对社会大众的传播,而是社会大众对社会大众的传播。社会大众既是信息的接收者,又是积极主动的信息传播者,意见表达者。有关社会公共事务的信息的传播和对其意见的公开表达,除了大众传媒组织及其专业化的传播者外,还有千千万万的"网众",传播主体前所未有地多样化了,大众化了。

传播速度快。自媒体(新媒体的一种)基于全民参与的程度,具有传统媒体在传播速度和广度上无可比拟的优势。2014年3月1日,昆明火车站发生恐怖暴力事件,事件发生的第一时间,大量受众通过微博、微信的转发,这一事件迅速传播开来。虽然最初的信息并不完整,但是体现出自媒体无可比拟的时效性。而广播、电视最初的报道是在事件发生后两个小时,报纸则在第二天,相对于自媒体,已经滞后许多。自媒体的这种优势源于它全民参与的特性,每个人都可以成为采访者、传播者,只要现场有自媒体的参与者,就可以迅速发布,而传统媒体则需要经过赶赴现场采访、制作、发布等程序。由此,在时效方面必然居于劣势。传统媒体的传播方式属于单向传播,这种传播方式属于静态的,没有流动性,具体体现在:在特定时间段,信息由发布者单向传播给受众,而受众只是被动接受、无法反馈信息。而对于新媒体来说,其传播方式属于双向传播,任何人通过新媒体都可以成为信息的发布者,并且相互之间还可以进行互动。

新媒体的传播方式使每个人都可以自由表达自己个性化的观点,以信息发布者的身份传播信息,无论是传播内容还是传播形式,完全由信息发布者自己决定。这种个性化的传播行为利弊共存:首先,它使信息发布者感受到影响他人的满足感;其次,造成了个人隐私泛滥成灾,增加了管理的难度。

自媒体具有很强的交互性。自媒体采用信息双向互动的发布和反馈机制。每个人都可以是记者,可以是信息的发布者,在这样的海量信息面前,每个人都扮演着信息制造、传播、评论等多重角色。另外信息的传播以"秒"为计算单位,不受时间与空间限制,即时发布新信息、更新旧信息,使新闻传播真正实现了时时交互和即发即收。多年来,虽然传统媒体在增强与受众的互动交流方面做出了许多努力,但是由于自身机制体系的限制,媒体到达受众的信息多,受众到达媒体的信息少,主要以单向传播为主,呈现不对称状况。自媒体则没有传统媒体的诸多限制,每个人都是参与者,人人都可以自由表达,信息传递和反馈呈现为网状结构。

由于无线移动技术的出现,使新媒体也具有移动性。在日常生活中,普遍存在利用手机上网浏览资讯、听广播,而且在公交车、出租车上也普遍配备有电视。对于传统媒体来说,在发布信息前,需经过复杂剪辑、后期制作、排版;而对于新媒体来说,由于技术的优势,可在全球范围内进行实时传播。这是传统媒体难以望其项背的。就目前而言,在一些规模较大的门户网站中,大多都能够通过音频和视频进行实时传播,大大缩小了时空距离。

个体的自由选择权。在传统媒体面前,受众接收信息的方式是被动的。报纸、杂志刊登什么,受众就被动地接受什么,即使是广播电视,受众的选择权也受到时段、内容的限制。必须在规定的时段才能接收到自身希望看到的节目,并且节目内容经过筛选,有的并非是所有受众希望看到的。自媒体则有充分的自由度。借助先进的数字技术,个体在时间、空间维度上都是自由的,个人可以主动获取自身感兴趣的信息,主动发布自己的信息,而没有传统媒体面前的被动地位。

平民化。传统媒体曾经经历过由平民化到精英化的过程,在自媒体出现之前,由于传统媒体之间的竞争,优胜劣汰,传统媒体逐步趋向精英化,因为只有精英化的传统媒体才能够在竞争中胜出,因此形成了大型的跨国传媒集团、大型传媒制作播出(发布)机构,同时,中小型传媒借助地域优势占据少数市场。精英化的传统媒体为从业者设置了较高的准入门槛。自媒体却恰恰相反。每一个人,无须资质,不需投入,也不需要任何专业技术培训,只要拥有计算机或智能手机,并且能够上网,人人都可以成为采访者、评论者、发布者、传播者和受众,自媒体也因此被称为"公民媒体""草根媒体"。

相对于传统媒体而言,在传播内容方面,新媒体显得更加丰富,包括文字、视频、音频等。多媒体化将是未来的一种必然趋势。不仅如此,在终端方面,新媒体的交融性也有所体现,就手机而言,不但能打电话、发信息,还可上网浏览资讯、看视频,将众多媒体功能融为一体。而且对于新媒体来说,其传播方式具有消解各种边界的作用,如国家之间、地域之间、社群之间等,从而使信息的传播不受这些边界的限制。

信息海量化。新媒体具有较高的信息开放性和资源共享度,以全世界海量的信息存储为内容,建立起庞大的信息数据库;并以全世界网民群体为受众,信息的接收者亦是信息的发布者和传播者,这种信息共享机制大大拓展了新闻来源与丰富程度,使得海量信息、大数据传播成为可能。

融合程度高、传播立体化。新媒体新闻以互联网络为传播载体,借助先进的传播技术和手段,集成文字、声音、图像等表现形式于一体,使新闻信息更加充实、直观、富有吸引力,新闻传播也更加立体化。

3.3 技术融合

3.3.1 传输技术融合的两大方面是互联网技术和通信技术

1. 互联网技术日趋成熟成为网民获取信息的重要渠道

2013—2018 年中国互联网网民数量呈稳定上升的增长趋势,随着互联网网民数量的不断攀升,互联网普及率也呈快速发展的趋势。2013 年,互联网网民数量达到了 6.18 亿人,互联网普及率达到了 45.8%;2018 年 6 月,我国网民规模达 8.02 亿人,普及率为 57.7%

2018 年 8 月 20 日发布的《中国互联网络发展状况统计报告》显示,到 2018 年 6 月底,中国网民规模达到 8.02 亿人,手机网民达到 7.88 亿人。(该报告由中国互联网络信息中心(CNNIC)发布,本次为第 42 次发布)报告显示,截至 2018 年 6 月底,中国网民规模达到 8.02 亿人,较 2017 年年底增加 2968 万人。互联网普及率为 57.7%,较 2017 年年底提升 3.8%。值得一提的是,我国互联网在农村普及速度较快,截至 2018 年 6 月,我国农村网民规模为 2.11 亿人,占整体网民的 26.3%。与此同时,我国手机网民规模达 7.88 亿人,较 2017 年年底增加 3509 万人,网民中使用手机上网的人群占比提升至 98.3%。4G 的普及、无线网络的发展和手机应用的创新促成了我国手机网民数量的快速提升。

报告认为,中国网民数已经处于高位,网民增长和普及率都进入了相对平稳的时期。智能手机等终端设备的普及,无线网络升级等因素,促进了手机网民数的快速提升。

互联网最初的状态是以查询信息为主,慢慢发展成为企业所用、个人创业所用的平台;这也是当下很多年轻人的生活习惯、工作方式以及社会发展趋势。因此互联网大体可分为在生活、电子商务、科学研究三个方面的应用。

(1) 在生活方面是比较基本的表现,个人休闲生活都可以直接在线进行查询、选择、选择不同的人群等;一方面可以在线选择不同的站点或平台,在线互动或是分享信息;另一方面可以根据个人时间调控在线时间段与查看的内容。

(2) 在电子商务方面,随着互联网进入千家万户后,很多店铺从线下搬到了线上,这也是很多年轻人所喜欢的购物模式。慢慢地让很多新颖企业、传统企业、创业类的商务人群在线从商,同时也可以让个人在线经营店铺。按照网络申请流程在线操作,互联网将会对商务化越来越精细,网络类目也会越来越明朗。

(3) 在科研方面,互联网发展得相对比较慢。计算机的诞生,加上互联网的进步为科研增加了很大的便利;同时也为国家、社会增加了新的发明与进步。

互联网也会随着人群所需、社会变化、生活动态进展,建议从事互联网行业的人群以及使用互联网的人群、企业等更友好地运用它,并让它为大众更好地谋取福利以及为社会创造美好前景。

2. 我国通信技术水平不断提高,3G 和 4G 通信发展迅速

随着 3G、4G 时代的普及,无线互联网呈现出爆发式的增长趋势。而在网络求职、网络购物等实用型互联网应用率大幅增长的同时,网络音乐、网络视频等娱乐型应用的使用率则呈现下行趋势,我国互联网正经历着由娱乐化应用向价值应用时代的转变。

即时通信作为最基础的互联网应用,在电脑和手机端的智能应用使用率均位居第一。随着智能手机价格的降低和普及率的上升,手机即时通信使用率已于 2014 年底超越 PC 端。截至 2014 年 12 月,我国即时通信网民规模达 5.88 亿人,比 2013 年底增长了 5560 万人。而手机即时通信网民数为 5.08 亿人,较 2013 年底增长 7683 万人,年增长率达 17.8%。

2015 年 7 月 23 日,中国互联网络信息中心(CNNIC)在京发布了第 36 次全国互联网发展统计报告。报告显示,上半年我国共新增网民 1894 万人;截至 2015 年 6 月,互联网普及率为 48.8%,我国网民总数已达 6.68 亿人。其中中国手机网民规模达 5.94 亿人,较 2014 年年底增加 3679 万人。

2016 年 1 月 22 日,中国互联网络信息中心(CNNIC)发布的《第 37 次中国互联网络发展状况统计报告》显示,截至 2015 年 12 月,中国网民规模达 6.88 亿人,全年共计新增网民 3951 万人。互联网普及率为 50.3%,较 2014 年年底提升了 2.4 个百分点。其中,中国手机网民规模达 6.20 亿人,较 2014 年年底增加 6303 万人。网民中使用手机上网人群占比由 2014 年的 85.8% 提升至 90.1%。农村网民占比 28.4%，规模达 1.95 亿人，较 2014 年年底增加 1694 万人。

在通信基础设施快速完善的同时，移动用户数量也快速增长。2014 年上半年，移动电话用户净增 3132 万户，总数达到 12.60 亿户。2014 年上半年，移动电话普及率达 92.6 部/百人，比 2013 年年底提高 2.3 部/百人，北京、广东、浙江、上海、福建、内蒙古、辽宁和江苏等 8 省市移动用户普及率超过 100 部/百人。

随着 4G 时代、大数据时代、互联网经济的全面到来，通信工程在国民经济组成中占据着越来越重要的作用，因此，它的发展直接影响到我国经济的增长和人民生活水平的提高。

众所周知，我国主要有中国移动、中国联通、中国电信三家电信运营商，因此我国通信技术的发展主要依靠这三家公司的创新。未来电信行业"三巨头"的竞争会更加激烈，但不再单纯以价格竞争为主，而是依靠技术优势和服务质量来赢取消费者的青睐。4G 时代到来之后，我国通信技术迈上了新的台阶，极大地丰富了人们的生活，运营商要不断创新，开发速度更快、更稳定的通信技术。通信制造业也属于通信工程范围，发展制造业即开发新的移动终端、入网设备、IP 网络设备、建设通信基站等。通过制造业的发展为通信工程的发展带来新的经济增长点，进而促进我国国民经济的增长。

3.3.2 交互方式的融合

1. 以往的电视交互方式

传统的电视的遥控器是由数字键、开关键、音量键、方向（上下左右）键以及其他特殊功能键组成，我们利用遥控器可以对电视进行操控，切换到自己想看的节目，合适的音量，并可以用特殊功能键配合方向键玩游戏，例如：俄罗斯方块。

在日本，把电视机或录像机接上电话线或网线，双向互动电视节目中的猜谜或调查表之类的问题就可以用遥控器的青赤绿黄按键来回答。比如正在直播的猜谜节目中提问有 4 个回答，分别对应 4 个按钮，在节目规定的时间之内按按钮，就可以向节目组提交你的回答。每年最有名的红白歌合战最后的投票，投票方法之一就是用遥控器进行投票。根据电视制造商的不同，这几个按钮也有一些其他的附加功能，比如预约录像时间，删除录像等。

2. 当前的网络电视交互方式

交互式网络电视即 IPTV，是一种利用宽带有线电视网，集互联网、多媒体、通信等多种技术于一体，向家庭用户提供包括数字电视在内的多种交互式服务的崭新技术。IPTV 有很灵活的交互特性，因为具有 IP 网的对称交互先天优势，其节目在网内，可采用广播、组播、单播多种发布方式。可以非常灵活地实现电子菜单、节目预约、实时快进、快退、终端账号及计费管理、节目编排等多种功能。另外基于互联网的其他内容业务也可以展开,如网络游戏、电子邮件、电子理财等。IPTV还可以非常容易地将电视服务和互联网浏览、电子邮件,以及多种在线信息咨询、娱乐、教育及商务功能结合在一起,在未来的竞争中处于优势地位。

交互式网络电视是一种受观众控制的电视,在节目间和节目内观众能够做出选择,是一种非对称双工形式的新型电视技术。这是一种双向电视,用户能通过这种电视屏幕上的信息窗对信息做出回应,使观众和电视机屏幕上的信息或节目建立一种双向联系。

在新媒体环境下,很多电视台推出了手机客户端的视频影视平台。例如,中央电视台推出的"央视新闻"手机客户端。央视新闻客户端是中央电视台新闻中心官方客户端,由中国网络电视台结合手机终端与移动互联网信息传播的特点,设计、研发、运营和推广的手机客户端。

央视新闻客户端将充分发挥央视在突发事件中的快速响应能力,基于遍布全球的记者资源和强大的影像传播实力,24小时滚动更新,力求在第一时间为用户提供来自现场的独家报道、政府部门的权威消息,关注民生改善,见证时代变革,呈现独家视频,给网友提供看得见的新闻。

央视新闻客户端从内容上主打现场、观点、证伪等独家原创,用记者的视角深入解读新闻现象的本真;从表现样式上更是与电视深度融合无缝链接,以视频为主,图文为辅,提供新闻直播、知名新闻栏目点播、新闻现场独家视频、电视新闻导读等多种选择,针对用户时间碎片化和使用随身化特点,以影像新闻精品的运营思路,打造全方位的移动新闻报道体系。

3. 存在的问题

智能电视交互问题的核心是海量互联网内容接入电视与传统遥控器落后的输入/输出模式之间的矛盾。红外遥控器低效的单向输出设备,必然增加用户的操作复杂度。

在交互模式上,用户的视线在电视上,而操作的遥控器要对准机顶盒。也就是说用户的视觉焦点不在操作界面上。用户为主宰的体验感降低。

在内容切换上,智能电视过于复杂,且不说调节颜色、饱和度等这些电视本身的设置,就是盒子类的产品,操作起来就很复杂。比如这类产品主要提供视频内容,内容有电视剧、电影、综艺节目等分类,这些分类之下又可以按年代分(2017年、2016年、2015年)、按地域分(国产、欧美、日韩)、按类型分(喜剧、爱情、科幻)。在你选定某个筛选条件组合之后(例如,电影→2013→国产→喜剧),还要在很多部片子里进行挑选。这样你至少需要上下左右四个移动键、上下翻页键、返回上一级菜单键、确认/播放键、音量调节键以及一个开关键。这样加在一起已经有11个按键了。因此,用户并不能在简单、方便、高效的操作下收看节目。而为了增加操作的便捷,乐视盒子的遥控器上还增加了几个快捷键,如红色键可以直接选电视剧、绿色键可以直接选电影。

手机播放时仍然是较为单一的播放,除了弹幕之外,受限于手机屏幕的大小,并没有更多的交互方式,很多应用APP也不能同时运行。

3.3.3 媒体属性的融合

1. 媒体属性的含义

新媒体首先是作为一种新型商业技术存在的,其商业属性是原发性的,而其政治属性则是商业竞争的衍生物,或者说是一种溢出效应。互联网技术变革的政治后果无可消除,其商业化必然产生溢出效应。正是互联网企业的商业追求与民众的政治诉求发生了交汇与共鸣,才使新媒体成为建构公共领域的"功臣",尽管这种结果并非刻意设计或主动追求所致。纵观新媒体在中国的发展及其产生的社会影响,就是这样一个充满意料之外的过程:商业模式不经意间培育了政治公众,技术形态不经意间转化为意识形态。互联网的商业革命不小心引爆了政治革命,但也因此使互联网套上了新的枷锁。新媒体技术的"双面性"决定了监管也只能是一种意识形态与商业利益的平衡术。以此,当代新媒体首先具有政治属性,行使宣传功能,可以进行事业化运营;其次,具有经济属性,行使产业功能,可以进行产业化运营。

2. 当前的新媒体政治属性占据越来越重要的位置

新媒体对政治的作用及影响分为5个方面。

(1) 传播信息。媒体是进行政治沟通的有效工具,因为它比面对面的直接沟通更具优势。媒体把信息传播给全社会,有助于公民获取关于当前政治事态的信息,成为"有所知的公民",为其政治参与提供信息基础。

(2) 影响舆论。媒体不仅是舆论的表现渠道,而且可能通过对特定事件作广泛而深入的报道,引起公众对该事件的注意,并动员社会上尽可能多的人就当前话题发表意见。

(3) 设置议程。媒体通过加大对某些问题的报道量或突出报道某些问题,能够影响受众对这些问题重要性的关注,由此可以设定社会的议事日程,并迫使政府把这些问题纳入自己的议事日程。

(4) 政治社会化。媒体也是一种重要的政治社会力量,是人们获取日常生活经验之外信息的主要来源,各种媒体持续地向公众输送着某种经过选择的资料和观点,以及对这些资料和观点的分析与评价,使人们自觉或不自觉地接受下来,从而形成某种特定的政治倾向与态度。

(5) 监督政府。媒体作为一种批评者,对民主政治良性运行的作用很早就为人们所公认,政府丑闻一旦被曝光,往往会激起全国的强烈反响。正因为如此,媒体往往被称为立法、行政、司法之外的"第四种权力"。

3. 以媒体跨界合作看属性融合的探索

2017年4月13日,浙江广播电视集团(以下简称"浙江广电")与新浪正式达成媒体跨界合作战略,双方将在短视频、直播、节目宣发、台网互动等多方面展开深度合作。浙江广电集团是国内有较大影响力的省级媒体集团,连续五年蝉联"中国500家最具价值的品牌",位居全国媒体第六位、浙江省媒体第一位,各项发展指标和综合发展实力走在了全国省级广电的前列。

包括新浪微博在内的各平台微博已成为国内短视频内容发布与消费的重要平台。财报数据显示,2016年第四季度,微博平台上的短视频日均播放量较上一年大幅增长713%,呈现出爆发状态。面对用户消费习惯的升级,浙江广电和新浪将在短视频方面展开重点合作,合作内容包括在播节目、历史节目以及自制节目,类型涵盖了预告、正片拆条、未播花絮、二次创作等。

直播方面,浙江广电和新浪围绕2017年跨年演唱会已进行合作,逐步形成了成熟的双平台直播模式。接下来,双方计划将直播合作范围全面扩大到大型晚会、综艺节目发布会、录制探班、未播花絮直播等。双方将围绕短视频及直播内容进行联合商业化,探索全新的娱乐互动营销方案。

除此之外,双方将在电视台和互联网(简称台网)互动层面加深合作,共同打造台网互动创新模式。未来在重点合作项目《奔跑吧》《中国新歌声》《梦想的声音》《来吧冠军》等王牌综艺节目的策划、制作、推广、播出等不同阶段,双方将充分做到电视和新媒体互融互通,携手为用户提供更多样化、方便快捷的短视频互动体验。浙江广电和新浪微博的协同创新早有先例。早在第四季《奔跑吧兄弟》中,就用"微博撕名牌"的创意玩法引爆全网,2小时录制获3108万微博用户关注,60万微博用户参与互动。全新一季《奔跑吧》开播在即,浙江卫视将和新浪微博开启全新的UGC(User Generatad Content,用户原创内容)式个人热点社交化传播概念。

在激烈市场竞争中始终占据高地优势的浙江卫视,经过几年的潜心耕耘,"王牌"连发。多家机构发布的全年卫视综艺节目收视率排行榜均显示:浙江卫视坐拥2016年全年综艺TOP10的半壁江山,"双子星"《奔跑吧》和《中国新歌声》以超过3%的现象级收视保持绝对领先。进入2017年,内容优势持续爆发的浙江卫视开年同样靓丽:一季度12周综艺全网传播中,《王牌对王牌2》视频点播量位居第一,高出第二名一倍之多,平台表现遥居卫视前列。

如今内容资源的竞争,早已不止于线性模式的持续提升,整合大屏小屏的矩阵构造,才能占领传播制高点。在跨界的内容布局上,浙江卫视接连牵手在时尚、电商、新媒体领域最有话语权的伙伴,打造出"时尚芭莎慈善夜""天猫双十一狂欢夜""微博之夜",先后与百度、阿里、腾讯开启强强联手,呈现出最具延展触角的全媒体影响力。浙江广电和新浪的合作开启,必将打开一片全新的领域格局,尤其是在短视频和直播的风口,优质内容嫁接创新,促使双方在市场竞争中赢得主动、走在前列。

3.4 内容融合

3.4.1 传统广电媒体的主要节目内容

电视栏目是电视节目的编播方式。"栏目"一词是从报纸的编辑中借用过来的,报纸版面的一个"栏目",是由同类主题、题材、体裁、风格的一些稿件组成,形成一个有相对集中的主题的板块,并加以标题名称。"电视栏目"指的是电视台定期、定时编播的具有特定内容或特定对象的某类电视节目,体现了一种板块化的组织方式,是电视制作和播出中的基本衡量单位之一。电视媒体逐步走上了社会效益和经济效益并重的发展道路,然而到目前为止,电视行业至今也没有形成一个相对系统、科学的节目分类标准和体系。纵观各个学者和机构的观点以及大家普遍比较认可的电视节目分类体系,从不同角度、不同侧面来对电视节目的分类进行叙述。

1. 按节目制作方式划分

(1) 直播节目是指现场拍摄、直接播出的电视节目。在录像设备出现以前,早期的电视传播只能直播;现在的现场直播则是谋求即时传递。

(2) 影片节目是指借助电影摄影机和胶片制作,而用电视设备播出的节目。

(3) 录像节目是指播出内容预先录制在磁带上,在需要时通过磁带重放播出。

2. 按节目的构成或组合方式划分

按节目的构成或组合方式分为专题节目和综合节目。专题节目是指那些有一个专门主题的节目,它通常从政治、经济、军事、法律、文教、卫生、艺术、体育等不同方面的内容中选取问题的一个侧面、一个角度组织材料,相对集中地阐明一个主题,形成各种类型的专题,一般来说专题节目主题单一、集中,每次都是围绕社会的热点问题,组织专门的采访报道,如《东方时空》《焦点访谈》等。综合节目是指包含多个主题的节目,一般以栏目和频道的方式出现。

3. 传统广电媒体节目的性质与功能划分

(1) 新闻类节目是指用电视手段对正在发生或新近发生的事实的报道或评论,是电视屏幕上播出的各类新闻性节目的总称,一般包括消息类、专题类和言论类。

(2) 文艺娱乐类节目是指利用电视手段满足人们感情需求的融合知识性与娱乐性的节目。

(3) 教育类节目是指富于教育意义和知识性的电视节目。教育类节目通常以电视教学节目和电视社会教育节目两种形式来实现教育功能。电视教学节目主要运用于课堂教学、远距离教育和个人自学等具有电视材料性质的电视节目;电视社会教育节目则具有更加宽泛的受众群体,节目内容和形式更加丰富。

(4) 服务类节目，从广义角度讲，所有的电视节目都是传递信息、为大众服务的。从狭义角度讲服务类节目是指为广大受众提供具体服务的电视节目。

传统媒体还是应该发挥自身优势，把握内容为王的根本，把内容做好，把服务做好。与新兴媒体相比，传统媒体自身的优势非常明显，如内容的准确度、深度、公信力等，是新兴媒体无法相比的。传统媒体对政治方向的把握、社会责任的承担，以及对政府服务的延伸，要比新兴媒体更有优势，更被大众所接受，传统媒体要充分利用这个优势，挖掘更深、更专的内容，来吸引读者。在此基础上，与新媒体进行融合，达到较快的传播速度和更高的点击率。内容要如何融合，需要根据内容的属性与平台属性进行调整，将适合的内容进行融合。

3.4.2 新媒体的主要内容

新媒体就是能对大众同时提供个性化内容的媒体，是传播者和接收者融会成对等的交流者，而无数的交流者相互间可以同时进行个性化交流的媒体。

新媒体是新的技术支撑体系下出现的媒体形态，如数字杂志、数字报纸、数字广播、手机短信、移动电视、网络、桌面视窗、数字电视、数字电影、触摸媒体、手机网络等。相对于报刊、户外、广播、电视四大传统意义上的媒体，新媒体被形象地称为"第五媒体"。

关于新媒体的定义林林总总有十多种，而被划归为新媒体的介质也从新媒体的"网络媒体""手机媒体""互动电视"，到新媒体的"车载移动电视""楼宇电视""户外高清视频"等不一而足。内涵与外延的混乱不清，边界与范畴的模糊不明，既反映出新媒体发展之快、变化之多，也说明关于新媒体的研究目前尚不成熟、不系统。在当前人们对新媒体没有一个清晰的、一致认可的定义的状况下，我们没有纠缠于概念、特征、类型等学历认知，而是从更为现实和务实的角度出发，抓住"数字技术、互联网技术、移动通信技术"的技术维度和"双向传播、用户创造内容"的传播维度两个指标，把新媒体限定为"网络媒体"和"移动媒体"两大类型，由此确定新媒体的对象与框架。

3.4.3 传统媒体和新媒体如何相互借鉴取长补短

1. 对传统电视而言

在新媒体的强烈冲击下，传统电视台的颓势日趋明显，我们看到越来越多优秀的主持人，制作人纷纷跳槽离开。不过也不是所有人都会选择离开，毕竟很多人对这个行业倾注了自己的热情和青春，那么传统广电媒体应何去何从？

（1）打造权威平台。权威性是传统电视台为数不多的优势之一，如果和新媒体一样去"装傻卖萌"或是"猎奇打擦边"迎合受众只会自砸招牌，要有所担当敢于发声，重新成为受众可信赖的权威媒体。

(2) 制作精品内容。眼下电视台越来越有向制作机构转变的趋势,如果再不制作精品内容,那么在未来的大视频时代,如何安身立命?

(3) 发展新媒体。如果说2010年之前是有线电视的黄金时代的话,那么2010年之后绝对是流媒体视频网站的迅猛发展期。早期许多电视人对IPTV印象不佳或将其视为鲸吞有线电视用户的洪水猛兽,但是殊不知眼下它已经成为传统电视台扭转颓势的一根稻草。完全可以作为现在电视台播出方式的一种有益补充,它的市场化运作让电视人可以在上面尝试无法在传统电视台上尝试的东西。

2. 对于新媒体而言

提高内容生产力。在全媒体时代,传统媒体最核心的优势之一是内容生产力。虽然新媒体的崛起挤占了传统媒体的市场,但是大量的原创性首发报道仍来自传统媒体。据尼尔森评级数据一项名为《在线读者行为报告》的研究称,对数百万博客和社会媒体站点的分析表明,80%的链接都是美国传统媒体公司;站点内容中仅14%为原创,67%的热门新闻站点的新闻来源于传统媒体;站点人员中13%的人是收集管理员,专门收集传统媒体的新闻。多所大学的研究也表明:即便是美国最好的新媒体,其生产内容的能力也是有限的,还依赖于传统媒体。不难看出,新媒体在内容方面对于传统媒体具有相当高的依赖性。特别是在我国,传统媒体在这一点上的优势更是决定性的,这是因为根据我国当前的相关法规政策,新媒体在新闻报道的采编权限方面受到很大的限制,其发布的新闻信息在很多时候只能是转自于传统媒体。

此外,与新媒体相比,传统媒体虽然在新闻信息发布、更新的及时性方面有所逊色,但是传统媒体在新闻报道的深度、广度、高度方面是新媒体所不能比拟的。新媒体在大多数时候提供的是一种简单的"新闻快餐"。与此相比,传统媒体可以投入相当的时间和精力进行更充分的采访、调研,从而做出更全面、更深刻的新闻报道。可以说,传统媒体在提供调查性新闻报道、解释性新闻报道等"后新闻"方面具有新媒体难以企及的后发优势。

媒体人何力说:"在一个产业发展和更替的过程中,内容的意义会发生变化。在不同的产业发展阶段,比如在这个产业初期发展阶段,可能渠道的价值显得更大;当产业发展相对成熟,内容的价值必然要显现出来。"

新媒体的发展使得信息传播渠道不断地拓宽,随之而来,对内容的需求也相应加大。因此,在全媒体时代,传统媒体依然需要紧抓"内容"这一传统优势,不断开发优质的原创性内容,保持自己的鲜明特色,抓好自己的立身之本。

3. 尽快实现专业化的新闻传播理念和运作机制

早在20世纪中叶,西方社会为了解决传统媒体在新闻报道中的浅薄化、刺激化、煽情化的问题,逐渐确立了"新闻专业主义",这一过程最后以美国报刊自由委员会(又称哈钦斯委员会)的报告——《一个自由而负责的新闻界》为里程碑。其主要内容经过不断发展和完善之后可概括如下:传媒是社会的公器,新闻工作必须服务于公众利益而不是仅服务于任何政治或经济利益集团;新闻业者是社会的观察者、事实的报道者,而不是某一利益集团的宣传员;传媒是信息流通的"把关人",采纳的基准是主流社会的价值观念而不是与政治、经济利益相冲突的参与者或鼓动者;传媒以实证科学的理性标准评判事实的真伪,服从于事实这一最高权威而不是臣服于任何政治权力或经济势力;传媒受制于建立在上述原则之上的专业规范,接受专业的自律而拒绝任何权力或权威的控制。新闻专业主义是一种理想状态,其理念很难完全实现,但它对于更好地实现媒介功能具有重要的积极意义。

为了贯彻落实新闻专业主义的原则和理念,传统媒体在其发展过程之中已经建立了多方面的运作机制,主要包括设立新闻评议制度、创设专业协会、制定行为准则等。以英国为例,英国的报刊行业在1991年发起成立了报刊投诉委员会(Press Complaints Commission,PCC),并且制定了英国报刊记者《业务准则》。PCC以《业务准则》为依据,在规范新闻行业行为和道德水准、维护公众利益的同时,保护新闻自由;而《业务准则》在经过10多年的修改完善之后,已经成为世界上许多国家制定本国新闻记者业务守则的范本。此外,传统媒体在新闻传播专业化方面的另一个重要表现就是:传统媒体聚集了一大批职业化的优秀新闻传播工作者,这些传统媒体的新闻业者既接受过关于新闻传播工作的特点和规律的专业训练,又接受过关于职业规范和职业道德的专门教育。

上述新闻专业理念及运作机制在传统媒体内部的形成与完善,为传统媒体在新闻传播工作中赢得了权威性与公信力,这又是传统媒体相对于新媒体的一大优势。新媒体要向传统媒体借鉴学习在新闻传播理念和运作机制上尽快完善专业化的机制。

4. 培养品牌和知名度

媒体品牌标志着一种超越时空的品位和文化，一个好的品牌能够锁定忠实的受众，影响未来的受众。传统媒体大都经过了长期的经营和发展，在受众中享有不同程度的知名度和影响力，其所具有的品牌效应是新媒体在短时间内无法超越的优势。特别是面对当前传媒产业的纷繁复杂、产品多样且供大于求的媒体市场格局，传统媒体的品牌在受众中的信任度与吸引力，就宛如传媒市场中一块耀眼的金字招牌。

当然，传统媒体既有的品牌优势并不是一成不变的，毕竟新媒体在吸引受众方面具有强劲的竞争力。因此，传统媒体为了维持并扩大自身的这一既有优势，也有进行品牌再造、提升自身的品牌价值的必要性。如采用品牌延伸的策略来实现市场份额的增长和原品牌的强化，这正是近年来传统媒体在利用品牌资产方面的一种有效策略，最典型的例子就是目前多家报纸、广播、电视台等普遍采用自办同名网站的方式，实现传统媒体向新兴传播领域的品牌延伸。

总之，尽管新媒体挤占了部分市场份额，但是传统媒体拥有优于新媒体的人才、资源、权威性及品牌等传统优势——而这些也是传统媒体的立身之本。要在新兴的传媒产业中握有主导权，新媒体必须在今后的发展中不断地巩固，完善自身的传统优势，打造自己的核心竞争力，培养自身过硬品牌、打开知名度，方能在全媒体时代立于不败之地。

3.5 赢利模式的融合

传统媒体与新媒体在不断地相互借鉴，然而追根溯源，相互借鉴、相互融合根本上还是为了获得更好的赢利，毕竟媒体不能脱离赢利目的而单纯生产内容。从另一个角度来看，媒体制作方式、工作人员等的融合也就必然带来赢利模式上的融合，这是由于不同的制作方式就会对应不同的赢利模式，制作方式日趋融合，那么赢利方式也就会日趋融合；而工作人员的融合也促使企业关于"如何挣钱"方面思维的改变。所以，传统媒体与新媒体在赢利模式上进行融合是必然会发生的事，在不断地探索、反思中，各媒体终将会寻找到适合自己的商业模式。

那么，传统媒体与新媒体在赢利模式方面究竟是谁借鉴的谁呢？赢利模式融合过程又是怎么样的？这个问题就需要从新媒体崛起开始讲，新媒体是在传统广电的基础上产生的，由于新媒体行业管制较为宽松、市场前景广阔使得新媒体发展迅速；新媒体赢利模式同样如此，其衍生发展于传统媒体原有的赢利模式，但由于借助了新媒体强大的信息交互能力而日益完善。随着新媒体行业的发展,传统媒体在受到冲击的过程中也在不断借鉴新媒体的发展思路,于是我们看到越来越多新媒体与传统媒体进行商业合作、相互推广的案例,这正是两者在赢利理念上进行相互借鉴融合的直观表现。

3.5.1 传统赢利模式探讨

讲到传统媒体,我们首先想到电视、报纸等存在已久的媒体,这些媒体已经度过快速成长阶段并进入了成熟期,由于其成长高峰期已过,传统媒体增速慢、收入低,整个行业发展面临"瓶颈"。以电视行业为例,多家电视台、卫视多年亏损,甚至有不少已经宣布倒闭,比如华娱卫视由于亏损六亿多元而停播。

为了解决传统媒体面临的困境,就必须梳理清楚传统媒体的赢利模式。作为文化信息产业的一类,传统媒体既有最基本的利润主体与成本主体相吻合的情况(如电视收视费、报纸订阅费),也有衍生而来的新业务(如广告业务)。总体说来,传统媒体的赢利来源主要包括内容销售、广告业务、网络业务(有线网与付费频道)和其他产业(如旅游、地产、金融等)带来的收入。但是,随着新媒体的不断发展壮大,传统赢利模式正面临越来越严峻的挑战,主营业务赢利困难、赢利方式单一等问题已严重制约了行业的发展,因此如果能探索出一条融合新旧媒体优点、能够实现有效赢利的新型赢利模式将对行业发展具有重大意义。

以美国的电视产业为例,其巨大成功的背后由成熟的电视剧产业链条作为支撑,多元化的赢利模式使美国制片商获取巨额利润的同时,也令整个电视剧产业在良性循环中不断发展。美国电视剧的传统运作与赢利模式主要是依靠高投入换来高收视,高收视带来高广告额,高广告额换来高收益,高收益保证高投入。在美国电视产业中,以各地的电视台、有线电视网、DVD 为主要传播渠道,好莱坞负责具体节目的制作,而像有线电视网、辛迪加等作为发行方通过投入资金进行内容的控制,从而取得对播放渠道的吸引力。美国电视剧的多元赢利模式具体可以分为以下三种:首先是电视剧版权赢利,包括电视播映权与网络播放版权;其次是广告赢利,主要有硬广告与软广告两种;最后还包括相关产业赢利,例如电影改编,下游产品等。美国成功的商业模式为我国的电视产业提供了良好的借鉴范例,传统媒体如何获取巨额利润,产业链条要如何良性循环发展,需要媒体从业人员的仔细思考以及对相关政策不断地完善。

因此,在如今发展的拐点上,传统媒体必须及时融合借鉴新媒体的发展模式,在提升主营业务赢利能力的基础上,建立整体经营的理念,完善媒体信息产业链,走多元化经营的道路。

3.5.2 新媒体赢利模式多样化

随着互联网的发展,各种各样的新媒体不断涌现,新媒体的门槛也在一步步放低放宽,甚至非媒体从业人员也可以独自经营只属于自己的媒体。新媒体企业越来越多,获得的投资也越来越大,发展速度和普及程度都远超人们预期,这无疑加强了新媒体研究的紧迫性,如何在剧烈的竞争中脱颖而出,需要企业家、媒体从业人员仔细捉摸、审时度势。

新媒体在引导、改变着受众的生活方式的同时,也诞生了新的庞大的市场需求。在新媒体出现之初,比如网络视频媒体,这些新媒体在开始时并未找到行之有效的赢利模式,都会先以广告模式探索为主。随着业务的逐步成熟、种子用户的忠实跟随以及新增庞大的用户群,新媒体才会渐渐寻找到适合自己的赢利模式,并逐步完善、发展、壮大。

除了产生了庞大的市场需求外,新媒体还改变了以往媒体的单一赢利模式,比如腾讯的 QQ 空间在国内新媒体中率先利用博客实现了赢利;比如网上订阅杂志可以"免费"视听赠送的歌曲、电视、电影,看似免费,实则钱都已经在订阅杂志时支付了。诸如此类新鲜的商业模式还在不断涌现,如今已形成了多元复合的赢利模式,与传统媒体相比,新媒体的赢利模式呈现出多样化、个性化的特征。

具体来讲,赢利模式主要包括以下几种。

(1)内容产品赢利。新媒体的内容产品赢利是指新媒体通过有偿提供内容产品而获得货币收入,包括有偿下载、有偿阅读、有偿参与等。

(2)二次销售。新媒体的二次销售就是媒体通过提供内容产品凝聚相当数量的受众资源后,以此吸引广告主向媒体投放广告。在媒体运作中,一次销售为二次销售奠定基础,而二次销售获得收益以促进内容产品的改善和升级。随着网站数量增加,专业性增强,特别是网络受众消费观念的转变,基于互联网的二次销售将会成为包括网站在内的其他新媒体增加赢利的重要途径。

(3)出售广告资源。广告资源是指将依附在其中的广告资源,如时间、空间等出售,从而获得收入的一种途径。新媒体的广告表现形式多样,且不同的媒体广告表现形式也不尽相同,包括影视、动画、植入式、贴片、网上直播等广告模式。

(4)平台获利。平台获利是指通过新媒体搭建的平台,并在此平台从事一定的商业活动,从而实现获得利润的行为,包括物流、下载、短信、直播等方式。

(5)增值服务。新媒体的增值服务是指基于新媒体的平台,在不影响主业运营的同时向受众提供有偿服务的一种方式。增值服务根据新媒体的类属不同,增值的方式也不尽相同,包括网络道具、定向服务、个人网络出版等。

(6)与传统媒体融合。新媒体的崛起,既给传统媒体带来挑战,也给传统媒体的发展提供了新的技术支持,而新媒体的发展,也可以通过向传统媒体的融合而获得一定的收益。通过与传统媒体进行商业合作与融合,在发挥各自的优势情况下还能使赢利最大化,是一举两得之举,也有利于媒体行业长远发展。

除了以上六点,如果将互联网、IPIV 等模式与普通消费产品挂接起来,打开的市场将会更加巨大。但想要实现这个愿景,有两个方面很重要:一是如何将各种内容有效地组织和集成,并为不同的终端提供形式各异的节目清单;二是如何将家庭内各种网络化的产品联系起来,让大家各尽其职,同时又能尽显价值。前者需要媒体提供者合作起来,通过很好的技术平台和服务接口,打造国内的媒体新平台。后者需要家庭消费类产品,如流行的一体机(带 IP 功能的电视机)、在线收音机、在线 CD/MP3,在线 DVD 等之间通过一种技术或产品联系起来,也就是独立的甚至是孤立的设备通过一种模式联系在一起,在家里,这个设备应该就是家庭媒体中心的概念了。

新媒体作为一种新的媒体样式,根据各种媒体的特征,已经形成了与之相对应的赢利雏形,在众多新媒体的赢利模式中,可以看出新媒体已经出现规模经济和范围经济的同步增长。同时,随着媒体模式的不断更新,新技术的不断运用,其赢利模式也会随之发生变化。

3.5.3 传统媒体与新媒体赢利模式的融合

传统媒体与新媒体如何在赢利模式上进行融合,融合理念是什么,接下来以报刊为例进行说明。以前的报刊,包括报纸杂志等,收入来源主要是卖报所得,渐渐的报刊通过增加广告来增加创收;而目前报刊的主要收入来源为广告,但广告在现阶段基本都投放在网络方向上,所以报刊渐渐出现了电子报刊,企业以报刊与电子报刊合体的方式进行经营,赢利渠道也增多扩大了。从报刊这个例子可以看出,传统媒体与新媒体融合不是故意而为之,更多的是时代背景下不得不跟随的潮流,在互联网迅速发展、新技术更新日新月异的时代背景下,传统媒体与新媒体只有融合发展才能生存延续下去。

长期以来,广告收入是传统媒体的主要赢利模式。据统计,将近有一半的传统媒体,其广告收入占经营收入的 90% 以上。但是,随着传统媒体之间的竞争日益扩大,新媒体的快速发展,传统媒体单一的广告赢利模式必然会对传媒产业的可持续稳定发展带来限制和威胁。

数字化媒介的崛起,使人们的消费和使用媒介的方式正面临着深刻变革。但所有的威胁都会伴随机遇而来,人们眼光转向互联网,对传统媒体来说,是威胁更是机遇! 只要传统媒体不断追求创新,努力探寻新的赢利模式,就会使传媒获得突破性的发展。具体来讲,传统媒体在新时代下获取赢利的理念有以下三个。

首先是坚持"内容为王",提升传统媒体的赢利能力。从产业的角度看,传媒产业要想赢利,首先要能够制作出有价值的、能够对受众产生较大影响力的"内容"。

媒体内容建设与媒体赢利模式之间良性的互动的关系,将促进媒体的可持续发展。因此,传媒提高赢利能力首先就要在提高内容的质量上下功夫,通过走"精品化"的道路,提高媒体的主业赢利能力。

其次,传统媒体需坚持走多元化经营道路,扩展传统媒体的赢利空间。长期以来,广告是媒体经营的核心,但同时又是经济发展的"晴雨表",因此,当整体或区域经济增长进入低谷区时,首先受到冲击的是广告市场。随着广告投放的减少,媒体的赢利状况将恶化。不仅如此,随着物价的上涨和工资水平的提高,媒体成本支出也呈现刚性增长。因此,调整媒体的赢利结构,首先就要从改变单一依托广告赢利方面入手。在壮大主业的同时,有选择地多元化经营,重视形式产品和延伸产品开发,通过价值链接使媒体增值,降低广告收入在全部收入中的比例。

最后,还需要树立跨媒体经营理念,开拓传统传媒体赢利新天地。传统媒体的跨媒体经营主要包括两个层次:一是传统媒体内部的报纸、杂志和电视几种不同介质媒体之间的跨越和融合,形成一个全新的综合媒体平台。二是传统媒体和新媒体之间的跨越和融合,利用自身的内容优势,力争在新媒体领域也要分一杯羹。

数字新媒体不仅给传统媒体带来了竞争,也是传统媒体未来的发展新方向。面对数字媒体迅猛发展的态势,许多传统媒体采取跨媒体的方式,通过与新媒体的嫁接,使自身发展成一种数字化多媒体传播平台。而这种数字化的传统媒体也就多提供了一种收入来源。

总之,传统媒体在赢利模式上的转型就是采取新型理念、运用各种方法,使传统媒体发生质变,进而成为现代、综合的新型媒体。

3.6 制作融合

新媒体的兴起给传统媒体带来了巨大的冲击,也给媒体工作者带来了工作上的思考与启发,使得传统媒体与新媒体在制作上不再泾渭分明,而呈现出融合之势。这种融合表现在媒体工作者不再只能是属于传统媒体或新媒体、媒体内容的制作理念与方式也不再有太多局限、媒体内容的传播平台和表现形式在传统媒体与新媒体上也没有绝对的差异。制作上的融合削弱了媒体工作者之间的差别,加速了行业内人员的流动,使得传统媒体与新媒体的融合更加直观明显。

细分来看,制作融合首先是制作者的融合,即媒体从业人员在不同媒体环境中的流动,包括媒体内容制作者、内容传播者、媒体运营人员、市场部人员等,每个组成媒体大家庭的工作者在职业生涯中,出于种种考虑选择或变更自己的从业单位,就会造成媒体制作者的流动,这些工作者流动的同时为新单位带来了新的制作思想、创造理念,进而形成大环境下传统媒体与新媒体不断融合之势。

其次是制作理念的融合,上面也讲过了,制作者的融合就会带来制作理念的融合,除了这一原因以外,一个新的、成功的企业的诞生必然会伴随着诞生新的制作理念、企业运作理念,而成功的企业作为大众效仿学习的对象,其制作理念会在短期内迅速传播扩散开来,甚至成为此领域内入门标准或约定俗成的标杆,这也是制作理念进行融合的一种方式。

最后就是表现形式上的融合,望文生义,表现形式就是媒体呈现在大众眼中的样子。比如大众的固有思维认为电视剧就要通过电视机观看,想听广播就得打开收音台,但是,现在出现了手机电视,观众通过手机就可以观看电视;手机出现了越来越多的APP,比如喜马拉雅FM等,观众打开APP就可以搜索并收听广播,还可以收听相声大师的节目、名师的课堂等,这就是传统媒体与新媒体在表现形式上的融合。表现形式上的融合也不是媒体从业者们为了表现形式标新立异而刻意为之的,新旧媒体呈现出来的形式日趋相似甚至相同更是技术不断发展,技术门槛不断降低的必然结果。

3.6.1 制作者融合

随着媒体的逐渐融合,当下已是一个信息爆炸、风云变幻的互联网时代,对媒体工作者也提出了更高的要求:媒体从业者不仅需要一个开放的心态来面对时代的变化、顺应市场的需求,更需要不断更新自己的知识体系,除了掌握自己专业领域的知识外,还要对相关媒体的形态、特点有所了解,努力成为"复合型"人才。例如记者不仅需要快捷准确地报道新闻事件,还需要善于进行深度报道、善于写评论、善于筛选提炼信息、善于编排策划。媒体融合的时代,给媒体从业者带来了挑战也带来了机遇,使得媒体制作者的融合成为可能。

人是事业发展的不竭动力和核心要素。媒体的融合发展对每一名媒体人都提出了新的要求,其中新媒体环境下的媒介素养,更是传统媒体人转型融合中所应具备的重要素质。在移动互联网时代,受众对内容的要求标准非但没有降低,而是革命式地提高了。原本几百字或者几千字的文章,如今以几十个字甚至是标题式的导语吸引着受众的眼球,阅读、收看的主动权几乎完全掌握在了受众手中。这就要求媒体人的媒介素养更加全面,不仅要有非常扎实的文字功底,还要有熟练的图片软件使用能力、视频编辑能力以及大数据时代的数据图表制作能力,要有对新媒体信息的获取、解读、运用能力等。在当前媒体环境演变的情况下,负责统筹协调的媒体负责人也要具备更加全面的素质和能力:要能够洞察传媒大势,要勇于决断和承担风险,要善于用人,融合是没有经验可循的试验和尝试,这就要求媒体的领导层知人善任,用智慧来用人管人。并且,随着媒体从业人员在传统媒体与新媒体之间开始融合,附属于媒体工作者的媒体内容制作方式、工作方法也会得到融合。

在制作者的融合方面,英国广播公司(BBC)的做法值得称道。在其新闻中心没有新旧媒体的分别,只有"全媒体从业人员"的概念,也就是说,BBC所有的记者都既可以做广播,又可以做电视,还可以做新媒体。与此同时,其新闻中心也将各媒体平台打通,构建了全媒体新闻中心,下辖六个部门:总编室、用户生成内容部、素材加工部、全球视频资源部、视觉工作室和未来媒体中心。通过BBC的案例可以看出,人才的融合是媒体进入融合时代的必然要求。

制作者的融合更包括不同年龄、不同性别、不同观念的从业者们共同做事、互相学习交流。比如电视行业,面对"电视老矣"的唱衰言论,电视行业的未来需要更多年轻态的电视人,从年轻人的审美需求和工作思维中找寻节目的发展方向。以浙江卫视为例,它从年轻群体入手燃起电视媒体与观众的青春热血,"一起热血一起燃"。年轻态的团队,正在成为浙江卫视"未来电视战略"中的一把利剑。浙江卫视拥有一支非常年轻化的队伍,频道副总监、节目中心主任周冬梅自豪地称之为中国蓝的"少年气象"。而在浙江卫视总监王俊看来,电视人要有未来,年轻人是关键,要善于脑力激荡,打破固有观念,拥抱变化,拥抱创新,才能不被观众抛弃。《奔跑吧》团队"90后"的比例接近50%;《王牌对王牌》"90后"年轻员工达52%,平均年龄28岁。从1986年出生的《王牌对王牌》总导演吴彤,到1988年出生的《奔跑吧》总导演姚译添、《中国梦想秀》的总导演孙竞,重大项目的负责人基本上也是85后。给予年轻人充分的发展和创作空间,是浙江卫视的魄力和眼光。"模式大赛"欢迎年轻人来贡献脑洞;"星级制"打破年资创立更有效的激励机制;周间档节目"试验田",孵化了《王牌对王牌》等一批优质作品;多层次、全方位的人才培养和培训系统,让更多年轻人有机会接触国内外先进的电视制作理念和技术工艺。频道领导和资深员工们,则为年轻人保驾护航,把关导向意识,统领内容价值,年轻人得以放手一搏。综艺夜大首席讲座,邀请内部资深员工或专家学者传授心得体会,帮助年轻人快速成长。而这些"初生乳虎",也在一线工作的磨砺中,自觉接过了文化价值传播的责任。

制作者的融合需要持有不同想法的工作者之间彼此体谅、互相学习,共同为更加精致的内容、更加理想的呈现方式而努力。

3.6.2 制作理念融合

现阶段,我国正处于改革开放的前沿、创新发展的高地,媒体从业人员共谋媒体融合发展大计是大势所趋。媒体融合,本质在于"理念"融合,这不仅包括关于如何制作媒体内容理念的融合,也包括媒体从业者们都意识到媒体融合的必要性并能紧紧跟踪媒体发展大势,既对融合发展进行总结,也为谋划未来探索路向。从宏观角度来看,媒体从业者们需要跟着三个方针政策走,这个方向与我国媒体成为世界性具有强大竞争力媒体息息相关,只有紧跟这几个理念才能确保未来发展之路不偏轨。

第一个理念是贯彻"顶层设计",落实国家战略。互联网科技的迅速迭代不仅给新闻传播的生产流程、运行机制、产品形态、媒体业态和产业格局带来深刻变化,也必将对世界政治、经济、文化格局产生前所未有的深刻影响。虽然多元化融合探索是摆在全球媒体面前的重大课题,但只有在中国,"融合发展"从媒体谋略上升为国家战略。正是因为有了高瞻远瞩的顶层设计和战略推动,我国主流媒体才实现了融合发展的快速进步。也正如一家欧洲媒体发表的观感,"中国媒体应对新媒体冲击反应迅速",而在这里,"由于缺乏政府支持,新媒体发展收效甚微"。以国家战略为强大后盾,我们没有理由不在融合发展上有更大作为;第二个理念是依托"物质基础",发挥比较优势。据世界经济论坛发布的2016年度《全球信息技术报告》,由于数字接入成本高昂,不同国家之间的"数字鸿沟"将扩大。但可以肯定,在这个洗牌过程中,无论是相对于发达国家还是其他发展中国家,中国都处于比较有利的地位。正是在综合国力日益强大的背景下,我国媒体在全球的影响实现了历史性飞跃。如果说融合发展为新一轮全球媒体竞争提供了一种新的历史条件,我们在这个竞技场上具有更强大的实力支撑;第三个理念是乘"互联网大国"强势,实现此长彼消。在近一时期媒体持续关注的针对20国青年的调查中,"高铁、网购、支付宝、共享单车",成为在华外国人心目中的中国"新四大发明"。除了高铁,后三项都是互联网的直接产物。这项调查具有重要象征意义,反映了中国互联网发展的强大态势。中国媒体是中国互联网发展的忠实记录者和生动讲述者,也是中国互联网发展的重要参与者和直接受益者。联网正加速各领域深度融合,成为促进我国消费升级、经济转型和营建国家竞争新优势的重要推动力,这是中国媒体依托国家互联网战略推进融合发展的重要背景。近年来,我国主流媒体的新媒体发展指标明显快于发达国家媒体。网络新媒体的发展在客观上削弱了发达国家强势媒体的传统优势,为我们加速推进国际传播能力建设和提升国际话语权提供了历史性机遇。

与传统电视新闻媒体相比,新媒体强调一个"新"的理念,其主要表现在节目新、内容新、模式新。在节目编排和主题策划上,与传统媒体相比,新媒体更加突出将节目的创作团队化、理念化,无论是在节目策划还是主题筛选过程中,新媒体都有着专门的理念模式和策划主题,在创作发行方面更贴近大众生活。

随着媒体融合时代的到来,传统媒体在制作技术方面与新媒体已几乎无差异,但技能的掌握是一件比较容易的事,更重要的是,传统媒体要在制作理念上越来越靠近新媒体。比如,当下都在说"全媒体",以为什么都有就是"全媒体",其实不然,打造全媒体也不是靠"大而全",也绝不是"小而全"。"全"中要有"特",要有自己的特色,要有自己的拳头产品,同时,"全"也不等于什么都全部由自己来做,做自己熟悉的,不熟悉的利用别人的资源、技术来做,可能更快更有效。

以湖北广播网络电视台为例,其在制作理念上的革新值得学习与借鉴。湖北广播网络电视台的制作理念有三:理念之一是动态链接媒体资源。其在播出网络版《荆楚先锋》时,每天以5分钟的音频节目、文字、图片等多媒体形式来宣传荆楚大地上的优秀共产党员,吸引了几万网民的注意力,引发了网民们对荆楚大地的爱国人士的热烈讨论;理念之二是推动媒体间深度融合。其自创栏目《火凤网谈直播》邀请广播、网络、电视主持人联手主持节目,其内容涉及方方面面,如贴近生活的《"城管革命";幸福家园,和谐武汉》,以及"广电"风格的《剧"裸婚时代"谈裸婚》,都运用网络强大的内容链接,践行"相同内容不同传播"的全媒体传播理念;理念之三是把握网络前沿。网台经常借势主题宣传,如利用湖北省系列活动,发出"人人皆记者,我办网络台"的"上传"与"投票"功能,使得电视台与大众之间的联系更加密切。

媒体作为时代的风向标,有着自己的价值体系,这种价值体系是充分融入时代理念与时代精神当中的。对媒体自身来说,只有结合时代打造自己的制作理念,充分融合先进的制作理念,才能提升自身的竞争力。

3.6.3 表现形式的融合

随着新媒体对满足受众不同的、个性化需求的提升,尤其是当互联网正在以绝对优势吸引受众的眼球的时候,传统的广播电视媒体意识到了危机,甚至业内还有一种"新媒体将要取代旧媒体"的言论。可是,事实并非如此,在媒体的发展过程中,更多的是体现一种竞合的态势。中国的广播电视媒体意识到新媒体的优越性以后,开始大力发展网络平台,与新媒体进行合作,通过新媒体的技术手段,提升自己的竞争力。事实证明,这样的做法,确实促进了新旧媒体的共同发展。总之,广播电视为什么要发展新媒体呢?有三个主要原因:第一,为了满足受众的需求;第二,为了提高自身的竞争力;第三,为了发挥自身的内容优势,广播电视拥有丰富的内容资源,是互联网内容的主要供应者,如果发展自身的新媒体网络,那么,在内容建设上,便具有了绝对优势。

下面以央视为例来介绍传统媒体是如何在表现形式上向新媒体靠拢的,呈现出传统媒体与新媒体在表现形式上的融合。中央电视台新媒体的发展主要体现在央视网的建设上。央视网是全国广电系统体制改革的一个试点,也是事业转企业的一个成功范例,央视网的发展始于2006年2月,中央电视台成立了网络资源整合领导小组和实施工作小组,负责全台网络资源整合工作并启动中央电视台网络资源整合工程,提出要"像打造电视品牌一样打造网络品牌"。2006年4月28日,中央电视台网络传播中心/央视国际网络有限公司正式成立。两年多来,央视网正着力打造以图文为基础,以视频为核心,以互动为特色的国家重点新闻网站。借北京奥运会的契机,央视网的网络视频传播能力大幅提升。在互动方面,央视网尝试将互联网特色与电视特色相结合,抓住社区化发展大趋势,建立搜视社区,为中央电视台的电视剧、名栏目、动画片、纪录片、电视人建立网上互动空间,并在此基础上整合新闻资源推出新闻社区。在多终端建设方面,2006年12月11日,央视网手机电视正式开通;2007年12月18日,央视网又开通了车载电视,覆盖全国30多个城市,5万辆公交车,10万块显示屏。IP电视也已经开始试运行,从而使央视网的平台数由单一的互联网站拓展到网络电视、手机电视、车载电视、IP电视四个平台,并实现了在"十七大""两会""神七"等大型活动和事件报道中,多终端、立体化的传播格局。

在传统媒体与新媒体表现形式融合方面,举几个大众比较熟悉的例子,随着中央全面深化改革领导小组第四次会议审议通过《关于推动传统媒体和新兴媒体融合发展的指导意见》,媒体融合发展正式上升为国家战略。几年来,各大媒体纷纷发力融合发展,改革新闻生产的体制机制,再造策采编发的运行流程,在加速推进深度融合的过程中,"报网端微百花齐放,文图音视争奇斗艳",涌现出一批传播广、点击量高、口碑好的融媒体作品。比如人民日报客户端推出的《习近平元宵节问候》,2016年2月19日,中共中央总书记、国家主席、中央军委主席习近平来到人民日报社调研。上午,习近平总书记来到人民日报社新媒体中心调研微博、微信、客户端等新媒体的运营情况。调研期间,习近平总书记通过人民日报客户端向全国人民致以元宵节的祝福。坐在电脑前,习近平总书记对着麦克风亲切地说:"大家好!在中华民族的传统节日元宵节即将到来之际,我向大家致以节日问候,祝大家身体健康、工作顺利、阖家幸福!"随后,习近平总书记亲手点击键盘,在人民日报微博、微信、客户端发布了问候语音。很快,屏幕上显示,网民点击量迅速攀升。网友纷纷留言"总书记来电话了""简直不敢相信自己的耳朵"……一位编辑拿出手机,习近平总书记仔细倾听这段音频,现场响起热烈掌声。人民日报客户端的这项融媒体产品《习近平元宵节问候》,全网点击量突破2.5亿次。

由以上例子可看出,传统媒体与新媒体在表现形式上的界限越来越模糊,这使新旧媒体更加直观明显地呈现出融合之势。

传统媒体的转型,以及与新媒体融合,不能简单理解成是渠道向平台的反向入侵。媒体融合时代的主题应该是:你中有我,我中有你。在媒体新旧融合中,传统媒体要深刻认识自身所处的发展阶段,并调整相应的策略。

3.7 营销融合

3.7.1 传统媒体内容分发渠道单一

传统媒体是相对于近几年兴起的网络媒体而言的,传统的大众传播方式是通过某种机械装置定期向社会公众发布信息或提供教育娱乐平台的媒体,主要包括报刊、户外、通信、广播、电视及自媒体以外的网络等传统意义上的媒体。传统媒体主要有声音、图像还包括电视、收音机等,有时间和空间的局限性。传统媒体的内容分发渠道主要包括以下几种。

1. 印刷媒体渠道

以报纸、杂志等平面纸媒为渠道。传统的平面纸质媒体信息传递及时、记者广泛稳定、可信度比较高、便于保存、制作简便、费用较低。

2. 视听媒体渠道

以电视、广播、电影等为传播渠道。视听渠道的优点有:覆盖面广、传递迅速等。缺点是:稍纵即逝、保留性差、不宜查询、受频道限制缺少选择性、直观性与形象性较差、吸引力与感染力较弱。

对于国内传统媒体而言,今天真正面临的问题并不是内容生产与内容价值的问题,很多调查表明,传统媒体生产的内容还是我们现在在流动着的甚至是在移动互联网流动着的最主要的内容之一。内容当然需要有很多的改变和转型,但是最主要的问题是渠道单一导致失灵的问题。然而在互联网浪潮的冲击下,传统的纸质媒体与电视、广播都出现了渠道失灵的问题。

进入互联网时代,传播渠道的内涵和外延都发生了巨大的变化,其功能和作用不仅超出传送内容的范畴,而且超越信息通道的概念。新的传播渠道所提供的服务取决于网络、终端以及各种新业务。

首先,传播渠道是建立在信息传输网络基础上的,电视网和通信网都是物理网,而互联网则是虚拟网,由于其分布式网络结构,每个网络结点都可以衍生出新的传播渠道,如各种手机 APP、社交媒体上的用户账号。这些传播渠道的终端既是传播的出口,又是用户的入口。

其次,传播渠道不仅依赖硬件设备进行信息传输,而且还越来越依托各种软件应用提供信息服务,甚至出现了 OTT 模式。OTT 是"Over The Top"的缩写,这个词汇来源于篮球的"过顶传球",指的是球在运动员头上来回传送而达到目的地。互联网 OTT 是指通过互联网向用户提供各种应用服务。这种应用和目前运营商所提供的通信业务不同,它仅利用运营商的网络,而服务由运营商之外的第三方提供。简言之,OTT 可以把渠道运营商"旁路"了,例如微信。至此,"三网融合"已演变为"两网融合",即广电网、电信网与互联网的"虚实结合"。

传统媒体时代,传播渠道只是内容传播的载体,功能单一,无论是有线电视还是 IPTV,都可看可听,但不能用不能玩,互动性差,用户需求响应度低。到了互联网时代,以单纯的渠道来进行垄断经营已不可能。至此,渠道也好,牌照也罢,都成了传统媒体抵御互联网入侵的"马奇诺防线"。于是,看春晚的观众跑去抢红包了,这是渠道的切换,这是用户的迁移。

产品过剩时代,传播的内容再重要,如果没有跟人发生实际的关联,没有让人感受到价值的话,就会被冷落。2016年12月中国电视剧制作产业协会发布一份声明披露,某电视剧收视率不佳的原因:"制作方没有购买收视数据,结果这个一直在全国排名前5的优质电视剧,一夜间就掉到了第22名",并借此声讨"收视率俨然成为评价中国电视剧优劣的唯一标准。收视率高不论真假就可以领奖杯、拿奖金,获得高收益、高赞誉,否则便一败涂地。"

电视收视率是指某一时段内收看某电视频道(或某电视节目)的人数(或家户数)占电视观众总人数(或家户数)的百分比。作为"注意力经济"时代的重要量化指标,它是深入分析电视收视市场的科学基础,是节目制作、编排及调整的重要参考,是节目评估的主要指标,是制订与评估媒介计划、提高广告投放效益的有力工具。

这份声明称,收视率"黑产业链"各个环节都是"共谋"。一些电视台广告部为争夺广告资源,开始对收视率进行作假行为。随后,播出机构强行要求在购剧合同中将收视率与购片价格挂钩,引导制作机构去购买收视率。即便禁令出台,制作机构由于每部剧要增加两三千万的购买收视率成本,因此也增加了电视台购剧的成本,形成饮鸩止渴的恶性循环。

在当前传统渠道不景气的情况下,业内出现这样的恶性循环不难预测,但通过收视率造假并不能挽救颓势,渠道失灵的问题不能用掩耳盗铃的方式解决。

在整个计算机系统里面,操作系统规定整个计算机运作框架、运作逻辑和运作规矩,任何一个强大的软件都必须嵌入其中,遵守它的规则,只有这样才能充分利用计算机系统带来的种种可能性、种种好处,否则哪怕再强大也会在这样的一种自我封闭当中逐渐成为一个价值孤岛,逐渐边缘化,影响力和作用就会消退。这是互联网时代对于传统媒体的冲击。

3.7.2 新媒体分发渠道广泛但缺乏权威性

新媒体涵盖了所有数字化的媒体形式。包括所有数字化的传统媒体、网络媒体、移动端媒体、数字电视、数字报纸杂志等,同时也是一个相对的概念,是报刊、广播、电视等传统媒体以后发展起来的新的媒体形态,包括网络媒体、手机媒体、数字电视等。

新媒体也是一个宽泛的概念,利用数字技术、网络技术,通过互联网、宽带局域网、无线通信网、卫星等渠道,以及计算机、手机、数字电视等终端,向用户提供信息和娱乐服务的传播形态。严格地说,新媒体应该称为数字化新媒体。与传统媒体不同的是,新媒体的分发渠道主要都是网络渠道,如下所述。

(1) 博客平台,其包括新浪博客、天涯博客、豆瓣、QQ空间等;

(2) 论坛平台,其包括百度贴吧、猫扑、天涯论坛、综合论坛、垂直论坛等;

(3) 自媒体平台,其包括微信公众号、微博、今日头条、百家号等;

(4) 新闻平台投放,其包括腾讯、网易、新浪、凤凰网等;

(5) 社媒平台,其包括微信大号、微博大号、网红直播平台、DSP广告平台。

多数新媒体都能根据用户属性进行选择,在投放前选好要投放的用户群体,能实现精准投放,大大减少投放的失误率。公众号、微博号操作简单,不需要层层审核。它们的特点是时效快、强交互性;发布迅速,互动交互性强,新媒体以自我为主,内容自控:可推出适合小群体口味的、专业性强、针对性强的文章。

然而新媒体同样存在其自身的问题,新生事物的起步常伴随着混沌期的野蛮生长,比如网络视频行业。如果说票房测量电影市场的高低,收视率检验电视市场的冷暖,那么反映网络视频是否受欢迎的一个直观指标就是点击率了。

点击率是指网站页面上某一内容被点击的次数与被显示次数之比,即clicks/views,它是一个百分比。反映了网页上某一内容的受关注程度,经常用来衡量广告的吸引程度。

实际上,网络视频刷单已经成为行业里公开的秘密,而且这已不是少数派的做法,就连一些原本就具备收视实力的影视作品也要刷单。一位网剧导演亦坦言,视频刷单的情况真的非常普遍,"对于制作方来说,这种方式很简单,时间和金钱成本不高,而且大家都在做,做了又几乎没有坏处,没有理由不去做。"

由于恶性竞争导致的劣币驱逐良币,使得本来就难以获得用户信任的新媒体及其内容更为缺少公信力。事实上新媒体一直存在着盲目跟风、同质化严重,以及缺乏基本的调查和审核的能力,这些顽疾严重影响着新媒体的公信力和专业性。

新媒体发展的最为直观的社会结果,便是信息量的绝对增加。根据美国学者H.弗莱德里克曾经做过的推算,即使以5年为周期来计算,也意味着,在今后不到70年的时间内,人类积累的信息量将达到我们今天信息量的100万倍[7]。作为新媒体的代表,网络克服了报纸的版面限制,降低了信息传播的门栏,使信息呈爆炸式的增长。然而正是这样的增长速度使得信息良莠难辨,低俗淫秽信息严重危害未成年人身心健康。而一些网络谣言的制造者为了引起关注则不惜捏造虚假新闻。据悉,2010年2月20日至21日,由于听信"地震"传言,山西太原、晋中、长治、晋城、吕梁、阳泉六地几十个县市数百万群众2月20日凌晨开始走上街头"躲避地震",山西地震官网一度瘫痪。2011年3月11日,日本东海岸发生9.0级地震。从3月16日开始,中国部分地区开始疯狂抢购食盐。3月21日,杭州市公安局西湖分局查到"谣盐"信息源头,并对始作俑者"渔翁"做出行政拘留。这些"网络大V",利用网络的快捷传播与迅速扩散,造谣传谣形成所谓影响力,进而谋取不当利益成为网络"大谣",在误导民众判断的同时也造成了社会的动荡不安。

2008年6月,中国网民数量已大幅超过美国,跃居成为世界第一网民大国。截至2012年12月底,中国互联网络信息中心(CNNIC)发布了第31次《中国互联网络发展状况统计报告》,中国网民数达到5.64亿人。面对这样庞大的网民人数,要做好统计监督,必须经历一个长期的统计与规范过程。现今,政府对于网络舆情的监督引导难度较大,仍然缺乏对于网络等新媒体的监督力与审核力,一些希望借助谣言来博得眼球的网络媒体便不顾职业道德,大量散布谣言假新闻,造成了网络信息真假难辨,网络缺失公信力的局面。

要想改进这些问题,就需要将新媒体与传统媒体结合,把新媒体真正当成需要由专业编辑、专业记者去维护的一个媒体未来发展的平台,这样才是把新媒体做好的正确路径。

3.7.3 两者融合带来营销方式的优化

传统媒体官方开设新兴传播平台,借用已有的新媒体平台,以腾讯视频与地方电视台的合作为典型案例。

解决渠道失灵和公信力缺失,是传统媒体的当务之急。要解决这些问题,唯一一种方式,就是两者融合。传统媒体可以选择是自己做平台,自己做 APP、网站,但现在这条路的成功概率非常低,机会非常少,根据 2017 年的数据显示,尽管 APP 有上百万个,但是真正下载到手机上的平均只有 23 个,一周之内能够至少点开一次的 APP 客户端平均只有 7 个。对传统媒体来说,互联网有不同应用级别,在平台上的机会不多,但是在后网应用+平台构造垂直体系则留出了极大的应用空间。通过与新媒体结合的方式,可以将两者的优点保留,缺点进行互补。

以网络为依托的新媒体,凭借其技术特性,为满足公众的个人信息需求提供了便捷的渠道。以 2008 年汶川地震为例,由于地震的原因,传统媒体无法成功进入震区且发出有价值的新闻,但此时关于汶川地震的新闻却有着极大的价值。而新媒体在传递汶川地震的新闻过程中发挥了极大的作用。运用先进的科技,新媒体(如手机、微博等)将汶川地震的新闻发送到受众眼前。由于新媒体先进的技术支持,传统媒体在特定的时空内不能到达的盲点,新媒体能很轻松地进入。正因为如此,新媒体在很大程度上能够补充传统媒体的空白。

微信最近几个月又增加了一个新的功能,即摇一摇看电视。用户可以从"摇一摇"里查到电视节目信息,还可以进行预约,到晚上节目开播的时候会提醒;用户还可以把吐槽的内容放在平台上,与其他用户进行全面地沟通。既然构成了这样的场景,作为场景的构造者就可以嵌入各种各样的环境因素。媒体也可以构造场景。好的内容加好的形式,媒体就有可能在互联网上迈出内容通达用户的第一步,而有了这第一步,新媒体与传统媒体在未来构建新的服务体系、构建新的赢利模式时就有了更多的可能性。

以下是传统媒体与新媒体营销结合的成功案例。

2016 年,综合视频平台腾讯视频与中央电视台体育频道达成战略合作协议,正式成为"CCTV5 欧锦赛报道官方互联网合作伙伴"。腾讯视频在欧锦赛期间将拥有全部 31 场赛事的实时直播和点播服务权,在本次合作之前,腾讯视频就已从内容、运营以及营销等多个角度对体育视频板块进行了全面包装。

腾讯视频可以为用户在观看视频的同时,把腾讯微博、腾讯的体育频道、腾讯的 SNS,包括腾讯无线平台很好地整合起来,使腾讯的用户可以在多个平台上观看到精彩的直播和点播的提示性内容。加上对腾讯移动互联网终端的利用,让腾讯视频与 CCTV5 真正实现了云视频战略。

3.8 传播渠道的融合

3.8.1 传播渠道的分类

媒体的传播渠道可以按以下分类方式进行分类。

1. 按表现形式分类

按表现形式进行分类,可分为印刷媒体、电子媒体等。其中,印刷媒体包括报纸、杂志、说明书、挂历等;电子媒体包括电视、广播、电动广告牌、电话等。

2. 按功能分类

按功能进行分类,可分为视觉媒体、听觉媒体和视听两用媒体。其中,视觉媒体包括报纸、杂志、邮递、海报、传单、招贴、日历、户外广告、橱窗布置、实物和交通等媒体形式;听觉媒体包括无线电广播、有线广播、宣传车、录音和电话等媒体形式;视听两用媒体主要包括电视、电影、戏剧、小品及其他表演形式。

3. 按影响范围分类

按媒体影响范围的大小进行分类,可分为国际性媒体、全国性媒体和地方性媒体。其中,世界性媒体如卫星电路传播、面向全球的刊物等;全国性媒体如国家电视台、全国性报刊等,地方性媒体如省(市)电视台、少数民族语言、文字的电台、报纸等。

4. 按接收类型分类

按媒体所接触的视、听、读者的不同,可分为大众化媒体和专业性媒体。其中,大众媒体包括报纸、杂志、广播、电视等;专业性媒体包括专业报纸、专业杂志、专业性说明书等。

5. 按时间分类

按媒体传播信息的长短可分为瞬时性媒体、短期性媒体和长期性媒体。其中,瞬时性媒体如广播、电视、幻灯、电影等;短期性媒体如海报、橱窗、广告牌、报纸等。长期性媒体如产品说明书、产品包装、厂牌、商标、挂历等。

6. 按可统计程度分类

按对发布数量和收费标准的统计程度来划分,可分为计量媒体和非计量媒体。其中,计量媒体如报纸、杂志、广播、电视等;非计量媒体如路牌、橱窗等。

7. 按传播内容分类

按其传播内容来分类,可分为综合性媒体和单一性媒体。其中,综合性媒体指能够同时传播多种信息内容的媒体,如报纸、杂志、广播、电视等;单一性媒体是指只能传播某一种或某一方面的信息内容的媒体,如包装、橱窗、霓虹灯等。

8. 按照与内容提供者的关系分类

按照与内容提供者的关系来分,又可分为间接媒体和专用媒体(或称租用媒体与自用媒体)。其中,间接媒体(或租用媒体)是指内容提供者通过租赁、购买等方式间接利用的媒体,如报纸、杂志、广播、电视、公共设施等。专用媒体(或自用媒体)是指属内容提供者所有并能为内容提供者直接使用的媒体,如个人公众号、个人微博等。

3.8.2 新形势下传播渠道的融合

在新形势下,面对用户消费习惯的升级,以及互联网浪潮的侵袭,传统媒体需要寻求传播渠道的融合。成功案例有:浙江广电和新浪在短视频方面展开了重点合作,双方合力打造台网互动的创新模式,共同开发丰富用户体验的新产品。

战略搭载新浪微博平台之后,浙江广电旗下优质内容 IP 将拥有更为广阔的发挥空间,未来也将为观众提供更多样化、更便捷性的内容服务及互动体验。

在媒体融合大背景下,人民网权威发布的 2016 年"电视媒体融合传播力"排名中,浙江电视台以 88.07 分位列所有卫视第一。以内容建设为根本,以先进技术为支撑,在构建"现代传播体系"的探索中,身为"品牌高地"的浙江卫视,跨出了融合战略的重要一步——开启全新的 UGC(User Generated Content,用户原创内容)个人热点社交文化传播概念。

新媒体也正是由于拥有广大自生产内容的网友,才得以快速发展。信息发布及时,受众广泛参与是新媒体在信息传播过程中的一个很重要的特点,也是传统媒体无法比拟的一个优势。因为新媒体拥有遍布全世界的草根网民和网络终端,可以即时获取第一手资料,及时发布。因此,传统媒体完全可以利用自己的权威性,积极与新媒体相结合,发挥新媒体的即时性和互动性的优势,更快更真实地将信息传递给亿万受众,从而推进全社会新闻事业的发展。

通过传统媒体的官方微博和个人微博对节目进行宣传,推广活动,密切互动,加强和受众黏合度,配合节目是基础。通过新媒体,能实现与传统媒体的同步互动,以及对传统媒体信息的预告、发布和总结。

传统媒体在传播信息时,是以媒体为中心进行传播的,受众虽然具有随意选择收看(收听)和阅读的自由,但只能在节目的播出时间和已出版的报纸、杂志上进行选择。另一方面,传统媒体与受众的互动也缺乏灵活性,不能及时调整自己的传播习惯。相比之下,新媒体的信息传播则有着极大的不同。由于新媒体传播是一种"去中心化"的传播,受众可以随时随地获取需要的信息,同时,受众也可以在第一时间对所获得的信息进行反馈。在满足受众的信息需求方面的优越性令传统媒体望尘莫及。

在满足公众总体信息需求方面,传统媒体凭借其庞大的传播网络,权威的传播地位,较高的媒体公信力,依然发挥着主力军的作用。传统媒体凭借专业的新闻敏感与把关意识,对信息进行优选,传播有价值的信息,剔除负面信息,致使传统媒体的信息传达总是能够成功地取信于受众。但是毕竟传统媒体的版面、时间段有限,信息的传播总是受到时间、空间的限制。而新媒体则不存在这一问题。新媒体具有信息海量性的特点,并凭借其先进技术,丰富了阐释信息的方式,以不同于传统媒体的角色,助力传统媒体满足受众的总体信息需求。一方面,受众提供信息。另一方面,技术阐释信息。

传统媒体与新兴媒体从传播渠道上达到互利共赢的关系,能够使得当前的媒体营销形式更好,并为受众带来最快最准确的消息。

3.9 大数据及数据挖掘带来的融合

无论是政治、经济、生活,抑或是媒体从业者,谈及创新和发展等都离不开互联网。金融、商业、交通、旅游等行业成功利用大数据,挖掘出潜藏的巨大价值,媒体行业的认识也在随之改变,开始摸索着向大数据时代前进。

在利用大数据方面,基于互联网的新媒体有得天独厚的优势。正如腾讯公司副总裁郑香霖所说,"在移动互联网的大背景下,用户习惯发生了巨大变化,我们常说新媒体、传统媒体,如今从数据角度来看,2014年我国用户把44%的时间花在数据媒体上,过去我们叫新媒体,现在叫数据媒体。"

传统媒体也不能"坐以待毙",而是需要利用大数据进行转型。一方面传统媒体可以充分利用政治资源来获取优质数据进而扩展自身的数据源,可以从政府手中获取医疗、养老、旅游等方面的数据,例如,浙江日报报业集团就通过与浙江民政厅合作建设浙江省养老数据库,目前已经达到5000万以上的活跃用户;另一方面可以通过收购和合作的方式获取更多数据源。例如,浙江日报报业集团以31.9亿元收购盛大旗下的杭州边锋和上海浩方游戏竞技平台,获得了一个拥有约3亿名注册用户、2000多万名活跃用户的成熟游戏平台。

此外,浙江日报报业集团旗下的浙报传媒拟定增加近 20 亿元预算打造互联网数据中心及大数据交易中心项目,其中,互联网数据中心由公司拟新设的全资子公司杭州富春云科技有限公司负责实施;大数据交易中心项目由公司与北京百分点、浙商资本共同投资新设的控股子公司——浙江大数据交易中心有限公司负责实施,注册资本为 1 亿元;浙报传媒出资 5320 万元,对应持股比例为 53.2%;北京百分点出资 2700 万元,对应持股比例为 27%;浙商资本出资 1980 万元,对应持股比例为 19.8%。这两个项目建设完成后,拟向全国范围内的客户提供包括主机托管、宽带租用、云计算服务、大数据服务、大数据交易等一系列服务。

目前来说,浙江日报报业集团在数据层面取得了极大进展:一是把自身的相关内容数字化,并在数字化的基础上实现数据化;二是通过收购边锋和浩方获得了大量的信息和用户数据以及用户;三是通过政治资源尽可能地获得浙江省的相关数据;四是打造互联网数据中心及大数据交易中心项目来获取更多的数据。

在新形势下,需要加紧步伐紧跟时代,笔者也希望今后能够出现更多如浙江日报的成功案例。通过案例分析,传统媒体与新媒体通过大数据融合发展策略主要包括了以下几个方面。

3.9.1 点播及播放数据的反馈

大数据时代的反馈模式是一场新的生产革命:一切将以数据为中心,基于数据进行深度挖掘和分析,创造出有价值的信息,仅仅会采访、写稿已经不能满足新闻制作的需求了,对数据技术的应用也是必不可少的技能。在"大数据时代",新闻线索的获取需更加专业,媒体可以通过自己的数据研究中心,或者依靠数据库新闻团队,利用专门的技术和工具从海量信息中去挖掘,从而得到更有价值的新闻线索,并进一步拓展新闻深度。

互联网巨头手里有海量的数据和流量,通过现有互联网巨头倒过来整合传统媒体,就能很好地解决传统媒体的用户和技术难题。尤其是有海量的用户数据和各类交易数据等,在这方面,传统媒体可以通过和互联网巨头进行合作来更好地实现自身的转型。例如,亚马逊公司 CEO 收购《华盛顿邮报》、奇虎 360 以及北京新媒体公司合资成立的北京时间就是倒整合的重要探索。

拥有海量大数据的互联网公司愿意开放大数据,进而融合发展。据了解,百度公司已于 2013 年 5 月向传统媒体开放自己的大数据,传统媒体可以利用大数据资源在报道、经营方面实现突破。截至目前,《南方周末》《华西都市报》等纸质媒体已经与大数据深度融合,通过以搜索为主的大数据分析,根据搜索量、热门程度,新闻报道的好坏一目了然。

除了百度搜索,借助网络媒体、社交媒体的平台,通过分析这些平台上所转载新闻的点击率、转发率等数据进行分析,也可以指导采编、经营等活动。《华商报》《西安晚报》《三秦都市报》等西安都市类报纸都在借助微博和微信平台上的信息来获取新闻线索,编辑还可以根据平台上的文章评论量和转发率来评定新闻的受欢迎程度,根据受众反馈的信息,有针对性地调整新闻采编的方向。解放日报报业集团社长尹明华曾说:"一篇稿子好不好,不能光凭主观判断,而是要有数据分析。这些数据可能有一部分来自内部专业人士,更多的则来自社会。"

3.9.2　内容的准确分发

在互联网媒体的严重冲击下,2012年以来,以报纸为代表的传统媒体正深陷困境,主要表现为受众快速转移到互联网媒体、广告主快速抛弃传统媒体、骨干人才大量流失、传播能力快速下滑,其结果是大量的市场化报刊陷入亏损而休刊停刊。在传统媒体快速衰落的同时,互联网媒体广告却保持着30%以上的增速,很显然认为是外部经济环境不好才导致传统媒体陷入困境的说法是站不住脚的,传统媒体深陷困境的是用户连接失效。

首先,受众流失导致传统媒体深陷困境。传统媒体长期以来采取的是"两次销售"的商业模式,即第一次把内容和产品销售给受众,同时获得传播功能,第二次再把传播功能销售给广告主,实现自身的商业价值变现。该模式的关键是内容和渠道的合一,内容所承载的商业价值较小,而渠道所承载的商业价值较大。而受众大量流失之后,就使得传统媒体的入口价值丧失,内容和渠道彻底分离,渠道所承载的广告等商业价值被互联网平台所获取,而传统媒体获得的内容所承载的商业价值已经远远不能弥补传统媒体的正常运作,传统媒体只能深陷亏损深渊。简单地说,大型传统媒体机构想单纯做内容提供商而专门从事内容生产和提供的思路已经不可能成功。

其次,传统媒体从来没有真正意义上的用户。用户和受众之间存在本质区别,一是用户数量更大,而受众数量小,互联网巨型平台的用户动辄数以亿计;二是用户能够利用大数据和人工智能技术分析每一个用户的收入、消费能力、爱好、需求等精准的数据,而受众只能给出一定规模样本的、概貌的数据;三是用户是高频的、动态的,而受众是低频的、静态的;四是用户是紧密型关系,而受众是松散型关系,因此从上述本质区别来看,传统媒体只有受众,并不具有实质意义上的用户。而从用户的商业价值来看,由于用户的商业模式是"新闻+服务",用户的数量远远大于受众数量,且能够通过智能化推荐技术给用户推荐精准化、定制化的、能够真正满足用户需求的信息、产品和服务,其价值远远超过传统意义上的受众。

除了和互联网公司合作利用大数据外,传统媒体也需要通过与网络媒体合作的方式拥抱大数据时代。2015年6月,北京主流纸媒《新京报》跨地域与腾讯集团合作,联手打造河北本地生活化资讯服务"大燕网",当地用户只要登录QQ,就会获得最新的定向新闻推送。此举,《新京报》不仅实现了跨区域发展,突破了传统纸质媒体单一的业态;还弥补了纸质媒体在时效性方面的缺陷,实现了即时报道;腾讯利用互联网技术分析用户的个性化需求,可以针对性地为当地受众定向推送新闻,实现了新闻报道的接近性,把合适的信息及时、准确地传递给需要的人。

3.9.3 广告及内购产品的推送

近年中国经济持续下行,许多企业赢利能力逐渐受到挑战,企业削减广告预算成为必由之路。传统媒体之前所采取的广告方式,逐渐由于渠道失灵而作用锐减。而借助大数据分析的互联网精准广告则可以很好地有效降低广告成本,根据用户的日常搜索习惯精准定位人群,类似这样的"指定行为目标锁定"方式,不仅能根据消费者的需求发布更具相关性的广告,同时也能让广告主及其目标群体的广告行为更加有效。

除此之外,网络广告还可以提供有针对性的内容环境。不同的平台或者是同一平台不同的频道所提供的服务是不同质且具有很大的分别的,这就是网络广告独有的一些特点,也正是由于这些独特的优势,互联网精准广告相比于传统广告的投放方式要有着很大的区别和优势,但是网络广告也并不是简单的投放就能够达到预期效果的,企业在投放前期应该合理地计划广告投放模式、计算成本也是需要重点去关注。通过大数据分析,能够为细分后的用户群体提供定制的广告及内购产品。

总而言之,正如习近平总书记所强调的,要加快传统媒体和新兴媒体融合发展,充分运用新技术、新应用创新媒体传播方式,占领信息传播制高点。站在"互联网+"这一历史节点,无论对传统媒体还是新媒体,既是挑战,又是机遇。由此可见,借助大数据进行媒体融合已是大势所趋。

第4章 传统广电媒体的生机

4.1 国内外广电媒体的收视数据及分析

4.1.1 国内电视媒体概况

1. 电视媒体基本数据

2015年电视媒体形势不容乐观,电视广告投放量首次出现下滑。CTR调研数据显示,2015年上半年电视广告花费同比2014年减少3.4%,时段广告资源量也同比2014年减少一成。新媒体的冲击与行业竞争的日趋白热化,使得多数电视台业绩平淡并对整体行业形势构成影响。从收视率来看,央视仍然占据中国电视台行业的"老大"地位,尤其是在新闻报道和重大事件直播等领域,拥有独特的资源优势。而省级卫视内部的"马太效应"在近年变得日趋显著。广告品牌对电视媒体的选择趋于两极化,或集中于央视和一线卫视,或下沉至地面频道。综艺娱乐等高收视率节目的广告冠名收入并未受电视行业总体形势影响,依然保持高速增长态势。

2015年,68家卫星电视频道累计覆盖观众达到537.8亿人次,较2014年增加10亿人次;其中,中央电视台17家频道、中国教育电视台3家频道的全国累计覆盖观众共计191.0亿人次。253家省级地面频道在本省的平均覆盖率达到70.0%。

2015年,全国数字化电视用户比例已达66.5%;有线模拟电视、自备普通室内外天线用户比例继续下降;直播卫星数字电视则在波动中总体上升。截至2015年8月底,全国IPTV用户规模已超过7000万人,全国用户比例达到5.35%。全国IPTV用户对IPTV的整体满意率达84.1%。

2015年,电视观众对新闻、时事类的喜爱率相对更高,其原因在于,海量信息时代,舆论环境纷繁复杂,电视新闻依托其固有的权威性和社会舆论引导者的影响力,在信息过滤、整合、舆论引导等方面发挥积极作用。

从电视广告市场来看,《中国传媒产业发展报告(2015)》统计数据显示,电视广告连续两年增长率低于两位数,而网络广告收入首次超过电视广告,规模超过1500亿元,2015年上半年,电视广告花费同比2014年上半年减少3.4%,时段广告资源量也同比减少一成。

2. 收视总量的分解及变化

CSM 媒介对 2015 年基础研究数据显示,全国收看电视人口约为 12.78 亿人,大约是 CNNIC 第 37 次调查报告公布的网民数量 6.88 亿人的两倍。从受众规模角度看,新媒体虽然增速显著,网民数量相比 2014 年增长了 2.4%,但总量相比电视来说依然存在较大差距。此外,CNNIC 调查报告还显示,网民每日上网平均时间是 225 分钟,低于电视观众平均收看电视的 251 分钟。从受众规模和消费时间两个总量指标来看,电视依然是受众消费的第一媒体。观察近年来电视观众规模和收看时长两方面的变化,2011—2014 年每个实际电视观众的收看时长呈现不断增长的趋势,由 2011 年的 239 分钟提升至 2014 年的 252 分钟,2015 年电视忠实观众收看电视的时间仍保持高位,但较 2014 年下降了 1 分钟。从近年来观众规模的变化来看,2011—2015 年电视观众规模呈现逐年下降趋势,2015 年观众的平均到达率由 2011 年的 69.5% 下降至 62.3%,下降了 7.2 个百分点,观众平均每年以大约 2% 的速度流失。相比网民数量的逐年增长,电视忠实观众收看时间的首次减少需要我们关注和警惕。

观众规模是影响观众收视总量变化的主要因素。观察近 5 年来观众收视时长的变化,除 2012 年受伦敦奥运会这一新闻大事件影响,收视分钟数有所提升之外,2012 年以来人均收看时长不断下降,2015 年观众平均收看时间为 156 分钟,相比 2012 年下降了 13 分钟,幅度较大,这与近年来观众规模的逐年下滑密切相关。

3. 收视量的时期及时段分布

从 2015 年分周(分别从每个星期)的人均收视时长上看,春节期间是全年收视量最高的时期,但较往年春节收视仍有明显下降;分周收视普遍低于 2014 年同期,电视收视总量不容乐观;相比往年收视明显提升的是第 36 周,恰逢"9.3 阅兵",特殊事件聚焦电视收视;暑期、长假收视虽有增长,但仍然处于历史低位。

2015 年"一剧两星""一晚两集"新政正式实施,原电视剧播出第三集的时段收视明显下降。对比全天分时段的收视走势,收视变化主要表现在高峰时段,19:00—22:00 有明显下降,下降幅度最大的时段出现在 21:30—22:00,降幅接近 2 个百分点,下降比例接近 6%;午间高峰时段也有明显下降,12:30—13:00 时段下降幅度超过 0.5 个百分点,下降比例也达到 4%;其他时段和 2014 年基本一致。

4. 观众构成

分析 2015 年电视观众结构特征,45 岁以上的观众集中度高于其他年龄段观众,是电视的重度观众,其中 45~54 岁观众占比最高,不仅收视贡献大,而且收看倾向性较强;25~54 岁的观众是整体电视市场的收视中坚,其收视量占到了总量的 51.9%。

观众规模近年以 2% 的速度持续下降,那么究竟是什么样的受众群体在远离电视呢？考查不同年龄段观众的收视时长历年变化，可以看到54岁以下的观众电视消费时长逐年下降，4~34岁的年轻观众持续下降，35~54岁的中青年观众近两年下降幅度较大。尤其值得注意的是，45~54岁观众作为电视的主要受众，其收看时间的大幅下降将会对电视收视市场产生不可逆转的影响。作为电视市场收视主力军的55岁以上观众群体，收看时间较往年稳中有升，特别是65岁以上的观众，其收看时间持续增长。

4.1.2 各级频道竞争现状及变化

1. 各级频道整体市场格局

2015年受电视新政影响，全国各级频道的市场竞争格局出现了与往年不同的变化：上星频道份额明显下降，地面频道份额开始回升。省级上星频道以31.2%的份额继续领先，相较2014年市场份额明显下降；中央级频道紧随其后，占有28.7%的市场份额；与中央级频道及省级上星频道的市场份额缩水有所不同，地面频道市场份额获得了显著提升，尤其是省级地面频道，提升幅度接近5%。此外，随着高清机顶盒的进一步普及，点播、回看等收视行为越来越被大众接受，其他频道组的市场份额在2015年也出现了显著增长。

2. 各级频道时段收视分布

2015年，中央级频道在早间7:00—9:00和午间12:00—13:30时段的收视率高于其他频道。省级上星频道晚间收视脱颖而出，19:45后收视率明显高于其他频道组，此外，在下午时段省级上星频道也具有较强竞争力。相比之下，地面频道在17:45—19:30时段的收视增长较快。其他频道在22:00左右收视表现不俗。

3. 各级频道受众市场竞争

频道竞争力的差别源于不同类型观众的收视选择：中央级频道在中老年群体所占市场份额更大，且随着年龄增长，市场份额不断提升；相较之下，省级上星频道观众更为年轻化，年龄越小的观众越喜欢收看省级上星频道；省级非上星频道在45岁及以上观众中收视高于45岁以下观众；市级频道和其他频道在不同年龄观众中收视差异不明显。

4. 各级频道组内部竞争格局

（1）中央电视台

2015年中央电视台市场竞争力最强的依然是中央电视台综合频道，收视贡献占到了中央台总体的17.6%，中央电视台六套、中央电视台新闻频道以及中央电视台三套分别以10.4%、10.1%和10.0%的组内贡献分列第二至第四位，累计贡献达48.1%。与2014年同期相比，2015年中央电视台的整体市场份额有所下降，其中,中央电视台的 1 频道、少儿频道、新闻频道、5 频道、12 频道等收视有一定程度的下降,增长的频道主要是中央电视台 8 频道、6 频道和音乐频道等。

(2) 省级上星频道

2015 年省级卫视竞争力依然呈现阶梯式分布,全天市场份额排名前 10 位的卫视频道占到了整体累计份额的 61%,前 5 位的频道占据了 40%,而排名前三名的卫视频道更是占据收视总量的 29%,较 2014 年同期水平均有明显提升。2015 年多数省级卫视份额较 2014 年同期出现明显下降。从分频道数据上看,第一梯队(前 2 名)凭借资源和编排以及长期累积起来的优势,在卫视整体表现下降的局面下,通过编排和强大的节目资源,逆势而上,竞争力较 2014 年同期不降反升,体现出强大的市场竞争能力;第二梯队(第 3~第 7 名)的频道份额较去年同期明显下降,特别是排名第 3、第 4 位的频道,与第一梯队差距进一步拉大,排名第 5~第 7 位的频道份额变化不大;第三梯队(第 8~第 16 名)相比上一年度,频道竞争力下降明显;16 位以后的卫视频道份额变化不大,在卫视竞争中处于弱势地位。

(3) 省级地面频道

省级地面频道在各省的市场份额呈现不均匀分布的特征,2015 年延续了以往一贯的态势,上海、湖南、山东、广东等地的省级地面频道在晚间均占据了 40% 以上的市场份额。其中,上海地面频道晚间的市场份额高达 51.5%,而甘肃、内蒙古、宁夏等部分地区的电视观众则对于省级地面频道的依赖性相对较低。受电视新政影响,2015 年省级地面频道在省网中竞争力较 2014 年有明显提升。

(4) 城市台

近年来,城市台在全国电视市场竞争中一直处于弱势地位,整体市场份额不到 10%,在与其他各级频道组的竞争中不断萎缩。2015 年受电视新政影响,城市台份额止跌回稳。2015 年全部 129 个城市中,晚间时段市场份额排名前 20 的城市,平均市场份额为 34%,较上一年略有下降。与之相对,区域城市台份额排名最低的 20 个城市于 2015 年的平均份额为 1.4%,相比前几年的连年下跌,首次实现了回升。

4.1.3 国内广播电视媒体基本数据

2015 年,从广告市场的分析数据来看,广播是在传统几大主流媒体中属于发展较好的,一是归因于广播接收端的便利性,使传统收听份额得以保证;二是归因于积极与互联网融合,探索发展出网络电台等新形式;三是归因于电台线下活动的展开,如汽车音乐节、社区活动等。

从市场份额来看,有数据显示,中央级电台、省级电台、市(县)级电台的市场份额分别约为 10%、35%、55%。市(县)级电台依然占据超过 50% 的市场份额,特别是在非省会城市的区域优势依然相当明显,主因在于其节目的贴近性、本土化。

从收听广播电台类型来看,主角依然是新闻、音乐、交通,三类频率的累计市场份额超过80%,交通广播以超过30%的份额居首位。

从节目类型的影响力来看,新闻广播在传统收听设备受众群的影响力较大;音乐广播在手机受众群中的影响力较大;交通广播在车载收音系统听众群中的市场份额超过45%。

从节目的播放时间来看,收听率较高的节目播放时间也在60分钟以内,节目播放时间在60分钟及以内的节目占比接近75%。其中31.9%的节目播放时间在30分钟以内,60分钟的版块新闻节目也多以"多个小版块"的形式出现。

4.1.4 国外广播电视媒体

美国广播电视媒体的数据及其分析(新闻媒体、体育娱乐类、电视剧收视率)如下所述。

根据美国阿比创广播收听率监测公司 Arbitron(Radio Today)的收听率数据,截至2009年,美国共有24757家电台。美国广播电台按性质来说,主要分为两类:一类是私营商业广播电台,占全美电台的80%,音乐节目是其主要内容,电台经费主要来自广告收入;另一类是公共广播,是非营利性的,电台经费主要依靠听众捐助和州政府及地方政府拨款。公共广播在美国广播市场的份额较小,深入、透彻、公正的新闻报道是其最大的亮点,凭借品位高雅的节目公共广播在受过良好教育的听众群中较有影响力。

1952年起,电视代替广播成为美国社会的主要娱乐媒介,电视时代的到来推动了广播的"窄播化"和"本土化",类型化电台应运而生。因为广播所具有的独特的伴随性,音乐台是美国广播市场的主要电台类型,针对不同的音乐类型又细分为乡村音乐台、流行音乐台和摇滚音乐台等。其中,乡村音乐台数量最多(2626家),次之是成人当代台(1416家)。

美国广播业的新闻信息类型的电台主要分为三种:新闻/谈话台、谈话台和全新闻台。

谈话台和新闻/谈话台在美国的新闻类型电台中占主导地位,大约有1700多家。广播所独特的互动性使得谈话节目在美国很受欢迎。谈话类节目主持人堪称是美国电台主持人中的"人气王"。由于高成本的节目制作和优秀的节目主持人使得谈话类节目在听众群中的影响力较大而且忠诚度较高。按形式来分,谈话台分为传统谈话、体育/人物谈话、"热辣"谈话、成功谈话、都市谈话(黑色谈话)等。谈话节目的人口统计分布特征较为明显,而且在不同的社会背景下季节性特征也较为突出,比如体育谈话节目在赛事热季表现出了很高的收听率。

全新闻台全天24小时循环播报新闻节目,由于新闻节目的商业回报较低,目前美国仅存有75家全新闻台。全新闻台位于人口密集的大城市,比如纽约、洛杉矶、芝加哥等。最有名要算是纽约的1010wins,被誉为"全美最大的新闻台"和"全新闻广播的先驱"。

根据美国阿比创广播收听率监测公司 Arbitron(The Infinite Dail 2010)的收听率数据显示,电台(39%)成为12岁以上美国听众欣赏新音乐时的首选媒体平台,其次是互联网(31%)。这主要是因为美国广播信号好,覆盖率高达100%,而且同时具有低成本、及时、便捷的特点。音乐台是美国广播电台的主要电台类型。其市场份额高于80%,其中乡村音乐市场份额最高,占比13.4%,其次是成人当代,占比9.4%。

根据美国阿比创广播收听率监测公司 Arbitron(Public Radio Today)的收听率数据显示,新闻类型电台是最受欢迎的公共广播电台,也是数量最多的电台类型。以新闻节目为主打的公共广播电台多达763家,占73%。其中新闻/谈话台数量最多,高达333家,其市场份额也最高,在35~54岁听众中的市场份额超过50%。

自NBC电视台的才艺选秀节目《美国达人》第四季开播以来,就连续几周占据的收视排行榜首位,收视人群超过1000万人,最多一周获得1375万人的热情关注,收视率也冲到了8.2的高值。ABC电视台的男女相亲真人秀节目《单身女郎》第五季大结局的收视成绩也创造了新高,达到1000万观众,获得了当周的季军排位,也算是一个完美的落幕。节目是多男追求一女的形式,每集淘汰一位男士,直到最后的男人成为她理想的对象。其后播出的特别节目《单身女郎相爱之后》作为真人秀的后续节目,介绍了之前参加该节目的几位选手的现状,也获得了第8的排名。

位于收视排名第二的节目有CBS的新闻节目《60分钟时事》,以及CBS电视台的其他老牌剧,分别是《海军犯罪调查处》、喜剧《好汉两个半》《超感神探》《生活大爆炸》《犯罪现场调查:迈阿密》,收视都将近1000万观众。值得一提的是,老牌真人秀节目的回归。CBS电视台的老牌真人秀《老大哥》第11季开播以来收视都不错,甚至冲进前十,作为真人秀节目的始祖。《老大哥》看起来依旧"强壮"。这档节目让十几位男女同处在安装有摄像监控的豪华别墅,每周通过竞赛有不同奖惩,同事内部人员相互投票,每周投出一人。最后获胜的选手将会获得50万美元的奖金。观众正是从这些摄像头能看到各个选手的秘密和钩心斗角,以及男女间的暧昧。节目版也被卖到很多欧洲国家。ABC电视的10年后回归的有奖真人秀《谁想成为百万富翁》收视也跻身前10位,收视在700万观众左右。

总收视率是衡量各大新闻节目状况最为有效的手段。2012年,各大晚间新闻节目的收视率有小幅下降。

在夜间,平均有2210万观众收看由美国广播公司、哥伦比亚广播公司或全国广播公司这三大广播电视网络公司制作的某个商业广播电视新闻节目。皮尤研究中心对尼尔森媒体研究提供的数据进行分析后指出,与2011年相比,这一数据下降了41.82万,也就是2%。

在这三大广播电视网络公司中,只有哥伦比亚广播公司晚间新闻节目的收视率在2012年里有所上升。这延续了其前两年的增长势头,由斯科特(Scott Pelley)主持的晚间新闻节目在2012年里收视率增长2.8%,观众总人数达到614万人。但是,这明显少于全国广播公司和美国广播公司的观众人数;尽管这两家公司的收视率在2012年里都有不同程度的下降,一直以来,广播电视网新闻观众的数量在逐步下降。在1985年、1992年和2001年,广播电视新闻观众数量有小幅增长。自1980年以来,三大广播电视网络公司已经失去了52.6%的观众,即2740万人。

尽管三大广播公司的收视率不断降低,但在黄金时段观看其晚间新闻节目的观众比观看有线电视新闻频道(如美国有线电视新闻网CNN、福克斯新闻、微软全国有线广播电视公司等)的观众要多得多。

下面具体对5家国外的广播电台的情况做下介绍。

1. NBC

NBC(National Broadcasting Company)是全国广播公司的简称,全美三大商业广播电视公司之一(其余两家分别是CBS美国哥伦比亚广播公司和ABC美国广播公司)。NBC的总部设于纽约,创办于1926年,是美国历史最久,实力最强的商业广播电视公司。自NBC创立以来,一直以大胆革新而著名。联网广播的黄金时代,即1930—1950年,NBC代表了美国广播的最高峰。

NBC同时也是很多著名歌星和节目的成名地。在20世纪50年代电视普及之前,NBC一直是美国广播明星的重要阵地。NBC广播的最后一个主要节目热潮发生在1955年的《监听(Monitor)》。这是一个在周末连续播出的节目,由诸多著名节目主持人主持,包括了音乐、新闻、访谈等多种节目内容。《监听》节目的成功持续了多年直到20世纪60年代中期,一些本地电台(特别是在一些重要地域的本地电台)趋于打破联网广播的束缚。1975年初,"监听"节目结束广播,而此时NBC的价值仅在于它的整点新闻及相关一些背景报道。1975年年末NBC推出"新闻信息服务"(the NBC News and Information Service),为一些想开播纯新闻频率的本地电台提供每小时长达55分钟的新闻。这项服务吸引了大约几十家本地电台的加入,但不足以让NBC赢利,于是这项服务在两年后终止。在20世纪70时代末,NBC又推出了"来源(The Source)"网,这是一个比较成功的给调频摇滚电台提供新闻和简短报道的广播网络。NBC每年制作和播出大量的新闻、体育娱乐节目及电视剧,其中《大西洋底来的人》(1977年)、《仁心仁术》(ER)、《老友记》(Friends)、《威尔与格雷丝》(Will & Grace)等电视剧集为华人观众所熟悉。但是近年来NBC电视台陷入低谷,2003—2006年NBC电视台只推出了5部成功的剧集;而且收视主体也十分不稳定。

2. CBS

哥伦比亚广播公司(Columbia Phonograph Broadcasting System, CBS)于1927年成立。总部设在纽约。1941年正式开办电视广播,1954年播出彩色电视。1987年在纽约等城市直接经营电视台5座,中波广播电台6座,调频广播电台7座。另有通过合同关系参加该广播网的电视台200多座,形成全国性广播电视网。CBS成立于1927年2月18日,最初总部设在费城。原为16家广播电台组成的独立广播业者联合公司(United Independent Broadcasters, Inc.),后与哥伦比亚唱机与唱片公司(Columbia Phonograph and Records Company)联合组成哥伦比亚唱机广播公司(Columbia Phonograph Broadcasting System),于9月18日通过16家附属电台向全国广播,不久哥伦比亚唱片唱机公司退出。由于经费不足,公司经常陷入困境。1928年,威廉·佩利(William S. Paley)说服父亲将CBS购买,并改革重组,同时CBS决定附属台可以免费转播。很快,CBS一扫颓势,迅速崛起为一大全国广播网。

3. ABC

美国广播公司(American Broadcasting Company, ABC)是美国传统三大广播电视公司之一。在美国三大广播电视网中,ABC起步最晚,一段时间内力量较弱。多年来,ABC为了改变它的地位,一直不惜重金招聘贤才。其创立于1943年,原为国家广播公司的蓝色广播网。目前的最大股东是华特迪士尼公司,为迪士尼-ABC电视集团的成员。其集团总部在纽约市曼哈顿区,其节目制作总部在加利福尼亚的伯班克市,与迪士尼公司的总部和迪士尼摄影棚由人行天桥相连。目前,ABC是美国观众最多的电视网。

1965年4月,改称美国广播公司。1985年3月,大都会通信公司将其收购,公司改为大都市美国广播公司,但一般仍用原名。1948年4月19日,播出第一个电视节目《在角落里》。1954年,取得"迪士尼乐园"和"米老鼠俱乐部"的播出权,一举成功,成为公司发展的转折点。1955年由于播放一系列西部片赢利,附属台进一步增加。1959年取得全美足球大赛、棒球大赛、拳击大赛等多项体育比赛的报道权。1961年推出"体育的疯狂世界"和"美国体育"节目,以体育报道与另两家电视网展开竞争。1966年以NTSC制式(美国国家电视标准委员会)播出彩色电视节目。1977年ABC播映了电视系列片《根》,连续8个晚上播放12个小时,轰动一时,观众达1.3亿人,创造了美国电视史上收视率的最高纪录。

迪士尼倒贴的情况持续到了2004年,随着《迷失》《绝望的主妇》《实习医生格蕾》的横空出世,ABC拥有了三档收视率超高的电视连续剧。一扫在电视剧方面的萎靡态势。也使得ABC电视台拥有了更多的观众资源可以支配。

1998英国ITV电视台播出了一档全新节目——《谁想成为百万富翁》,节目规则极为简单,只要连续正确回答15道问题,即可赢得100万英镑大奖。节目一开播就取得巨大成功,占领了高达59%的市场份额! ABC看到了这个节目巨大的开发潜力,购买了版权,将它重新包装,大投入制作,结果证明ABC做出了一个明智的选择。1999年—2000年《谁想成为百万富翁》平均每晚收视观众达2900万人,创下了美国历史上所有电视节目收视率的最高纪录。ABC宣称该节目是其历史上赢利最高的电视节目,总收入达10亿美元!但ABC太过依赖这档节目,投注了大量的人力、物力,而不注重开发新的节目形态。2002年ABC每周播放该节目长达四小时,最终看得观众生厌,大倒胃口。ABC的收视率也从此退居第四位,同年财政亏损3.6亿美元。

就在益智类节目让观众厌烦之际,真人秀节目的横空出世又掀起了新一轮的收视狂潮。早在2000年,哥伦比亚广播公司(CBS)推出的《生存者》就创造了美国夏季节目收视率的新高,不仅打败了ABC的《谁想成为百万富翁》,也创下CBS在该时段13年来的收视纪录。此后真人秀热潮迅速席卷全球,成为最流行的节目形态。美国国家广播公司(NBC)的《学徒》,福克斯电视网(FOX)的《美国偶像》,联合派拉蒙电视网(UPN)的《全美超级模特大赛》等,这些在世界各地都引起巨大反响的节目莫不属于"Reality—TV"(真人秀)范畴。

此时ABC也意识到了形势的严峻,为了重新挽回下跌的人气,它也把视角转向了真人秀节目。

2003年1月英国四频道(Channel 4)新推出的一档真人秀节目《交换妻子》引起了ABC的注意。该节目将由两个来自不同背景和文化的家庭上演,两个家庭的妻子将互相交换自己的家,她们将到对方家中与对方丈夫和孩子过上10天"同居日子"。节目播出以后,在短短两周之内,收视人数就从390万人上升到了570万人。ABC对这档节目表现出了浓厚的兴趣,以最快的速度买下了该节目的版权,开始在美国本土播出。虽然ABC版《交换妻子》的节目制作人迈克尔·戴维斯称,该节目绝不包含任何色情的成分,因为当一名妻子进入"新家"后,她的职责仅限于以"女主人"的身份照料孩子和做家务,并不包括和"新丈夫"同床共枕的义务,但这档节目对于媒体的道德底线无疑将是一个严峻的考验。ABC也毫不讳言,"这个节目满足了观众的窥私欲"。而事实也证明正是这种打擦边球的节目才能最大限度地吸引观众的眼球:在节目播出的第一个周末,ABC就拿下了同时段节目收视率冠军。

在《交换妻子》旗开得胜之后,ABC意识到了开发新节目对于频道维护的重要意义。娱乐部的负责人苏珊·莱恩在接受美国《新闻周刊》的采访时声称公司已经开始改变原来的经营策略,目前ABC的新口号是"喜剧、幽默、诙谐",而这也正是当年开创江山成为电视业老大时的战略,例如其当年的王牌节目《罗斯尼》等。在明确了发展方向之后,ABC把改革的触角伸向了电视剧,走出了它的第三步棋。

4. BBC

英国广播公司(British Broadcasting Corporation,BBC),成立于1922年,是英国目前最大的新闻广播机构,也是世界上最大的新闻广播机构之一。BBC虽是一个接受政府财政资助的公营媒体,但它的管理却是由政府之外的监管委员会负责,这些负责人可不是随便选出来的,都是由首相题名,由女王委任的有名望人士。1927年,BBC获得由伊丽莎白一世女王签发的皇家特许状(Royal Charter of Incorporation),由理事会负责公司的运作。特许状并不是任何一个英国公司都能获得的,能有英国君主颁发的特许状都是些名声极高,运作极好的大公司,足以证明BBC在英国的地位。

BBC成立之后都垄断着英国的广播业,直到1955年英国独立电视台Independent Television,简称ITV(英国另一广播电视机构)的介入分走了一部分的收视率。随着时间的推移,尽管有着多家广播电视公司在同期竞争,比如ITV、SKY、Channel 4等,至今为止,BBC在英国乃至世界上的地位依旧不可撼动。

1964年,BBC TWO开播,节目以娱乐为主,类型多式多样。目前Kim Shillinglaw是BBC TWO和BBC FOUR的负责人,她可是个是个大美女哦!BBC TWO上面有英国很受欢迎的美发节目《Hair》,每周一周二晚间10点和周日下午5点播出。这个节目每期都有10个设计师切磋发艺设计,并且相互学习,有不少时尚达人也在关注这个节目呢。还有其他各种好看的娱乐节目都是出自BBC TWO。BBC电视台自20世纪90年代初期开发了BBC World频道,从亚洲和中东地区开始,后来又扩展到非洲地区以及欧洲地区,最终于2001年完成全球覆盖。直至今天,英国境内主要有8个电视频道。以下表格是BBC在英国和全球播放的电视频道。

BBC最早成立电台广播(Radio)的宗旨是为英国大众提供高质量的电台广播服务,直至今天,BBC电台依旧是BBC产品中必不可少的一部分。BBC最早的两个电台是国内服务(Home Service)和全球服务(World Service)。如今,BBC已经拥有10个电台频道,面对不同喜好的听众。

BBC主打的电视和广播电台已经吸引了大量的观众与听众,而在其他多媒体行业,比如新闻业,网络业等,BBC也占据了重要的部分。BBC新闻目前是全球最大的新闻广播机构,新闻的覆盖率也是全球最大之一。而BBC iplayer是全球最大的节目播放平台之一,用户可以自由下载及收听。BBC iplayer同时支持手机、平板观看,可以通过APP下载,随时随地看节目,非常方便。

5. ARD

德国公共广播联盟(Arbeitsgemein-schaft der Offentlich-rechtlichen Rundfunkanstalten in der Bundesrepublik Deu-tschland,ARD)德国各州公共广播电视台的联合组织,建立于1950年8月,既是成员共同利益的代表者,协调和解决涉及节目、法律、技术、管理和经济等有关问题的机构,也是德国第一套全国性电视节目的通称。两德统一后成为全德公共广播电视台的联合组织。ARD负责分配和调整各州广播电视接收费用。德国公共广播电视的经费来源是收听收看费和广告收入。各州广播电视台根据关于接收费用的州际协议处理接收工具登记,委托联合收费中心征收。所收费用除向联邦政府邮电部缴纳设备使用费外,2%作为各州传播行政部门经费,电视收看费的30%拨给电视二台,其余按各州观众比例分配,并对规模过小、经费困难的州给以补贴,并拨款给广播技术研究所和广播资料馆。ARD还负责为第一套电视节目安排各成员组织制作的节目比例。ARD成员包括11座州广播电视台和两座对外广播电台,即德国之声和德意志广播电台,但德国之声和德意志广播电台,但德意志广播电台已从1994年改为对国内广播的公共广播电台。

4.2 传统广电媒体再现生机的案例探索

本章主要运用框架理论,从传播学的角度对典型广电媒体节目的走红进行分析,并借鉴新闻学、管理学和心理学以及其他学科中的知识和理论进行研究。

1. 内容分析

内容分析是媒介内容研究的常用方法,本书通过对典型广电媒体节目的汇集、分类等的比较,从而进行客观、系统、定量的分析研究。

2. 个案分析

在有足够资料的基础上,选择新闻、专题、综艺、影视、广告五个方面的五个广电媒体节目,具体细致且有针对性地对其进行分析,以求找出传播上的共同点,探索传统广电媒体再现生机的策略。

4.2.1 案例分析:2016—2017年典型传统广电媒体节目的构建

1. 案例分析的思路

任何媒体节目,不论传统广电媒体还是其他媒介形式内容的传播,均会经历一个关注度由低到高再逐步回落的过程。

一般地,传统广电媒体的起始传播都是通过制造节目相关话题,引发舆论热点,并通过网络的交互转载引用实现强大的议程设置功能,积累受众的关注度,完成节目第一层次的传播,其目的在于扩大受众的范围,提高节目的收视率;经过第一个传播阶段用户的沉淀和积累,当节目开播,向大众亮相之后,节目组就当前社会热点或大众的普遍心理对节目进行造势,对节目进行深入报道,触动群体情绪,在网络上形成传播,在大众间形成讨论,此时完成了节目第二层次的传播,其目的在于让受众对节目产生强烈的兴趣,保持关注度;当节目播出到一定时候,根据传媒产业的价值生产体系,需要将节目所倡导的核心价值进行转化,形成新的服务模式,转内容为附属的IP资源,通过与诸如文化产业结合产出文创产品等方式,完成节目第三也即最高层次的传播,其目的在于提高受众的参与度,巩固受众的忠诚度。

2. 研究对象的选取

根据中国调研报告网每年发布的《中国电视广播市场现状调研与发展前景预测分析报告》可以发现,传统广播电视节目大致可以分为六大类。

(1)新闻类节目:新闻类节目是指以新闻材料为基础,加工制作而成的电台或电视节目。新闻节目包括现场或预先录制的访问、专家的分析、民意调查结果,偶尔会包含社论内容。

(2)专题类节目。专题类节目是选择现实生活中存在的某类话题或领域,以一定的艺术手法对专题进行真实写照,因其令人信服的真实性和来自生活的特有的艺术魅力,去影响、激励和启迪观众。

(3)综艺类节目。综艺类节目是一种娱乐性的节目形式,通常包含了许多性质的演出,例如,音乐、舞蹈、杂技与搞笑等类型,而且通常只在电视上播出。大部分的综艺节目会邀请现场观众参加录影,但也有现场实况播出的节目。

(4)影视类节目。影视类节目是一种适应电视广播特点、融合舞台和电影艺术的表现方法而形成的艺术样式。一般分为单元剧和连续剧,利用电视技术制作并通过电视网放映。其是随着电视广播事业的诞生而发展起来的。

(5)纪录片节目。其是指纪录型的电视专题报道类节目,是运用电子采录设备和手段,对政治经济文化等新闻题材,做比较系统完整的纪实报道。它运用新闻镜头,客观真实地记录社会生活,客观地反映生活中的真人、真事、真情、真景,着重展现生活原生形态的完整过程,排斥虚构和扮演的新闻性电视节目形态。

(6)广播类节目。广播电视节目是指电视台、广播电台所有播出内容的基本组织形式和播出形式。它是一个按时间段划分、按线性结构传播的方式安排和表现内容、依时间顺序播送内容的多层次系统。

所以本章筛选了涉及以上提到的五种主要类型(新闻类节目除外),时间上为

2016—2017年,类型上最终确定研究对象为:专题类节目《中国诗词大会》、综艺类节目《中国有嘻哈》、影视类节目《人民的名义》、纪录片节目《我在故宫修文物》、广播类节目《晓松奇谈》。

案例1 专题类节目:《中国诗词大会》

《中国诗词大会》是中央电视台科教频道自主研发、国家语言文字工作委员会和共青团中央联合主办的一档大型演播室季播节目。本节目以"赏中华诗词、寻文化基因、品生活之美"为宗旨,邀请全国各个年龄段、各个领域的诗词爱好者共同参与诗词知识比拼。

截至2017年2月7日,CCTV-1综合频道播出的全部10期节目累计收看观众达9.18亿人次;CCTV-10科教频道播出的全部10期节目累计收看观众2.45亿人次。微博提及量4.24万条,CNTV(央视网)二次传播视频点击量为400.2万次,主流视频网站UGC内容点击量超过4318.7万次;微信公号刊发量为3393篇,累计阅读人数达865万人次。

2017年1月29日,一款名为《中国诗词大会为你定制的专属诗词》的H5(网页技术)宣传页面刷爆朋友圈,仅仅是手指点击后随机产生的"定制诗",引发了我们的分享欲望;同时公众号《CBox央视影音》发布文章,《中国诗词大会(第二季)百位达人比赛对抗》通过对嘉宾、主持人和选手的介绍来对节目进行预热。

2017年2月3日,"武亦姝"成为网媒报道的焦点,《人民日报》、新华网、东方网、《扬子晚报》等重点新闻网站从"00后美女学霸""传统文化教育""诗词热"等角度解读这档节目带来的文化现象。相关文章《高颜值,还满腹诗书!被这位00后美少女虐的体无完肤》获得上万次转发,相关数据显示,仅一天内,就有105个公众号对其进行解读传播。新浪微博——复旦附中女生武亦姝走红——话题阅读人数达6600万人。

2017年2月7日,在节目达到高潮的决赛阶段之时,"飞花令"环节又受到了大众的倍加关注,相关公众号产出诸如《中国诗词大会火了,看了这些你也能成为诗词高手》的文章,旨在引发对传统教育及诗词文化的思考与讨论,与此同时,科技类公众号更是借势对市面上的诗词等文化类APP进行对比分析推荐。

从上述的事件概况中我们可以看出,2017年1月29日到2月7日是整个节目播出并通过传播手段宣扬其价值的主要阶段,综合考虑媒体报道滞后性、专题节目持续性和社会舆论的沉淀过程,将研究区间定为1月25日至2月11日,并根据媒体对其报道的重点对该节目的传播过程进行阶段划分。

《中国诗词大会》不同传播阶段报道分布分析,如表4-1所示。

第4章 传统广电媒体的生机

表4-1 《中国诗词大会》不同传播阶段报道分布分析

传播层次	日期	传播主题	媒体报道代表
浅层次	2017年1月29日~2月2日	H5页面	《中国诗词大会为我定制的专属诗词》
		官方预热	《中国诗词大会(第二季)百位达人比赛对抗》(CBox央视影音)
中层次	2017年2月3日~2月6日	董卿	《董卿凭什么能主持中国诗词大会》(全媒体主持)
		武亦姝	《看到武亦姝,才知道有趣的灵魂多重要》(她刊)
			视频《实力圈粉!这个00后美少女满足了我对古代才女的所有幻想》(搜狐视频)
		传统文化	《中国诗词大会如果不火,天理难容》(贾话连篇)
深层次	2017年2月7日~2月11日	诗词-APP	《一款应用带你回味中国诗词大会》(最美应用)
		评委-FM电台	《方笑一,中国诗词大会幕后的男人就是他》(喜马拉雅FM)
		蒙曼-有声书	《没有她,董卿一人也撑不起中国诗词大会》(一条)

1. 网媒传播渠道与数量分析

如图4-1所示,自2017年1月29日至2月9日,网媒、微信公众号和微博正文内容直接提及"诗词大会"这一关键词的博文数量整体呈增长趋势,后期有轻微的回落态势,但在2月9日节目结束之时又回升至顶峰。

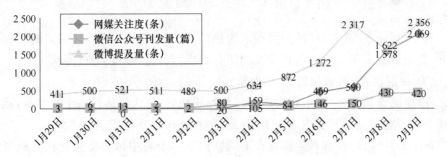

图4-1 2017年《中国诗词大会》网络传播日走量

节目开播之后,新媒体各渠道对该节目及董卿、康震、武亦姝、姜闻页等人,引发了集中的关注、报道和评论;社交平台用户从最初的讨论武亦姝、董卿等,发展为对节目"飞花令"的设置,直到古诗词、传统文化的热议;新闻网站等网络媒体、微信公众号、主流视频网站等各方面数据传播亮眼,节目及频道的影响力有较高的提升。作为 CCTV 传统文化系列节目的一档,《中国诗词大会》第二季聚集了大量人气,网络影响力迅速提升。

网络上对话题的热议也为 CNTV(央视网)带来了流量,第一期点击量超过 33 万次,总决赛视频点击量超过 27 万次;除了 CNTV 上引发观看热潮外,主流视频网站上的短视频同样引发多数人围观。腾讯视频相关内容超过 280 条,累计点击量超过 5000 万次;优酷相关视频 230 余条,点击量超过 103 万次;截至 2 月 9 日搜狐视频相关短视频点击量超过 2 万次;在 B 站(哔哩哔哩)也引发网友热议,回看时弹幕超过 4 万条。

2. 传播内容主题分析

(1)浅层次:开播前设置议程引发关注。

议程设置理论是由马克斯韦尔·麦库姆斯和唐纳德·肖在《议程设置:大众媒介与舆论》(1972 年)一文中正式提出的。

在节目开播之前,央视利用大年初二这一时间节点制造话题引起群众的好奇,从而吸引眼球,其中以《大年初二看什么》《中国诗词大会又开播了!这些题你都会做吗?》为主要代表;同时一款名为《中国诗词大会为你定制的专属诗词》的 H5 宣传页面刷爆朋友圈,仅仅是手指点击后随机产生的"定制诗",引发了我们的分享欲望;与分享之间对节目进行了"病毒式"的自发传播。

(2)中层次:播出时传播标签引发追捧。

《中国诗词大会》播出时,为了继续营造大好形势,节目组致力于制造热点话题,对主持人、嘉宾和参赛选手进行标签化传播,而观众也自然地对其进行二次传播。《中国诗词大会》被标签化为"武亦姝""00 后美女学霸""董卿""传统文化"等关键词。

其中,标题含"武亦姝"的短视频成为热门,仅时长为 5.8 秒的《实力圈粉!这个 00 后美少女满足了我对古代才女的所有幻想》点击量超过 2500 万次。

(3)深层次:播出后制造 IP 产业鼓励参与。

在《中国诗词大会》核心内容取得爆炸性成功后,各大媒体打造个性产品,延伸附属产品产业链,所谓"变内容为 IP 资源,全方位开发,延伸产业链"。

截至 5 月 9 日,在喜马拉雅电台上,共有 50 多个与中国历史文化相关的付费音频课程,而《中国诗词大会》评委中的三位评委——蒙曼、王立群、郦波分别开设了自己售价 199 元的诗词品读课程,仅蒙曼个人的课程《蒙曼品最美唐诗》播放量就达到千万次以上。

3. 小结

作为一档以弘扬中华民族传统文化的诗词节目,《中国诗词大会》在春节假期后突然爆红,成为2017年第一个由中央电视台打造的爆款节目,得到社会的普遍认可,人们从中再次领略到传统文化之美、诗词歌赋之美,认识到传统文化精华足以如此打动人心,给予心灵启迪和精神享受。这样一档节目能够成为新爆款,正是顺应了时代的趋势,也能给予传统广电媒体很多启发。

(1) 文化类综艺节目正在发力崛起。

《朗读者》《中国成语大会》等一批以文化为主题的节目使得文化类节目终于形成了爆发式的影响,随着国家推动"全面复兴传统文化"力度的加强,2017年电视媒体上文化类节目崛起可期。《中国诗词大会》的爆红,印证了一个道理:民族的、传统的、主旋律的节目内容大有可为。

(2) 中国电视节目内容将实现审美回归。

《中国诗词大会》实现爆红,以武亦姝为代表的"素人"形象气质清新、优雅开朗,举止表现从容淡定、真实亲切,不以哗众取宠的"折腾明星"为卖点,不以"网络审丑"的场外话题推动关注。网络对他们的热议和关注,表明中国电视观众和网民正在实现审美回归。

(3) 原创模式将进入爆款频出时代。

中国电视创新已经进入了一个深水区,爆款节目打造只靠引进模式的阶段已经过去。其在内容的选择上定要切合社会关注的话题,响应人们内心的呼唤,同时需要一个优秀的制作团队,一种卓越的表现形式,以及一大群真实鲜活、才华横溢的人物,才能激活观众、调动观众、愉悦观众,让观众发自内心的自发传播、互动和讨论。《中国诗词大会》的爆红向我们证明,优秀的原创模式+时代主题+群体出彩人物+核心引爆点+新媒体的融合传播必将等于一个爆款产品。

案例2 综艺类节目:《中国有嘻哈》

《中国有嘻哈》是由爱奇艺自制的音乐选秀节目,由爱奇艺高级副总裁陈伟担任总制片人,爱奇艺上海制作中心总经理、《蒙面歌王》总导演车澈联手制作。2017年5月2日,在北京举行发布会,吴亦凡、张震岳、Mc Hotdog和潘玮柏以明星制作人身份集体亮相并确定加盟《中国有嘻哈》。这是爱奇艺推出的中国地区首档Hip-hop音乐选秀节目,并于2017年6月24日开始在爱奇艺独家播出。2017年9月9日,《中国有嘻哈》正式收官,GAI与PG One并列双冠军,艾福杰尼拿下季军,VAVA则为第四名。

《中国有嘻哈》成为今夏最火爆的综艺节目,虽然只是一档网络综艺节目,但是它的影响范围非常大。

2017年6月24日,《中国有嘻哈》首次上线时,播出四小时收视量过亿人,第二期播出后热度也是不断高涨,收视量再次过亿人,超过12个相关关键词陆续登上热搜总榜,并有9个关键词同时在榜。

2017年7月29日,《中国有嘻哈》第六期只上线10分钟,节目的播放总量突破10亿次,并连续多次荣登艺恩、骨朵、VLINKAGE等权威网络综艺排行榜榜首,关注度持续攀升。

2017年8月5日,《中国有嘻哈》第七期上线以来,播放量已经达到2.5亿次,这是一期节目的播放量。而节目平均每一期的播放量近2亿次,最近五期平均播放量超过了2亿次。

截至2017年8月14日,AdMaster SEI节目赞助效果指数数据显示,《中国有嘻哈》热度随着赛制升级,人气不断攀升。节目表现指数远超网络综艺节目行业均值的38.9,最高达到81.5,直逼电视综艺均值的84.3。

截至2017年8月22日,《中国有嘻哈》9期总播放量超过15亿次,微博专属话题阅读量高达32.6亿次,讨论量达1073.7万次。社交数据显示,在新浪微博讨论的人群71%是女性,"迷妹军团"力量强大。

数据还显示,广东是对嘻哈文化最为钟意的省份,在社交平台讨论量高居榜首,"铁粉"都是靓仔靓女。另外北京、江苏、浙江等人口密集省份,嘻哈之火也很热辣。

同时,《中国有嘻哈》在口碑方面也有不俗的表现,节目凭借"我觉得OK""有没有Freestyle"流行语,以及明星制作人、参赛Rapper、歌曲等热点话题横扫微博话题榜。

《中国有嘻哈》最初能被受众关注,在很大程度上是因为明星效应。制作人吴亦凡和潘玮柏都具有庞大的粉丝群,Mc Hotdog也堪称饶舌界的"老炮儿"。节目第一期播出后,制作人吴亦凡凭借一句"你有Freestyle吗"迅速登上微博热搜,相关表情包、段子、搞笑视频让嘻哈之火快速燎原。AdMaster数据显示,第二期节目播放量和讨论量均达最高,想必不少观众是对吴亦凡的"Freestyle"慕名而来。每期节目播出之后,都会在新浪微博上引发一波热议。选手、制作人、赛制等节目相关词条轮流霸占微博热门话题。

AdMaster社交数据显示,人气最高的选手是此次节目的大惊喜华人说唱第一人——欧阳靖,实力与外表兼具的超人气选手PG One和TT分获第二、第三名。与PG One组成"百万"CP的部队男模BrAnT.B小白和真性情大哥GAI爷也人气不凡,上榜讨论量热度TOP5。

热搜专业户PG One从海选一亮相就备受关注,未参赛前他已加入实力厂牌"红花会",在圈内小有名气。加入吴亦凡战队后,更是成了微博热搜"钉子户"。跟随吴亦凡参与了麦当劳的广告拍摄后,为品牌带来了可观的迷妹效应;你的男孩TT态度积极、正能量,人气飙升已然成为"大家的男孩"。个性的一头脏辫也引发了粉丝热议,AdMaster社交数据显示"头发""梳子"都成了TT的关键词;被GAI爷盖章"中国第一女Rapper"的VAVA作为六强唯一的女选手,实力不凡,节目还未结束已吸引不少品牌关注。作为"你的女神"VAVA,她形象阳光健康,备受运动和电商品牌主宠爱。

截至2017年9月21日,《中国有嘻哈》微博数据报告中,热搜上榜超461次,搜索热度近20亿次,类似的关键词有"欧阳靖""吴亦凡哭了""GAI大笑""PGONE""红花会"等,其中在榜时间最长的热搜词"中国有嘻哈冠军"在节目播出期间每周霸屏微博搜索页。

微博短视频播放量超80个亿,嘻哈短视频每周霸屏微博,微博实时榜的网络综艺榜第一名。并且"中国有嘻哈"主话题阅读量破70亿次,相关子话题阅读量超30个,子话题阅读量超25亿次。从微博数据上来看,"Freestyle"地下嘻哈文化的专属名词一夜之间火爆微博,提及数超5000万次,搜索数高达3000万次,"battle""flow""diss"等专业名词,随着《嘻哈小课堂》进入微博用户视野,提及数共计近1亿次。《中国有嘻哈》使嘻哈文化走向大众,而微博使嘻哈在音乐市场及主流媒体里得到了受众更多的关注。

2017年7月1日起,《中国有嘻哈》开启投票助力败部选手复活,截至2017年9月8日12:00,全网投票达62654841票,其中微博投票渠道占比10%,平均每日登录微博投票专区用户超37万人,最高一日登录微博投票专区用户达55万人,最高一日投票数超12万票。微博全程战略合作,致力打造线上线下一站式用户体验。短视频博文量超1200万篇,短视频互动量超8000万次,短视频播放量超80亿次,其中最热门短视频《freestyle抢麦合集》播放量11.9亿次,7.8亿观看人数。收官一周,嘻哈四强通过微博故事寻宝特辑轮番上阵,粉丝通过微博故事参与官微互动问答,@红花会PG_One最快,30分钟突破5000条评论。

吴亦凡作为麦当劳和小米手机的代言人,这两个品牌也随之赞助《中国有嘻哈》。AdMaster SEI节目赞助效果指数数据显示,这两个品牌作为赞助商获得的网络声量极高,参与指数表现突出,均超过所在行业网综类均值的10倍以上。麦当劳凭借节目中的食物植入,以及与人气选手拍摄的多个创意广告,SEI总体得分109.8,大幅领先所属行业70.6的均值。

小米手机作为最后进驻的品牌,第六期节目才开始赞助。但是品牌赞助参与指数远超所属行业均值,SEI总得分98.7,超过所属行业53.5的均值近一倍,取得不菲的成绩。

作为节目的独家冠名赞助商,农夫山泉可谓是"押对了宝"。除了花式口播,购买农夫山泉维他命(即维生素)水还能为喜欢的选手投票,帮助已淘汰的选手复活。与赛制直接关联的赞助形式让农夫山泉销量可观,获得了高于所属市场平均水平的品牌收益。

《中国有嘻哈》作为网络综艺,在爱奇艺平台独家制作播出,每星期六的晚上8点推出最新一集。AdMaster SSP(同源样本库)数据显示,以七月的上海家庭环境为例,观看《中国有嘻哈》的设备触达高峰日主要集中在星期六、日,意味着大部分人都选择在周末追节目。同时,数据显示,观看节目的高峰时段为 11:00 到 17:00。可见下午是大家的"嘻哈时光"。

AdMaster SSP 基于家庭路由器,采集消费者在家庭环境下使用 PC 端、移动端、智能电视端等设备进行的网络接触行为数据,结合 AdMaster 广告监测数据,真实还原消费者全流程媒体行为。目前 AdMaster 同源样本库已重点覆盖了全国近百个城市,20 万户家庭。

从上述的事件概况中可以看出,2017 年 6 月 24 日到 9 月 9 日是整个节目播出并通过传播手段宣扬其价值的主要阶段,以下分析将研究区间定位 6 月 24 日至 9 月 9 日,并根据媒体对其报道的重点对该节目的传播过程进行阶段划分。

《中国有嘻哈》不同传播阶段报道分布分析,如表 4-2 所示。

表 4-2 《中国有嘻哈》不同传播阶段报道分布分析

传播层次	日期	传播主题	媒体报道代表
浅层次	2017 年 5 月 2 日~6 月 24 日	开机发布会	《爱奇艺》邀请明星制作人潘玮柏、吴亦凡、张震岳、Mc Hotdog
		吴亦凡	"你有 Freestyle 吗?"(通过话题引爆社交媒体)
中层次	2017 年 6 月 25 日~8 月 19 日	欧阳靖	《中国有嘻哈 欧阳靖被淘汰是否有黑幕 hiphopman 嘻哈侠是谁退赛原因》(人民网)
		PG One	《PG One 爆红!女队员曝暧举狂圈百万粉》(中国经济网)
			视频《爱奇艺尖叫之夜演唱会 PG One 万磁王》(爱奇艺)
		你的男孩 TT	视频《专访嘻哈男孩 TizzyT:我其实很传统,碰到喜欢的女孩会害羞》(橘子娱乐)
深层次	2017 年 8 月 20 日~9 月 9 日	H5	《维他命水 STYLE,随时随地有嘻哈》(农夫山泉)
		音乐短视频 APP	《中国有嘻哈 battle 大赛》(抖音)
		MV-欧阳靖、你的男孩 TT	《无束缚》(支付宝)

1. 网媒传播渠道与数量分析

如图4-2所示,自2017年6月24日至9月9日,新闻头条、百度搜索和微博搜索内容直接提及"中国有嘻哈"这一关键词的数量有所增长,在8月30日升至顶峰。

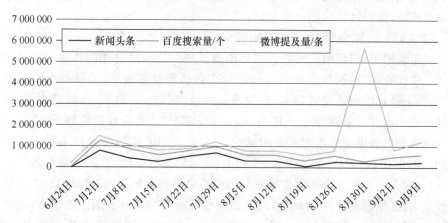

图4-2　2017年《中国有嘻哈》网络传播日走量

节目自2017年6月24日开播以来话题不断,在微博与爱奇艺双平台的推广之下,热搜关键词也层出不穷。从明星制作人到嘻哈选手,各话题几乎每周连上微博榜单。根据爱奇艺网站页面显示,截至2017年7月17日,《中国有嘻哈》4期正片累计播放量达到7.1亿次。截至8月22日,《中国有嘻哈》9期总播放量超过15亿次,微博专属话题阅读量高达32.6亿次,讨论量达1073.7万次。

2. 网媒传播内容主题分析

(1) 浅层次:开播前邀请明星制作人引发受众关注。

2017年5月2日,《中国有嘻哈》举行了开机发布会,明星制作人潘玮柏、吴亦凡、张震岳和Mc Hotdog如约亮相。当时,《中国有嘻哈》也没有冠名,只有某酒类品牌一个赞助商,IP衍生品也只确定了基本道具的合作。传播是爆炸性的。第一集在首播的4小时内播放量就已破亿次,明星制作人吴亦凡的一句"你有Freestyle(即兴说唱)吗?"登上了微博热搜。事实上,得益于吴亦凡全民皆知的"Freestyle",节目在上线第一期就获得了巨大的热度,连"红花会"、你的男孩TT以及在节目中蒙面出现的欧阳靖等原本仅在圈内有知名度的Rapper(说唱艺人)也跟着上了微博热搜。

(2) 中层次:播出时传播标签引发追捧。

随着节目的热度不断发酵,越来越多人开始关注嘻哈选手们。与主流的歌手相比,嘻哈歌手歌词更犀利直接,Keep Real 是他们的态度,甚至勇于直面反讽某种现象。别具一格的个性让不少观众转粉,为他们疯狂打Call。其中欧阳靖、PG One、你的男孩TT受到广大观众的一致追捧,通过微博短视频以及微博故事等平台,爱奇艺和新浪微博在《中国有嘻哈》这档超级网络综艺上除了内容上的深度互动,更是进行了双平台投票的产品打通,真正实现了基于用户体验的一站式互动合作,满足双平台用户对于网络综艺内容的全新体验。《中国有嘻哈》节目使嘻哈文化走向大众,而微博使嘻哈在音乐市场及主流媒体里得到更多关注,通过平台精准的垂直传播,使得网络综艺一路走红。

(3) 深层次:播出后 IP 产业鼓励参与。

爱奇艺的 IP 授权模式在广告之外创造了更多的跨界合作的机会。2017 年 8 月初,《中国有嘻哈》授权合作的商品已经在包括爱奇艺商城、天猫等主流电商平台,及线下品牌店面等渠道售卖,品类覆盖服饰、配饰、3C 数码、食品酒水等,开发超过 200 个库存量单位(Stock Keeping Unit,SKU)。在这样的趋势下,它的独家冠名商农夫山泉维他命水怎能放过这个 IP。农夫山泉维他命水推出了一个嘻哈风 H5(网页技术)——"维他命水 STYLE,随时随地有嘻哈"。同样是在包装上做文章,为农夫山泉维他命水制作了不同的嘻哈风格拟人形象,你可以选择自己想要的形象,自己填词进行 Freestyle,但是必须要有一句"拼命,不如拼维他命,注意随时随地摄取好维生素"就对了。除了农夫山泉,官方音乐短视频 APP 抖音也一样,抖音和《中国有嘻哈》的风格匹配度相当高,嘻哈音乐本就是抖音上的一大流派,不少用户都是嘻哈音乐的粉丝。所以,这个 IP 绝对要用。最近,节目里的人气选手在陆续入驻抖音,这让抖音短时间内吸粉无数,同时,抖音还推出了"中国有嘻哈 battle 赛"的活动。农夫山泉、抖音这些品牌借着《中国有嘻哈》这个 IP 吸引到了大量关注《中国有嘻哈》的年轻人,同时,《中国有嘻哈》也借着这些品牌的大面积传播增加了自己的关注度,让许多即使没有看过《中国有嘻哈》的人也知道了这个节目。同样,支付宝请来了《中国有嘻哈》选手欧阳靖和你的男孩 TT 联手打造的支付宝最新 MV——《无束缚》。欧阳靖可以说是《中国有嘻哈》中最火的一位选手了,在嘻哈圈内应该是无人不知,他被称为华人说唱歌手中的战神,2002 年在美国黑人娱乐电视台击败了连续六个星期夺得冠军的 Hassan,之后他又连续 7 个星期获得"Freestyle Friday"环节的冠军,还给《速度与激情》唱过配曲。这次《中国有嘻哈》请到欧阳靖也算是赚足了话题和眼球。支付宝用 Freestyle 的形式其实和它一直在强调的支付宝带给人们的便捷、轻松的形象相符,Freestyle 不想被束缚,也不要被自己的钱包所束缚。

3. 小结

作为一档爱奇艺自制网络综艺节目,《中国有嘻哈》成为 2017 年夏天最火的综艺节目。这档以大型嘻哈(HipHop)选秀为故事主线和背景的真人秀剧集,截至第 8 期(共 12 期),已取得 16.2 亿次的播放量;豆瓣评分 7.1 分,是同时期综艺类节目中的最高分;微博话题 27.4 亿次的阅读量、984.2 万次的讨论量,连续 17 天高居微博网络综艺节目实时榜榜首。

(1) 自制内容成为视频平台的新争夺点。

目前中国视频平台市场呈现"3+1"的格局,即爱奇艺、腾讯视频、优酷和芒果TV。自制网络综艺是视频平台竞争命脉之一。2017年夏季,爱奇艺《中国有嘻哈》、腾讯视频《明日之子》、芒果 TV 和优酷双平台播出的《快乐男声》接连亮相。《中国有嘻哈》无疑是其中的黑马。

(2) 嘻哈文化逐渐映入大众眼球。

中国嘻哈音乐具有从小众走向大众的潜力。2016 年开始,中国的嘻哈音乐陆续走出地下,中国最大规模的新音乐独立唱片公司摩登天空在 2016 年成立了嘻哈厂牌 MDSK,全国范围内厂牌超过 33 家。嘻哈文化早已席卷全球,但中国几乎没有主流嘻哈明星,嘻哈音乐只能作为选秀节目中的作料,而嘻哈音乐却是美国和韩国音乐榜单上的常客。中国的嘻哈音乐处在即将爆发的前夜,所以爱奇艺开创中国选秀的先河,把嘻哈文化抬到如此的高度,进入了全民视野。

(3) "IP+新零售"组合成为新的趋势。

对于爱奇艺来说,超级网络综艺《中国有嘻哈》发源于爱奇艺苹果树商业模型。这个模型在 2015 年 11 月由龚宇提出,是指实现同一内容 IP 下的多种商业模式,包括广告、会员、电影、动漫、游戏、电商等衍生生态链。基于这档超级网络综艺,爱奇艺进行了包括广告、付费会员、IP 衍生品、艺人经纪、直播、线下巡演等一系列内容货币化尝试。P 衍生品事业部成立不到四个月,《中国有嘻哈》是他们面临的第一场大型战役。2016 年年底,IP 衍生品事业部成立,爱奇艺的衍生品从自产自销转变为"保底+分成"的授权模式。IP 授权模式能在有限的广告位外,创造更多跨界合作的机会。

案例3 影视类节目:《人民的名义》

《人民的名义》是由李路执导、周梅森编剧的检察反腐电视剧。该剧以检察官侯亮平的调查行动为叙事主线,讲述了当代检察官维护公平正义和法制统一、查办贪腐案件的故事,于 2017 年 3 月 28 日在湖南卫视"金鹰独播剧场"播出。

相关数据显示,该剧播出第一集后,就收获了全国网 2.41% 的收视率、占市场份额 7.37%,均列同时段第一,播出一周后,豆瓣网评分依然高达 9 分以上。截至 4 月 20 日,CSM52 城市日收视最高达 5.465%,占 16.97% 的市场份额。不仅如此,全网量点击量也于 4 月 17 日突破百亿次。根据新榜采集库的数据显示,从《人民的名义》开播至今日(4 月 22 日),有 72616 篇文章涉及"人民的名义",其中包含 528 篇点击量超过十万次的爆文。其中芒果 TV、搜狐视频、腾讯视频、优酷视频和爱奇艺的综合播放量达到 1.15 亿次,微博话题"人民的名义"阅读量达 1.8 亿次。

2016 年 6 月,一张被热议的有隐喻性质的海报进入大众视野,海报尽力贴近新时代特征,把脉观众新时期的审美脉流,将厚重、敏锐题材在影像、表述上做了深入浅出的处理。倒计时的海报文案的制作也很认真,数字、成语与影视剧内容的结合,恰当又到位。"十恶不赦的是罪犯还是贪官""缉拿八面玲珑的滑头,如何做""七擒七纵的是诸葛亮还是侯亮平""斩断六根不净的邪念吧"等内容引起受众强烈的好奇心。使得话题、互动、舆论先行。

2017年3月17日湖南卫视网站芒果台"湖南卫视芒果捞"在新浪微博发布了《人民的名义》概念和阵容宣传片。由知名编剧周梅森编导,李路执导,张丰毅、陆毅、吴刚、张志坚、许亚军、柯蓝等领衔主演,特别是这些老戏骨的飙演技,奠定了这部剧的可观看性。

与此同时,著名演员陆毅转发了此条微博。距当时统计这条微博累计转发达25 000多次。这部电视剧节奏紧凑、故事情节一环扣一环,给人设置了很多疑惑,能激发起很多话题,从而引起大家的讨论话题。最近当你打开各种自媒体的时候都是各种讨论此剧的内容。通过观众感兴趣的内容,设置成一系列的互动步骤,通过持续沟通来增强互动性和黏性。《人民的名义》微博话题阅读量高达12亿次,并且多次揭起热门话题。从开播的侯勇首次完美演绎反面角色和号称全国排名前三的点钞人员令人惊艳的点钞手法,到该剧近40位老戏骨精彩演绎酬劳却不敌一个"小鲜肉",再到湖南卫视三次现场考察后以2.2亿元买断独家播出……抛出的热点话题没有最多,只有更多。

通过电视频道以及微博的传播,这部电视剧掀起了不同年龄段观众的追剧热情。这部剧刚开始的时候,获得了官方媒体的推荐报道。2017年3月30日和31日,《人民日报》微信公号发文《史上尺度最大的反腐剧开播,第一个案子你一定不陌生》文章总传播量达444篇,被网易、凤凰网、中青网、一点资讯等在内的197家媒体转载。

2017年4月8日,一条"测测你是人民的名义中的谁"的H5(网页技术)火爆朋友圈,这样一种富有新意的传播方式在一定程度上也造成诸多90后以及00后人群对本剧有较强的关注,可谓是老少通吃。如果这部剧只通过电视频道传播,严谨刻板的政治形象和色彩势必会降低话题性、传播性。

2017年4月10日,一组"别低头,GDP会掉"的达康书记表情包再次火爆朋友圈和微博,与此同时,剧中的孙连城、祁同伟等人物由于自身角色清晰的人格标签,也屡上话题榜。朋友圈以及微博中,以李达康为代表的汉东男子天团的各种周边花絮刷屏朋友圈,据相关微信公众号数据显示,截至2017年4月28日,有8451篇微信文章提到《人民的名义》,其中包含55篇"10万+爆文"。通过微信公众号,《人民的名义》占领了微信流量大入口。

从上述事件概况中我们可以看出,2017年3月28日到4月28日是整个节目播出并通过传播手段宣扬公平公正、优良党风政风,国富民强的主要阶段。并且市面上之前没有类似题材的影视剧走红,并且传播方式也呈现出了全新的状态,对这部严肃的政治题材作品,年轻的观众用"表情包""鬼畜视频""CP"等个性化表达方式来进行解构,甚至对传播内容重新编码,这种二次元的再度创作,在社会中形成了一股正能量的传播热情。

表 4-3 所示为《人民的名义》不同传播阶段报道分布分析。

表 4-3 《人民的名义》不同传播阶段报道分布分析

传播层次	日期	传播主题	媒体报道代表
浅层次	2016 年 6 月～2017 年 3 月 27 日	官方海报	《人民的名义》
中层次	2017 年 3 月 28 日～4 月 6 日	陆毅	《陆毅终于挑对剧本,演了部大尺度的国产良心剧》(电影迷)
		李达康	《别低头,GDP 会掉!》(表情包)
			视频《危险的李达康》(特派电影)
		祁同伟	《那惊天一跪之后,热血青年祁同伟已经死了》(搜狐网)
深层次	2017 年 4 月 7 日～4 月 28 日	H5	《测测你是人民的名义中的谁》
		车窗贴膜	《达康书记的车窗贴膜太逼真,半夜看到会吓一跳》

1. 网媒传播渠道与数量分析

如图 4-3 所示,自 2017 年 3 月 28 日起至 4 月 28 日,网媒、微博搜索直提"人民的名义"这一关键词的博文数量呈增长趋势,在 4 月 28 日电视剧播放后期有轻微的回落态势。《人民的名义》播出一周后,网络关注度也开始急速走高,且一直居高不下,在戏里戏外,侯亮平与李达康最受关注与讨论。"达康书记不要低头,GDP 会掉"等各种表情包,走红整个网络。

第一男主角侯亮平,作为男主角是剧情展开的线索,他与剧中各类人物过招引人关注,而他自己被人诬陷也成为观众热议话题,最为精彩的还是他和祁同伟对峙的戏份,也是备受关注。"后起之秀"祁同伟在整部剧前期是个讨人厌的存在,其获得的热度也是与李达康、侯亮平相当,但是在剧末祁同伟在孤鹰岭自杀引人热议、发人深思。他曾是英雄,如今却被围剿,他曾胸怀鸿鹄志如今却苟且于官场,祁同伟这个人物在整部剧快要结束之前引爆了人们关于"阶级""奋斗"的热议。被网友戏称为"最佳床戏"的陈海,因为第五集之后便由于车祸成了植物人,网友调侃"导演说全是床戏,我二话没说就接了"。"最拉进度条"郑胜利,作为配角的郑胜利在剧中一出现观众便直呼要快进,其获得称号"郑快进",他的热度一直很低,有点波峰也不是因为剧情导致,而是该角色扮演者与网友在微博上"互撕"才引起了一定的讨论和热度。

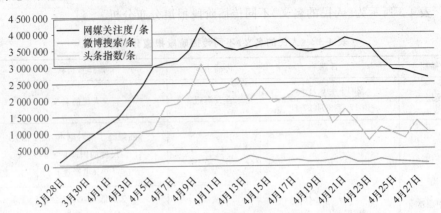

图4-3　2017年《人民的名义》网络传播日走量

全民观剧的热情,不仅表现在电视剧的播放量上,更表现在追剧的日常上。据统计,《人民的名义》网络观剧中,有90%的用户使用的是手机、Pad等移动设备观看,仅10%的用户使用的计算机观看。从一天24小时的观剧点播量上看,有29%的人会等着网络视频更新的第一时间追剧,晚上0点过后成为一天中点播量最高的时间段;此外,在每天早上和午后睡醒的时间,也成为一天的观看小高峰,可见观众们不仅通宵达旦,而且会利用一切舒适的时间来追剧。

这次《人民的名义》之所以被称为神剧,除了超高的播放量以外,还因为它吸引了"上至80岁,下到18岁"的观众粉,从观众人群分布上来看,该剧的主力粉一反电视剧主流人群,《人民的名义》网络观众中播放量最大的是男性,本科及以上学历者过半,其中有21.5%的观众是公务员。

2. 传播内容主题分析

(1) 浅层次:开播前话题引起。

公众对于中央电视台与地方电视台存在矛盾具有浓厚的兴趣,湖南卫视抓住这一兴趣点,首先抛出《人民的名义》为何没有在央视播出这一话题,引起话题之后,湖南电视台迅速做了解答,归咎于尺度问题不好控制。而尺度问题,又一直是公众关注的重点。这一系列的话题都是有计划的开展,开始吸引公众的关注,其目的明确,为《人民的名义》吸引足够多的初始用户。

(2) 中层次:借用微博、微信吸引关注度

湖南卫视首播电视剧《人民的名义》第一集,单集刚刚首播完,酷云数据和欢网数据就创下湖南卫视开播剧最高纪录,而同时段的2018年世预赛亚洲区12强赛实时收视率为1.4519%,《人民的民义》高于其两倍之多,湖南卫视抓住机会,制造"人民

的名义播放量大于伊朗对中国"的话题,利用这样良好的数据将民众对于国足的关注度转移到《人民的名义》上来,将第一集的良好数据转化为传播资本,继续扩大其关注人群与关注度。在《人民的名义》开播中间,湖南卫视发表文章,说明小鲜肉和剧组片酬的对比。剧组利用新闻,多次进行诉苦,说明剧组资金有限,仍尽力为大众提供优秀作品。导演在新闻中谈到"这部戏的卖点不是"鲜肉",我请不起"鲜肉",也不需要请"鲜肉"。如果是偶像剧,那就一定要请,或者咱打造一个"鲜肉",现在不需要。不一定非得好多钱,才能拍出一部好剧。"该新闻被多个非常具有影响力的公众号转载,其中包括了"人民日报""视觉志"等高关注度的公众号,相关文章阅读量都已超十万次。在微博上也引起广泛关注。该剧开播时间不长,初始的用户群体与核心用户群体对于演员的实力非常看重,因此能够与"小鲜肉"的粉丝群体区别开来,湖南卫视通过挑起片酬的争端,使得该剧的关注度在争端中不断攀升。

(3) 深层次:制造网络 IP。

电视剧的热度会不断消退,如何能够实现生命周期的延长,湖南卫视的营销故事书写了非常精彩的一章,通过创造 IP,将该剧的生命力与关注度不断延长。

营销团队利用大众对于该剧的关注,制造达康书记的表情包以及相关的 IP。IP 出来之后,相关周边产品自发地利用 IP 进行营销,更加速了传播速度。与以往反腐剧观众主要被中老年人"承包"不同,这部电视剧吸引了众多"90 后""00 后"观众的关注。中学教师李女士说:"清明小长假时,14 岁的女儿霸着遥控器看《人民的名义》,说很好看。为此,全家人都跟着一起看。"在微信平台上,随着该剧的热播和剧情的展开,侯勇、吴刚等一批"老戏骨"因剧中的精湛演技人气高涨。尤其是吴刚扮演的"达康书记",在社交网站上已有了一系列的"表情包",网友以这种方式表达对演员和角色的喜爱。随着首播走红,该剧演员阵容也有了一个霸气的名字——"戏骨天团"。

广大网民对于该剧的喜爱也加速了 IP 的传播。好的内容加上有效的新媒体营销手段,能够创造出 1+1>2 的效果。在剧集播放的后期,为了延续高关注度,剧组又制造了剧集泄露报警的新闻。不断地通过新闻手法抓住公众的眼球。电视剧《人民的名义》从开播伊始就备受关注,这两天却遭遇了全集泄露事件。该剧的全部 55 集高清视频等非法资源在互联网被下载、传播,此外,还有不少所谓投机的商家,公然在电商平台对该资源进行非法售卖。对此,湖南卫视官方微博、"人民的名义"官微发布声明称,片方已向公安部门报案,要求网络平台严格审核上传内容,对该剧的非法传播、盗卖进行阻断和清除,保护著作人合法权益,并且呼吁公众共同抵制盗播、盗版的违法犯罪行为。借被盗版下载的契机,湖南卫视又一次借用话题引起了公众的持续关注。

3. 小结

仅论产出的视频内容,《人民的名义》足以值得称赞。但在当前媒体融合的大趋势下,这或许还不够。如同"酒香也怕巷子深",如果没有对于传播营销策略的规划,恐怕接收到内容的受众数量将是微乎其微的。而新媒体,正是在这一营销传播过程中起到了不可替代的作用。

互联网和移动网络的出现,使得传统媒体失去了"独此一家"的地位。传播渠道不再局限于纸媒、电视广播等传统传播媒介。内容的发布传播也不再仅依赖于专业记者,博客、微博、公众号都成为广大网民的信息发布平台,受众变成"授众"。此时,媒体的价值体现在能够准确挖掘用户当前所处状态及对于相关话题讨论的欲望,从而借势造话题,让受众之间形成良好的自传播氛围,从而达到"病毒式"的传播效果。

我们有理由相信,好的内容只要紧跟时代潮流,利用好新媒体时代的新媒体传播手法,借势造势,在自身实力过硬的情况下,必然能够良币驱逐劣币,让好作品更多地展现在公众眼前。

(1) 反腐题材电视剧进入大众视野。

该剧内容不仅真实,而且细节很能吸引人和打动人,得到了观众认可。该剧不仅忠于事实,而且忠于艺术和观众,做到了艺术与生活之间的完美结合。另外,尺度有所突破。电视剧不同于纪录片,不可能照搬新闻事件,必须源于生活而高于生活。作为反腐题材的《人民的名义》,如果循规蹈矩,对敏感问题浅尝辄止,恐怕会令观众失望。而且,该剧特别关注语言风格、讲究语言技巧,剧中人物的生活化表达,拉近了与年轻观众之间的距离。

(2) 社交媒体、自媒体传播速度快。

《人民的名义》依赖社交媒体、自媒体自发传播,因此可以说,《人民的名义》的口碑传播功不可没,在这一过程中,播出平台、新闻媒体、自媒体、用户等都在扮演推销员的重要角色。尤其是在当前诸多电影类垂直自媒体积累了大量粉丝,擅长对当前各种电视剧、影视作品拍摄手法以及内容槽点、明星演技等各方面的点评与解构,他们充当了一个个二次传播的结点,起到了内行人的作用,而粉丝在这种环境熏陶下,对一部片子质量的好坏都有一定的判断。当前互联网时代,质量上乘的片子就有机会在口碑的发酵传播下迅速走红。

(3) 利用平台,打造"霸道渠道"的传播。

新媒体发展中,有人说"内容是王道,渠道是霸道",好作品也要有好平台。《人民的名义》在湖南卫视首播,可谓"开播即火"。据有关方面披露,《人民的名义》于2016年6月1日在北京杀青,进入紧张的后期制作阶段。对于制片方而言,最重要的事是需要找到一个敢于吃螃蟹的平台。当时有四五家电视台都去现场探过班,但是只有湖南卫视非常重视,最先做出反应,决定买断。湖南卫视是中国电视创新探索的排头兵,一直以其独有的风格和优势,在全国观众特别是年轻观众中有着强大的影响力。同时,湖南卫视经济实力强大,运营经验丰富,可以最大限度地挖掘该剧的市场价值。

案例4 纪录片节目:《我在故宫修文物》

纪录片尤其是我国的纪录片在国内乃至国际市场的表现一直欠佳,一直以来都是电影市场的冷门类型影片,大部分国产纪录片在电影院都乏人问津,无法摆脱"小圈好口碑、大型影节拿奖、大荧幕遇冷"的命运。随着2011年被学界称为中国纪录片元年的推动下,纪录片作为守望者的使命开始复苏,越来越展示出其守望社会的价值,犹如这个社会和时代的抛物线,折射出不一样的社会背景和时代变迁。近年来,我国鲜有像《舌尖上的中国》一样叫好又叫座的纪录片。然而,2016年一部叫《我在故宫修文物》的纪录片横空出世,席卷了大家的朋友圈,不仅在全网受到了关注,还一时成为新闻与传播学界与业界研究的热点。

《我在故宫修文物》以展示传统文化和修复技艺为依托,以高雅选题和平实视角为出发点,为受众送上了一次与众不同的故宫之旅,其于央视纪录频道《特别呈现》栏目播出后,并未受到广泛关注,但在随后的网络传播中却受到了一致好评。豆瓣纪录片评分中《我在故宫修文物》得分高达9.4分,超过《舌尖上的中国》第一季的9.3分和第二季的8.4分,在国内知名的某弹幕视频网站的点击总量超过78万次,在视频网站爱奇艺的总播放量超过332万次,在微博、微信等社交平台的话题热度持续不减。

《我在故宫修文物》是一部以古老文物修复的形态呈现的纪录片,其成功因素在于新时代下迎合了受众的审美取向与共鸣,还使用了叙事白描的创作手法充斥着人情味,并在传播途径的多样化等多种因素的助推下迅速走红。

纪录片作为人类社会的布道者和守望者,所承载的丰富的历史文化内涵及其在历史长河不可磨灭的独特价值迎合了受众的审美取向。用手工修复文物不同于现在工业社会和机械复制的时代现状,这种另类的技艺满足了社会上大众对匠人精神、工匠技艺的审美取向。

创作内容:传统文化与修复技艺的传承传播,纪录片作为真实可信的代名词,一直以来受到观众的信任与喜爱。《我在故宫修文物》以故宫文物修复纪录片的形态出现,不仅展示了中华民族源远流长的历史文化,更体现了文物修复师们的"工匠精神",为更好传播中国文化,传承文化价值,展示中华民族的悠久历史提供了良好的借鉴。

1. 高超修复技艺的传承与发展

纪录片以故宫珍稀文物作为切入点,讲述了故宫文物修复与修复师的故事。故宫修复师们高超修复技艺使受众印象深刻,他们有些人是进入故宫工作30多年的老师傅,将自己师傅的高超的修复技艺传承下来;有的是毕业于国内知名大学相关专业的"80后"毕业生,运用自己学习的现代技术与师傅们的传统技艺相结合。这两类人结成传统的师徒关系,如片中的师徒王津与亓元昊、王有亮与高飞等,他们将文物修复技艺传承和发展开来。在第一集中,陶瓷组的王五胜修复残损严重的三彩马时,充分遵循修旧如旧的原则,恰当地运用艺术夸张的手法,充分发挥想象力,还原了三彩马的风貌。在修复的过程中,因为马尾巴的造型不能确定,王五胜参考了同时期其他三彩马的造型,在不进行创造性修复的基础上做到修旧如旧。在第二集的织绣类的修复中,修复师陈杨为了修复"出门见喜春条",使用了烦琐耗时的缂丝工艺。缂丝工艺是一项古老的织绣工艺,古代的龙袍就运用了这种工艺。因为费时费工夫,现代许多年轻人都不愿意学习和使用,职业的责任感推动着陈杨去传承和发展这门技艺。在纪录片中,传统的修复技艺也与现代科学理念和技术紧密结合,为文物修复技艺的发展提供了更好的基础。如在第三集中的名画集中扫描,利用技术手段留下图片,建立现代档案管理制度,便于文物的展出和复制。谷歌眼镜、3D打印技术等也运用在了文物的修复和复制中。利用现代仪器,不仅能够帮助修复档案的整理和研究,往往有新的发现。例如在书画的色彩修补中,通过仪器扫描发现植物颜料和矿物质颜料的不同,甚至可以发现前一个修复者冒着被皇帝砍头的危险,不认真修补颜色而投机取巧的补绢,不可谓是一种古今对话。

2. 传统中国文化的传播与思考

纪录片处处彰显着传统的中国文化,文物修复师们的精工出细活的工匠精神,安于清贫、乐于工作的人生态度,深深地触动了受众的心灵。除了展示对文物的修复工序与技术,文物的特殊价值也被展示出来,使更多的人了解文物、了解历史、了解中国文化。木器组修复师屈峰在修复文物的同时,说了一段耐人寻味的话语。"中国古代人讲究格物,就是以自身来观物,又以物来观自己。所以我跟你说,古代故宫的这些东西是有生命的。人在制物的过程中,总是要想办法把自己融到里头去。一般认为,文物修复工作者是因为把这个文物修好了,所以他有价值,其实不见得是这么一个简单的方面。他在修这个文物的过程中,他跟它的交流,他对它的体悟,他已经把自己也融入文物里头。文物是死的,要文物干什么,要文物的目的就是为了要让它传播文化,对吧,不是说文物就是为了保留一个物品放在那儿,那没有什么价值。"屈峰在轻描淡写间向大家表达了文物修复的意义和中国文化的博大。他用"格物"来表现文物修复的过程,既是以自身来观物,又是以物来观自己,在文物修复的过程中与文物交流,感悟文物,传播文化。他将做事比喻成做人,用人的品格来要求做事。他不仅对文物修复充满了情感,更展现着自己的审美情趣和品格修养,用自己的技艺和情操使文物发光发热,赋予文物新的生命。

创作手法:

高雅选题与平实叙事的完美结合讲述故宫故事的纪录片并不罕见,国内有央视拍摄制作的大型系列电视纪录片《故宫》、系列微纪录片《故宫100》,国外有美国国家地理拍摄制作的《透视紫禁城》、日本NHK制作的《故宫至宝》。从内容上看,几部纪录片都对故宫及文物的历史文化进行了展示。从创作手法上看，制作理念与叙事角度多为大制作、大手笔，利用数字技术、扮演等手段尝试呈现出一个立体的故宫。而纪录片《我在故宫修文物》虽然也是在展示故宫的文物与文化，但是创作理念不同以往，叙事方式更接地气，将曲高和寡的故宫选题与朴实无华的创作手法相结合，带来一部接地气的纪录片。

3. 与众不同的制作理念

故宫是我国现存规模最大、保存最为完整的木质宫殿型建筑，藏有180多万件珍贵文物，积淀了厚重的文化遗产和历史价值，代表了中华文明的发展史。因此，谈及故宫与文物题材的纪录片，大多数制作理念偏向于表现故宫建筑的宏伟、文物的价值以及历史典故，运用远距离、全景式、多角度、立体化的拍摄方式，全面展示故宫及文物，凸显威严、壮美、立体的形象。纪录片《我在故宫修文物》以文物修复师作为故事主线，通过实实在在的人讲述故宫文物的修复，表达的重心不是故宫雄伟的建筑，而是一群有血有肉、可敬可爱的文物修复师，借他们的手赋予故宫文物新的生命，从细微之处感受另类故宫的文化气质。

4. 朴实无华的叙事方式

纪录片《我在故宫修文物》运用近距离纪实跟拍、现场同期声以及实景再现的方式展现了故宫文物修复师和文物的修复工作，叙事方式娓娓道来、平铺直叙，平实、客观地记录了文物修复师的日常工作与生活。片中陶瓷组修复师纪东歌在太和殿广场骑自行车，青铜器修复师王有亮骑着电动车到故宫外抽烟，众人在故宫院子里喂猫、打杏子、种花草。这些小片段穿插在文物修复的故事之中，给观众带来了纯净质朴的生活气息，与故宫本身的庄严肃穆、文物的厚重形成了一种奇妙的反差。为了展现漆器修复的技艺，纪录片不仅拍摄了修复师闵俊嵘精心调制生漆、修复古琴和漆器的过程，还跟随割漆工、修复师一起拍摄了深夜割生漆的全过程，使受众对文物修复工作的了解更加立体直观，增加了纪录片的趣味性和故事性，有利于提高纪录片的表现力和叙事能力。

5. 传播途径

大众传播与小众传播的优势互补纪录片《我在故宫修文物》在央视首播后，并未像《故宫》《舌尖上的中国》一样收获轰动性效应，反而是在弹幕视频分享网站——bilibili网站（B站）受到追捧。bilibili网站最大的特点是悬浮于视频上方的实时评论功能，也就是弹幕功能。该网站是众多时尚青年的聚集地，是涉及动画、漫画、游戏、视频等多个方面的资源分享社区。《我在故宫修文物》意外地在bilibili网站上获得广泛的认可和传播，随后，在爱奇艺等视频网站呈现出了爆发式的点击量，在微博、微信等社交媒体获得广泛的推介，在良友纪录等专业纪录片网站获得一致好评。纪录片的传播获得井喷式的发展，随后带来了较高的关注度，央视于2016年3月16日起在《纪录片编辑室》栏目对该纪录片进行了重播。这种传统媒体与新媒体平台的联动,大众传播与小众传播的优势互补,使纪录片的传播更具有影响力。

(1) 大众传播的广而告之。电视媒体作为大众传播的有力媒介,虽然受到新媒体的冲击,但还是拥有广泛的影响力,它可以通过自己的有利平台将信息内容传播给大众,成功地满足受众的共同兴趣。纪录片《我在故宫修文物》一开始就在央视这样的平台播出,一定程度上对纪录片的知名度有了很大的提升,尽管没有收获轰动性的效应,但还是在对"修文物"感兴趣的人群中产生了影响,形成了有力的广泛传播,在总体上产生了极大的传播效应。

(2) 小众传播的聚合效应。如果说大众传播是把同一类型的传播内容传递给大众,那么,小众传播就是更加高效地把不同类型的内容细分并传播给不同的受众。这里的小众传播指的是视频网站、微博等新媒体的差异化传播,它们将不同类型的信息发送给受众,通过受众的自主选择满足自身的需求。不同的受众在接受传播的过程中因对同一信息产生共同的兴趣形成聚合效应,使信息在这一群体中获得充分的传播,进一步扩大了信息的影响力。纪录片《我在故宫修文物》的传播过程就充分体现了小众传播带来的聚合效应,纪录片在视频网站、微博、微信等新媒体平台的广泛传播,使得一大批对"文物修复"感兴趣的人群对纪录片进行关注、讨论、转发,产生聚合效应。这些行为进一步推动了大众对纪录片的关注,使得更多人群关注、观看并参与讨论,刺激了纪录片的大众传播,提高了纪录片的影响力。

中国的影视作品,包括纪录片,在全球话语体系中处于相对弱势的地位。尽管近年来中国有一些突出的工作使得优秀作品走出去,但它并不与中国经济、社会和文化发展的总体情况成正相关。中国纪录片是中国文化走向战略的重要组成部分。特别是纪录片本身具有教育、知识、现实主义的特点,体现了民族精神是文化生活的重要载体。近年来,中国纪录片《舌尖上的中国》《我在故宫修文物》为代表的优秀纪录片充满了浓郁的本土化要素,以真实的,艺术的方式表达这个美丽的中国、强大的东方国家,强调了中国文化的特色与魅力这是非常值得重视和学习的。

互联网、新媒体时代已经到来,不断变化的信息技术的发展使得影视艺术有了一个新的媒体载体,并快速地裂变在受众间流行,这些新媒体也应引起我们足够的关注,因为它不仅携带大量的受众,也表明并预示着未来媒体的发展方向。《我在故宫修文物》这部纪录片不同于传统纪录片的传播轨迹,其独特的传播路径创新是反向传播的一个典型案例,沿着这条路径,我们可以感受未来我国纪录片演进的脉络与方向,相信随着时代的创新和科技水平的发展,中国可以继续制作出如《我在故宫修文物》等优秀的纪录片,中国的纪录片可以利用这些新的媒体平台,进入到越来越多的中国观众的视野。

案例5　广播类节目:《晓松奇谈》

脱口秀的节目理念最早可追溯到18世纪英国的咖啡馆沙龙。在沙龙这一公共空间内,公众可以公开地讨论社会问题。而脱口秀真正得到发展是在美国。最初,脱口秀以声音为符号、以广播为传播媒介正式诞生。其以社会公共话题为讨论得到了大众的欢迎。随着电视这一"新"媒介的出现,脱口秀开始以声音与图像符号相结合的形式呈现在观众面前。20世纪80年代,脱口秀得到了巨大的发展。在美国,不同类型脱口秀节目的比例占到了全部电视节目的40%,且这些节目多以社会公共话题为讨论内容,因此对舆论乃至现实社会生活都产生了巨大的影响。20世纪90年代,在央视推出了中国第一部谈话类节目《实话实说》后,脱口秀这一节目类型在中国开始得到发展。而如今,网络技术快速发展,互联网作为一种新兴的媒介平台即新媒体与作为主流媒体的电视展开了激烈的竞争。电视媒体受其"优势地位"的束缚,在节目制作上呈现出内容保守、缺乏创新、更新周期长、受行业体制约束较大而难以变革的特点,而在竞争中处于劣势。究其原因在于:在缺少传播平台的年代,传统媒体的影响力是空前的,无须过多考虑传播效果,就可达到较为可观的收视率。而在今天这个互联网时代,传统媒体的优势地位不复存在。受媒介竞争大环境和Web 2.0技术在传播领域的应用的影响,脱口秀这一传统的节目形式也适应了媒介形态的变化,产生了新的节目形式,网络脱口秀应运而生。

网络脱口秀既是传统电视脱口秀在网络平台上的延伸,即将传统电视脱口秀的声音和图像符号拓展到网络平台上,形成脱口秀节目的新形式:网络脱口秀,其同时又有着互联网平台赋予的新特点:开放性与参与性。随着第一代互联网发展到第二代互联网,我们也从"融合1.0"推进到"融合2.0"。互联网即新媒体,"互联网+"既是媒体融合,又超越媒体融合,进入到产业融合的层面。在"融合2.0"的时代背景下,新型媒体的构成要素也体现出了鲜明的"互联网+"特质。网络脱口秀作为新媒体的生产内容,也顺势而为,在传播内容和形式上开始逐渐克服传统电视脱口秀制作周期长、版权价格高、即时体验与互动性差的缺点,表现出"融合2.0"时代新型媒体内容生产特有的制作精良的PGC模式(专业生产内容)与双向互动的UGC模式(用户生产内容)相融合的特点。2014年6月6日,由高晓松主持的文化类脱口秀《晓松奇谈》在爱奇艺视频网站正式上线。节目以文化名人高晓松为主讲人,以聊天的方式开谈天文地理、海外见闻、中西野史,视角新颖独特,观点绝不中立,并在讲谈过程中设置穿插幽默动画板块以及资料片段。节目一开播就引起了热议并迅速走红,受到了网民的好评和追捧。节目首期播放量高达1070.8万次。在新媒体发展、媒介融合趋势越来越明显的时代背景下,分析《晓松奇谈》这一高收视率网络脱口秀成功的原因,对探究网络脱口秀未来的发展方向具有借鉴意义。

1. 网络脱口秀走红的外部环境因素分析

"媒体产业是服务业,具有明显的'他动'性质,换言之,它对于环境因素的变化具有极强的敏感性,与社会经济、政治、文化的发展及大众心理、流行文化的潮流紧密相关"。由此可见,作为社会子系统的新媒体,其产生的媒体产品也必然受到经济、文化、技术等社会子系统的影响。因此,探究网络脱口秀兴起的原因,有必要从宏观角度进行多维度的分析。

(1) 在经济方面,自改革开放以来,中国的经济水平有了很大提升,收入水平的提高使公众的消费能力得到增强,娱乐成为大众生活的重要组成部分,网络脱口秀作为一种娱乐节目应运而生。同时,市场经济的发展,生产和消费能力的同步提高,使得媒介得到快速普及,电视稀缺的时代一去不复返,计算机、手机、平板电脑的多屏互动时代由此到来。物质媒介的普及是网络视频节目兴起以及大众接收海量媒体产品的基础。此外,市场经济的发展也使得报纸、广播、电视、网站(特别是土豆、优酷、乐视、爱奇艺等视频网站)等不同形式的媒体组织数量剧增,节目类型和数量的增多,同质化竞争的加剧,受众的身份由被动单向接收信息的收受者转变为主动消费媒体产品的用户,这些变化都使得电视这一传统媒体因过去缺乏市场竞争而产生的"优势地位"逐渐消失,网络自制节目因更加符合受众心理需求,在媒体竞争中取得优势。

(2) 在文化方面,文化的交流与传播伴随着经济全球化趋势席卷全球。人们在多元的文化环境中,开始展示出一种排斥单一文化输入,追求多元文化和多元价值观的心理需求。加之"自媒体时代的到来,使传统媒体话语的优势,即'自上而下'的'垂直性'关系被改变,'话语权'变得充分开放和自由,信息几乎可以绕开广播电视等传统媒体零障碍地传播。"正因为如此,传统媒体营造的拟态环境和新媒体构建的拟态环境两大系统可以同时进行舆论引导,多元的观点、意见在舆论场中进行高频率的交换与整合。信息变得越来越多样,信息结构越来越复杂并难以控制。此外,当前我国社会正处于转型期,在社会转型过程中,社会个体间的利益、价值观和认知水平等也处在一个差异较大的状态,于是整个社会呈现出舆论焦点多元化的时代特征。追求多元文化和多元价值观的心理需求以及舆论焦点多元化的时代特征,为以追求内容丰富、价值判断新颖、多样为特点的网络脱口秀的兴起和走红提供了开放、多元的社会文化环境。

(3) 在媒体技术方面,"互联网的本质、核心和灵魂是'连接',由连接而造成互动,在互动中人们求得交流和理解,这就是信息时代、这就是网络时代。"互联网的交互概念深深植根于依托网络技术而诞生的新媒体中。这种交互开放的观念赋予了网络脱口秀在形式上以极大的灵活度。如《晓松奇谈》节目组开通"爱奇艺晓松奇谈"微博账号,用微博与受众进行及时有效的沟通。通过微博,节目组公开征集节目话题,收集观众对节目内容的评论,节目主持人高晓松也通过个人微博账号与观众就节目内容展开讨论,解答观众提出的相关问题。如此强度的互动使得节目制作方可以及时根据受众的需求调整节目内容,网络平台的高交互性优势被充分利用。传播技术的进步带来的传播内容与形式上的创新令节目更加符合受众的收受习惯和要求。因此,传播技术及播放平台的优势使得网络脱口秀在与传统电视脱口秀的竞争中更胜一筹。

2. 网络脱口秀走红的内部传播要素分析

"一个完整的传播过程应该由五个要素构成,传播者、受传者、讯息、媒介和反馈。这五种要素是传播过程得以成立的基本条件,在任何一种人类传播活动中,它们都是缺一不可的。"因此,分析网络脱口走红的原因,必然要考查节目内部各结构要素的特点。此处将以《晓松奇谈》为例,通过分析其传播者、受众定位、传播内容以及媒介选择的特点,来探究网络脱口秀走红的内部原因。

3. 传播者的个人魅力与语言特色

主持人要素是脱口秀节目的核心。主持人在节目中语境设计的独特性和吸引力可以说是节目取得成功的关键因素。电视脱口秀的主持人大多是播音主持专业科班出身的专业人士,发音的严谨、标准,专业知识过硬是其特点。但在这个泛娱乐化的时代,"权威""严谨""专业"等符号已不再成为优势,"趣味""反常""娱乐"成为观众新的收受需求。而网络脱口秀主持人大多非科班出身,其风趣的语言、丰富的阅历,对公共事件独到的见解成了网络脱口秀较之于传统电视脱口秀的优势。在目前当红的网络脱口秀节目中,高晓松就是一个典型的例子。

《晓松奇谈》的高播放量与高晓松的个人魅力关系密切。高晓松毕业于清华大学,曾担任过音乐人、词曲作者、导演以及编剧等角色。因此,广博的知识储备和丰富的社会经验为其主持脱口秀节目打下了坚实的基础。并且高晓松在酒驾事件、离婚事件后,一直保持着较高的曝光度,其话题人物的标签加之之前《晓说》的成功,"文化名人"的身份与之前积累下来的粉丝所形成的粉丝效应成为《晓松奇谈》继《晓说》之后再次成功的重要原因。口语化、碎片化以及幽默是网络语言的特点。语言是脱口秀节目成败的关键。传播学的说服理论认为:受众的信息接收程度与说服方式有很大联系。脱口秀节目主持人是集语言与身体语言于一体的传播主体,他们的交流方式具有多样化和灵活化的特点。

4. 受众定位准确,走"窄播"路线

小众化概念本质上是网络时代的产物。"由于因特网能够提供应需媒体,并满足不同观众群体的需求,因而它允许观众和新闻机构提供更为个性化的新闻。"小众是指因某一个兴趣或爱好而被划分在一起的小群体。在互联网制造的新媒体平台上,信息处于爆炸式的增长状态。受众对于信息内容的要求也越来越多,人们不再满足于接收同质化的内容,而是要求更加个性化的服务,小众群体渐渐形成。在小众群体形成的过程中,传统的大众传媒开始逐渐失去"魔弹"式的影响力,传媒的发展趋势从一般化的大众传播转向分众传播。《晓松奇谈》作为一档文化类网络脱口秀，放弃了传统媒体以庞杂的、同质的大众为主要收受对象的节目定位，选择数量相对少的"三高"人群（受教育程度高、个人收入高、网络活跃度高）为传播对象。这类人群成长于政治环境宽松、媒体经济发展以及文化观念呈现出多元化发展态势的社会环境中，他们大多是思维敏锐，具有批判和反思精神的知识分子，他们具有较高的思维独立性和学习愿望，文化消费意识强，自然会被人文气息浓厚的《晓松奇谈》所吸引。

5. 具有节目个性特点的内容选择

新媒体的内容生产呈现出制作精良的PGC模式（专业生产内容）与双向互动的UGC模式（用户生产内容）相融合的特点。随着一系列如优酷、土豆等视频分享平台的出现，用户既可以任意上传自己制作的视频，也可以浏览网友上传的视频，这是UGC模式双向互动的特点。但与此同时，它也有着不可回避的缺陷：大量草根、低质量的自制视频充斥相关平台，无法实现赢利的同时，甚至还会带来版权纠纷。面对UGC模式的弊端，各大视频网站认识到了内容的重要性，内容上乘、制作精良的视频内容才能给平台带来高忠诚度的用户。而爱奇艺与著名音乐人高晓松合作的网络脱口秀《晓松奇谈》就属于PGC模式的范畴。纵观《晓松奇谈》开播以来的77期节目可以发现，节目的内容选择十分广泛，大致可以划分为史事、时事、军事和异国风情四大板块。由节目的内容分类可看出，"重文化、轻娱乐"是其传播内容的特点。四大类节目内容奠定了《晓松奇谈》人文气息浓郁、信息量大以及观点与故事同步输出的传播风格。这一独特的风格可以说是具有突破性的，因为它打破了网络节目庸俗化特点明显的现状，因此，其独特的节目风格可以说是其在同类节目竞争中脱颖而出的关键因素。

6. 新媒体的播放平台与多渠道传播

"弹幕"是网络视频用户在观看视频的同时发布短评的一种形式。弹幕的使用使得网络视频的传播成为一种多向互动的传播行为。通过发射弹幕进行评论，受传方在观看节目时，不只是被动地接收信息，而是能够实时地参与到节目的传播过程中，与其他受传方进行互动。这种互动方式打破了时间与空间的限制，交流的热度会随着节目的进行成倍增长，讨论越热烈，就越吸引人，从而形成良性循环，提高了观众对节目的忠诚度。而电视脱口秀节目受到传统电视媒体线性传播的制约，观众无法实现实时的反馈，因此无法达到如网络脱口秀那样高互动、高娱乐化的传播效果。

以《晓松奇谈》为代表的网络脱口秀，其兴起与发展，既受政治、经济、文化以及科技等外部因素的影响，也受其自身受众定位、制作水平、主持人的个人魅力以及内容风格等内在因素的制约。脱口秀作为一种极具特点的节目形式从产生之日起，从内容到形式，都在发生着变化。但作为新兴事物的网络脱口秀仍然存在着过度娱乐化、制作业余化的特点。因此,在当前社会外部条件利好的情况下,网络脱口秀的进一步发展还需要其明确受众定位、进行正面的舆论引导,并在此基础上在内容与形式上进行创新,进而形成节目自身独特的风格和品牌。

4.3 强化互联网思维,为广电媒体注入新活力

4.3.1 国外互联网模式融合总结

1. 平台式融合

例如,英国视听节目服务平台YouView。该平台由BBC联合英国独立电视台(ITV)、第四频道(Channel 4)、第五频道(Channel 5)等主流电视机构,英国电信(BT)等网络服务商以及部分机顶盒服务商,共同出资组建。在这个平台上,用户可以正常收看原来地面数字电视平台FreeView承载的100多个数字电视频道(包括5个高清频道)、收听30多套广播;也可以通过一个入口进入上述几家主要电视台的节目点播和回看平台,如iPlayer、Player、4oD和Demand 5等,点播上万个视频内容;电影爱好者还可以通过英国天空卫视(BSkyB)互联网电视业务Now TV设立的入口进入一个丰富的付费电影资源库观看电影。在该平台上,传统广播电视、新兴媒体、新兴技术,以后还会有源源不断的其他服务,都简化为电视屏幕的用户界面上一款标示清晰、形象可辨的内容应用,用户可以随意使用。YouView的口号是"永久改变看电视的方式",将逐步替代免费地面数字平台FreeView。

2. 主体式融合

如美国的葫芦公司(Hulu)。该公司是美国全国广播环球公司(NBC Universal)、新闻集团(News Corporation)和美国广播公司(ABC)等传统广播公司强强联盟建立的新型市场主体,作为传统主流媒体的桥头堡抢占新媒体市场。截至2014年第二季度,Hulu视频付费用户已经超过600万户,其中50%来自移动端消费,2013年公司收入突破10亿美元。

3. 业务式融合

例如,美国最大的有线电视网络机构康卡斯特(Comcast),为了应对YouTube、奈飞等新兴媒体的冲击,该公司推出"电视无处不在"计划,实现视频内容的精细包装和多终端分发,宽带、移动、各类视频订阅等新业务用户持续增长,不仅成功应对了传统有线电视用户的流失,还实现了公司产业规模的稳定扩张。截至2014年第三季度,康卡斯特拥有有线电视用户2238万户,高速宽带网络用户2159万户,IP电话用户1107万户。2013年这家公司收入达到647亿美元(约合4000亿元人民币),超过了中国广电行业一年的总收入。

再如美国天狼星卫星广播公司(Sirius XM),为了适应新媒体的快速发展和人们使用媒体习惯的变化,不断拓展业务链条,完善业务生态,从单纯的卫星广播公司转型为融合音频业务运营商。目前其业务平台集成了 700 多个专业频道和在线广播内容,通过卫星、有线、无线、互联网、移动互联网(APP)等融合渠道传播,实现数百种固定和移动终端的随时随地收听。截至 2014 年第二季度,其付费订户发展到 2600 多万户,ARP 值 12.9 美元。有车族是其主要目标订户,全美国 70% 的新车都预装了天狼星产品,5700 万辆汽车的仪表盘上都有天狼星的接收器,2017 年这个数字达到了 1 亿辆。

4. 内容式融合

例如,美国当前最具竞争力的流媒体视频服务提供商之一奈飞。凭借其在经营影视光碟时期积累的内容版权资源和用户资源,奈飞在新媒体时代实现华丽转身,大打内容优势牌,推出影视内容的在线流媒体订阅服务。其业务很快成为众多新兴视听媒体服务商和正处于融合转型期的付费电视运营商的抢手货,迅速接入谷歌 Google TV、苹果 Apple TV、微软 Xbox 游戏机以及美国康卡斯特、英国维珍传媒(Virgin Media)等的融合型机顶盒。截至 2014 年第三季度,奈飞国内外用户已经超过 5000 万户,流媒体收入占其总收入的 82.5%。内部组织机构和流程再造式融合。英国广播公司(BBC)建立了"中央厨房"式新闻中心,实现新闻、体育、少儿、天气等 10 个品牌节目内容面向手机、互联网、广播和电视 4 个平台的分发。

4.3.2 树立平台思维,主动拥抱新媒体

平台思维有两个关键点:一是业务流程和组织结构的扁平化;二是建构多主体共享共赢的超大聚合平台。

在平台思维下,一方面是媒体的组织结构出现重构再造。例如,江苏省无锡广播电视台建立了融合新闻中心,实现新闻类节目的广播上线、电视直播、平面跟进、网上互动、微博发布、手机实时浏览"六位一体"融合播出。另一方面是涌现出具有强大资源吸聚能力的超级音视频服务平台。这类平台的典型代表是美国苹果公司的应用程序商店(APP Store)、谷歌市场(Google Play)、微软公司旗下的视窗商店(Windows Store)等。这些大型综合服务平台往往集成海量视听内容的相关应用,用户可以在不同时间、不同地点和不同终端上,随时选择最适合自己的应用进行在线消费。截至 2014 年 6 月,苹果 APP Store 已经拥有超过 120 万个应用程序,应用程序下载量超过 750 亿次。平台思维的精髓在于打造多主体互利互动的生态圈。未来的媒体竞争,是生态圈的竞争,看谁能够营造出更能吸引和黏附各路玩家在平台上消费数据、生产数据、创造价值的媒体"小生境"。苹果 APP Store 里的视听类应用以各大视听内容集成平台的自制 APP 为主,APP 本身通常由软件开发商免费提供,赢利方式或广告支持或内容收费,收入分成,这样就在全球带动起一

个庞大的生产供求体系。国内的 BAT 也各自构筑和强化自己的产业生态。百度收购爱奇艺、PPS 和 91 无线,阿里收购高德,腾讯投资大众点评、战略入股京东等,每家平台都在向多功能、多应用、具有极大吸附能力的生态系统不断扩张和完善。平台的参与者越多就越有价值,而有价值的平台必然也成为人才聚集的高地。近年来各路英才向新兴媒体的汇流已经是不争的事实。

这一思维要求广电媒体突破几十年一贯制的采、编、播业务流程链,以视听节目内容业务为核心,主动搭建(主导)平台,邀请和吸引怀揣各样梦想的个人、机构登台"唱戏"、整合资源、聚集人才,实现社会效益和经济效益的最大化。在这里,广电媒体要俯下身子,压平运行和服务线,压低观看视线,以双赢和多赢的心态积极寻求合作,以兼容并包、求同存异的胸怀,融通不同体制机制、不同媒介、不同业务形态、不同区域、不同文化的业务共济共荣,进而形成新型融合运营主体。

在这方面,一些城市广电机构已经捷足先登。苏州台和无锡台先后于 2011 年年底和 2012 年年底打造了"无线苏州"和"智慧无锡"城市信息云平台。目前这两个平台已经成为以新闻资讯为核心支撑,聚合新老媒体资源、行业内外资源、城市政务及生活服务资源的开放共赢平台。在平台上,各类应用产品实现了交融互动,并不断吸纳新的加盟者,形成真正的互联网生态。如"无线苏州"目前共有新闻资讯传播、公共文化信息发布、市民生活信息服务、移动电子商务等四大类别 16 个功能模块,月均总流量达到 45TB,相当于在线观看 2.3 万部蓝光电影。城市云平台成为广电切入其他产业的入口,长尾效应初步显现,其 O2O 电商运营已经通过聚合汽车、房产、票务、保险、在线生鲜市场等应用,切入一系列产品的产业链。

4.3.3 建构跨界思维,赋予节目灵魂

跨界思维有两个关键点:产品链紧跟用户需求,用户需求在哪里,产品链就延伸到哪里;服务紧跟产品链,产品链延伸到哪里,服务就跟进到哪里。

在跨界思维下,搜索引擎出身的谷歌做起了电视机顶盒 Google TV,计算机硬件制造商——苹果公司通过推出 iOS 操作系统成功主导新生代数字娱乐生态系统,租赁光盘起家的奈飞公司(Netflix)转身做起流媒体视频服务,腾讯成了移动的竞争对手,阿里巴巴、腾讯跻身金融业,BAT(百度、阿里巴巴、腾讯)进军影视圈。凡是手中掌握用户和数据资源的机构,都在"纵横捭阖",跨界建构融合型创新组织体系。因为有用户就有需求——包括信息文化需求和关联需求。有需求就有市场,有市场服务就有的放矢、精准对位;有用户就有行为,有行为就产生数据,有数据就产生商机。而在互联网上,这些用户、需求、服务和商机都因为互联互通而实现互动共荣、无限延伸。行业、体制、区域界限日渐消融,你不跨界,也会"被"跨界;你不融合,也会"被"融合。早出手,早主动。

跨界思维要求广电媒体跳出传统广电的"行业""系统"思维,瞄准人民群众的市场新需求,积极开展各类融合业务,开发各类融合产品,紧随融合业务和产品的

触角,不断拓展服务领域,业务、产品和服务延伸到哪里,市场和运营疆域就开辟到哪里。这样才有可能撬动更广阔的市场资源和社会资源,逐步建成新型主流媒体和新型媒体集团。事实上,在广电和视听新媒体领域,早已出现众多"非广电"的"系统外"竞争者,同时也是联盟者。以"数字客厅"为例,这里已经成为电视机、游戏机、各类移动智能终端、机顶盒、路由器等运营商争夺的战场。再看美国著名的网络音乐电台"潘多拉"(Pandora),它共拥有超过14亿个"私人电台",平均每名注册用户拥有17个"私人电台",它们都是专业广播电台有力的"跨界"竞争者。跨进跨出、融合分化已经成为这个时代媒体竞争的常态。

全国广电媒体已经在这方面积极实践,很多融合创新业务也开始"跨界"运营。截至2014年11月中旬,"无线苏州"已经与22家省市广播电视台达成战略合作协议。通过合作,"无线苏州"向这些广播电视台输出技术、运营机制及商业模式,对未来收益进行分成。可以预期,将来有可能以资本为纽带,以"无线苏州"为主导,形成一个跨区域、跨媒体、跨所有制的全媒体产业联盟。山东广播电视台推出移动互联网融媒体云平台——"轻快APP",通过该平台提供的互联网入口可以切入政务、百姓生活等多个领域。目前"轻快APP"已经有2000多家机构用户,页面浏览量超过6000万人/次。另外,湖南广电芒果TV联合UT斯达康推出游戏功能机顶盒,百视通联合联众游戏推出家庭娱乐平台,青海卫视与中搜网络达成合作联盟,央视发现之旅推出食品电商平台,浙江华数推出天猫旗舰店,广电机构"跨界"探索已经迈出实质性步伐。

4.3.4 转向用户思维,注重节目互动

用户思维有两个关键点:满足用户需求,创造用户需求;用户参与产品创新,用户体验至上。

在用户思维下,不要再向用户强调"我是谁""我要给你什么",而要变成"用户想让我成为谁""用户想要我做什么""得用户者得天下"。要充分重视各种层次、有着各种需求的用户,用户不再是一类人,而是每个人。因为有"长尾效应",用户通过互联网聚合起来的消费能力是惊人的。美国亚马逊公司总裁杰夫·贝索斯说过,如果我的网站上有一百万个顾客,我就应该有一百万个商店;每个人在网站上看到的内容是不一样的。谷歌还推出根据用户情绪提供音乐服务的新业务,对用户需求的体贴已经在努力做到细致入微。

在用户思维下,需要用心揣摩用户心态,体贴用户的归属感、存在感和参与感。而邀请用户共创新产品、创新体验是对用户的极致关怀。网上集聚来的群众智慧可以超越平凡、创造奇迹,可以帮助服务主体不断打造"让用户尖叫"的产品。小米联合创始人、副总裁王川说,小米产品没有什么宏观规划,往往是激情而动。"为发烧而生"是小米的产品理念。倡导和带领粉丝及发烧友一起玩,一起改程序,共同完善小米产品,是小米的制胜法宝。

这一思维要求广电媒体要放下身价,切实走群众路线,观察分析当今的人民群众"都去哪儿了",殷勤细致跟进服务,"hold"住主流人群,黏住新兴媒体消费人群,逐步打造新型主流媒体。广电媒体肩负着引导社会舆论、巩固宣传思想文化阵地、保障文化安全与意识形态安全的重要职责和使命,自从诞生以来,一直是党和人民所倚重的主流媒体,是传播主旋律、弘扬社会主义核心价值观、满足人民群众信息文化娱乐需求的主渠道主阵地主战场,具有较高的传播力、公信力、影响力和舆论引导能力。但随着新媒体的迅猛发展,广电媒体这一地位正在面临前所未有的严峻挑战,受众大量转向新媒体,广告收入增势明显放缓。据统计,到 2014 年 6 月,中国网民规模达 6.32 亿人,其中,手机网民规模 5.27 亿人,10～39 岁的网民群体占比高达 79%。近半数的手机网民每天花费在移动终端上的时间超过 3 小时。视频成为最受移动用户欢迎的在线娱乐内容和方式。人民群众的需求在哪里,媒体的服务就要跟到哪里。当目标受众的主流群体已经聚集在互联网上处理自己的社交、生活和各项事务的时候,及时跟进服务、满足用户需求,已经成为广电主流媒体的必须和必然选择。"无线苏州"和"智慧无锡"都实现了互联网、物联网、通信网、广电网"四网融合",电视屏、计算机屏和手机屏"三屏互动"。在这种融合互动中,传统媒体"受众"与新媒体"用户"实现了融通。在目前"无线苏州"171 万用户(截至 2014 年 11 月中旬)中,20～40 岁的群体占据 91%(1 万份调查问卷)的份额。而在传统广电媒体受众中,这一群体比例只有 30%。这说明"无线苏州"正在有效地"抓回"从传统媒体流失的主流人群。

4.3.5 建立社会化思维,创新传播途径

社会化思维有两个关键点:媒体生产传播方式越来越呈现社会化,社会化传播对监管体系提出新要求。

在社会化思维下,媒体产品从创意、生产到营销、传播、消费的整个供给模式发生根本改变,从规范的线性链条状结构转变为不确定性的网状互动式大互联,媒体机构与用户间的关系被重新建构。各类社交媒体成为营销主战场,各类产品、业务与服务通过朋友圈、粉丝、好友等社交关系链进行口碑传播。在这里,人人都是媒体人,各个产业皆媒体。小米公司利用社会化思维成功展开产品营销,投入百人团队通过论坛、微博、微信、QQ 空间等新媒体平台与用户互动交流,培养"米粉",壮大小米用户规模,同时也调动粉丝资源不断创新自身的产品。近期,众包、众筹"群体创造"模式更是不断涌现,只要项目有用户、有需求,登"网"一呼,便可广聚天下贤才和"闲财",共创事业辉煌。

近年来,面对新技术新媒体的迅速崛起,国内外广电媒体行业积极应对,潜心学习互联网思维,加快发展新媒体新业务,并探索出一系列融合创新模式。

这一思维要求广电媒体充分调动社会力量参与产品创作生产和行业监管,逐步建立广电媒体的治理体系。

新兴媒体的鲜明社会化特征已经将社会化思维推给这个时代,推给全球所有的媒体机构及其监管机构。当媒体的内容生产和传播不再单单依靠专业的媒体机构和媒体人,媒体监管的对象越来越变成了全人类、全社会、全机构,监管该怎么办？从国外探索来看,在视听新媒体政策制定与实施过程中,引入公众(包括行业组织或社会组织)监督是较为普遍的做法。例如,美国在电视内容监管方面就引入了美国全国广播电视协会(NAB)、全国有线电视协会(NCTA)、美国电影协会(MPAA)和家长电视监督委员会(Parents Television Council)等行业组织和社会组织,前三个机构协助监管部门制订了"电视家长指导原则",后一个机构负责监看视听节目内容,随时向政府反馈,同时帮助政府制订解决方案。充分依靠公众的力量参与行业管理,一方面有利于提升事中、事后监管的力度与效果,另一方面可以集思广益,有利于科学决策、稳妥决策。鼓励公众参与政策制定,也有利于培养公众的媒体素养尤其是新媒体素养。另外,在媒体社会化趋势下,面向大众的传播遵循统一的导向要求和内容标准也是全球性的监管取向。各国都在积极探索对网上网下、不同业务实施科学有效的管理,确保对电台电视台和网络播出的视听内容,包括境外引进内容,实行同一尺度、同一标准,实现一体化、一致性管理。

第5章 深度融合下媒体环境的反思及未来媒体环境的预测

5.1 媒体的后融合时代

5.1.1 传统媒体在后融合时代的地位

在融合发展的大潮中,传统媒体积极融合新媒体技术、平台等优势实现转型升级,是突破发展的必由之路。但转型不是转行,融合不是消灭,传统媒体只有在转型升级中坚守自己,才能发挥出自己在后融合时代的真正作用。结合传统媒体在资源、渠道、管理和人员等方方面面的优势,作者认为,传统媒体在后融合时代主要发挥着三方面的作用:第一,作为具有高度公信力的传统媒体应该成为媒体后融合时代的标准制定者,为媒体环境、媒体管理等方面的制定行为准则与运作组织管理等方面的标准;第二,传统媒体应该发挥其在渠道资源等方面的优势,成为后融合时代的渠道提供者;第三,传统媒体作为政府主导的舆论工具,应成为权威的解读者,成为政策解读的良好载体。

1. 标准的制定者

媒体管理是国家意志在媒体体制、运作方式等的表现,是政府通过法律法规和行政命令对媒体施加控制和监管。媒体不仅仅是单纯的信息载体,更是被一定的机构、一定的人员掌握并赋予特定内容的一系列实在物,他是具有一定的社会功能、经济实体的存在。因此媒体的标准制定也是尤为重要。特别是近年来,媒体环境趋于多元化,大众不再仅仅通过报纸、广播、电视等传统媒体渠道来获得资讯与信息。网络信息技术等的高速发展孕育了大批自媒体,这些已然成为大众获取资讯的重要来源,但在传播的内容方面,严格的管控与规范的标准流程的制定却尚不完备。

(1) 行为准则。近年来,移动互联的高度普及带来了自媒体行业的兴起与发展,但随之带来的新兴媒体的内容同质化、内容低俗化等问题也愈发严重。由于网络的门槛问题,大量自媒体涌入大众的视线,因此也带来了激烈的竞争,为了在竞争中脱颖而出吸引更多的眼球,获得更多的利润,很多自媒体也不断放低自己的"底线",类似事件也不胜枚举,层出不穷。

《人民日报》在2017年5月18日就曾发表《自媒体低俗吸睛数据掺水要挤"逐利泡沫"》一文,在新闻中,提到自媒体已成为网民获取内容的新选择。然而,因为技术难度小、准入门槛低、规范约束少等"先天劣势",自媒体行业发展中的泡沫逐渐浮现:一些账号执迷于博取关注而导致低俗内容泛滥,鲜有亮眼之作;一些公众号写手化身"剪刀手""搬运工",内容创作沦为"流水线生产";一些自媒体人一切向"钱"看,导致软文盛行、流量造假。如何补齐内容短板,挤掉发展泡沫,避免低质内容恶性蔓延?自媒体行业的自我革新势在必行。而在对自媒体等新兴媒体的约束方面,国家网信办也通过了《互联网新闻信息服务管理规定》,以便整治自媒体内容低质等不良风气。作者认为,在制定对新兴媒体的约束规定等方面可以借鉴传统媒体的相应规范,以便对媒体发布的内容进行整体把控。

另一方面,传统媒体新闻的采集者和内容编辑人员仍然是处于强势的传播者。在中国从事新闻发布的基本上是传统媒体自己创办的网站和几大门户网站,各门户网站新闻大多是转载自传统媒体,这些网站的新闻采集者和内容编辑人员,出于网站运作机制和健康发展的考虑,每个网站都会制定严格而详细的守则,他们一般都会严格执行"把关人"职责。他们不仅对自己采集、发布的信息执行严格的检查,同时对用户发布的信息实行审核、过滤。对于新媒体来说,他们也应提高自身的审核过滤机制,对发布的内容进行严格的检查与把控,可持续的高频高质产出才会在众多竞争者中脱颖而出,摆脱同质化的困境。

(2)运作机制与组织管理。深度融合下的运作机制与组织管理变化要依托于传统媒体的方式进行变革。传统媒体拥有成熟的行业体系。传统媒体历经多年发展,已有着一套成熟的运行机制,形成了自身的一套行业运行模式,行业体系十分成熟。时下,传统媒体之间的竞争主要在于保证内容新颖,打造品牌内容,切合受众所需,从而赢得收视率。互联网技术应用到传统媒体新闻生产过程中,主要是一种技术变革带来的组织变革,促使其要从一个以传统媒体为中心的观点,走向一个高效、快捷、互动、多元为核心价值的现代媒体观的转变,促使其在内部组织制度、组织结构和工作流程上的创新。

进入移动互联网时代,传媒业与其他各行各业一样,去垄断、去中心的趋势更加明显,以往分地域、分层次的竞争格局一步步土崩瓦解。互联网巨大的力量将人们推到了同一平台上,各种新媒体主动而为,传统媒体也不由自主地被卷入其中。就新闻报道来说,立足本土,做强本土影响力,始终是目前地方广电媒体坚定不移的目标,支持这个目标实现的两个关键要素分别是内容和平台(渠道)。近年来,各地的广播电视台也在顺势而为,建立起了全媒体新闻制作与传播平台,成效初步显现;在重大活动和重大突发事件的报道中,机制的创新和流程的理顺为各地全媒体新闻中心充分展示实力、赢取主动打下了坚实基础。

例如,江门广电全媒体新闻平台机制创新流程再造就已获得初步成效。通过全媒体策划报道常态化、制度化,确保日常新闻发布迅速全面,确保新闻发布的执行力迅速流畅。每天一早,全媒体中心各部门(栏目)值班编辑都一起参加策划会,根据各条线上的报题、各方传来的线索进行策划,确定采访选题,并对重点线索进行讨论,确定采访要求、发布的平台,为一线采编人员提出明确的要求。策划会作为每天工作的指挥中心,负责落实采访选题、人员分工、部门协调等日常管理事务安排,总策划汇总各部门安排后,发布到中心QQ群中,指挥所有人员开展工作,实现管理上"分工、合作、交流、共享"的全媒体模式。同时,中心还建立了一支"全能型、多面手"的全媒体采编队伍,记者现场采访后立即编写新闻,发给同在一张制作网上的各栏目(平台)编辑选用,力求以最快的速度推送给受众。

同时江门光电全媒体新闻平台也建立了可预见性重大新闻事前策划机制,新旧媒体协同作战,最大化新闻资源价值。"凡事预则立,不预则废",成功的报道都经过"策划、采编、审发"三部曲,环环相扣,其中第一步的重要性不言而喻。特别是本地的重大活动,领导重视、市民关注,走好第一步更显重要,这也是传统媒体区别于新兴媒体的专业特质和新闻公信力所在。2016年以来,在"中国青创汇"活动、江门市"双引双创"推介会、第三届江门万人健走马拉松大赛等重大事件和活动报道中,江门台全媒体新闻中心精心策划、全力出击,采访部、制播部、新媒体部以及编辑部协同作战,报道快速有序、出色完成。除了在电视、广播传统媒体上报道,还通过"江门邑网通"APP进行滚动图文现场直播报道,并在微信、微博等其他新媒体平台推送报道。

建立重大突发新闻快速反应机制,全媒体抢点发布,以快取胜。新闻事件是不断发生变化的,日常的全媒体策划往往只是针对可预见性题材,按部就班地统筹采访报道安排。在当下"人人都是自媒体、个个都有麦克风"的全媒体时代,对重大突发新闻的报道进行迅速全面、准确报道,才能真正体现新闻运作的综合实力,彰显全媒体平台的威力。应对突发事件能够有条不紊地执行全媒体报道流程,这得益于中心《新闻应急发布流程规定》的颁布和落实。这一制度设计从发布流程、团队、职责与奖惩等方面做了明确规定,并通过绩效考核引导员工落地执行。总之,对本土新闻资源的挖掘和运作是地方广电媒体安身立命之本、生存发展之基。而机制创新与流程再造是提高运作效率的重要突破点。如何在"千帆竞发、百舸争流"中,重新确立平台与内容的优势,保持绝对领先的影响力、关注度,将是今后地方广电长期的艰巨任务。

2. 渠道的提供者

(1) 资源优势。新媒体环境将传统媒体发展置于前所未有的机遇和挑战当中,传统媒体的数字化转型加剧了业内市场竞争,与新媒介的多元化对地市级电视台形成合围之势。对此,以地市级电视台为代表的传统媒体应整合好新媒体技术、资源优势与传统媒体的内容、品牌优势,形成特有的核心竞争力;借力大数据技术形成准确的市场地位;强化品牌意识形成长效的品牌影响机制,进而实现新媒体环境下的数字化转型。

传统媒体拥有强大的人力、物力和财力资源。传统媒体经过多年发展,集聚了大量的优秀人才,形成了专业的采编队伍。这种专业的采编队伍有着丰富的实践经验,在新闻来源、采编方法与手段、新闻发布经验上都有十分深厚的理论和实践积淀,保证了传统媒体在发布内容上的丰富性和权威性;同时,传统媒体的发展往往得到政府的支持,有着较为雄厚的财力支撑。

存在于传统媒体内部的市场竞争由来已久,并在新媒体技术的推波助澜下形成扩大化趋势。一方面,以地市级为代表的电视台处于中央、省级电视台传统优势与县级电视台蓬勃兴起的双面夹击下。中央、省级、省会城市电视台在软硬件配置、人力资本、品牌影响、政策支持、资金力度、受众市场等方面占据绝对优势,这是由地方经济基础以及发展历史所决定的。而近年来县级电视台借力新媒体资源优势不断实现节目创新和规模扩大,地级电视台的相对优势不断压缩,导致市场份额被相继蚕食,逐渐萎缩。另一方面,以报纸、杂志、广播为代表的传统媒体不断寻求新时代下的转型之路,立足于传统品牌优势和内容优势,借助于新媒体资源和新媒体技术衍生出多种电子化产品,成为霸占市场的有力武器。

地(市)级电视台在新时期下的发展既要意识到新媒体资源、新媒体技术的优势,也要坚守自身长期积累的内容特色和品牌影响,将两者的优势特征有效整合起来,强化核心竞争力是地市级电视台实现突围的有效路径。一方面,借力新媒体资源优势,拓展信息范围,提高信息内容的多样性与丰富性,创设多元化节目类型。可以从庞大的网络信息资源中筛选受众兴趣较高、舆论影响较大的话题性内容进行深度加工与延伸,形成网络信息资源的升级产品。

(2)强大品牌认知度。如央视和湖南卫视的许多优秀节目都是通过传统媒体传播出来的,新兴媒体的多向传播和呈现增加了这些优秀节目的火爆程度。而类似于中央电视台《焦点访谈》《新闻调查》那样的有深度、有力度的报道,在目前的新兴媒体中还很少见。

品牌效应是巩固传统媒体市场竞争地位的关键要素,地市级电视台以本地受众群体为主,长期以来在当地受众当中具有先入为主的品牌优势。地市级电视台在新媒体环境下的发展应将这种品牌意识进一步扩大化,以过硬的内容质量和丰富的节目类型将电视台做大、做精、做强,这是扩大品牌影响的重要途径。同时要立足于长期以来的品牌优势,实现数字化转型。品牌效应若要持久,就必须要与受众的市场需求保持一致,推出电子版产品就是要与受众数字化的生活方式相接轨,要基于网络信息裂变式传播特征,推出计算机客户端和手机客户端、平板客户端等多种形态,以此提高产品市场覆盖率,形成长效品牌影响机制。

我国电视媒体在"走出去"和迈向国际一流媒体的过程中遇到了很多困难,其中,无法真正贯彻"本土化"策略是电视媒体遇到的最重要的问题之一。地方媒体只有找准定位,发挥自身优势,在不断创新中扩大影响力,进而打造自己的品牌,才能在日益激烈的媒体大战中占有一席之地。品牌是媒体最好的资源,如果说在过去的媒体竞争中是要以内容称王,那么现在则要靠品牌来卫冕,赢得市场、赢得未来。

随着社会的不断发展以及中央、省、市级媒体的冲击,地方台的生存和发展受到了前所未有的考验。要想在媒体大战中拥有一席之地,更好地服务于基层,就必须找准自己的定位,发挥自己的优势,打造自己的品牌,形成自己的品牌栏目,聚集自己的人气,提高收视率,力求本土节目内容具有独特性、难复制性和可持续性。秉承增强创新意识,做足做新做活本土化新闻;找准定位,发挥优势;加强策划,精心打造受老百姓欢迎的栏目;积极配合地方工作,不断扩大知名度和影响力。

3. 权威的解读者

(1) 深度报道。传统媒体拥有较为庞大的受众群体。传统媒体经过多年发展,有着相当稳定的受众群体,加之又是政府主导下的舆论工具,使得大众更加习惯于接受传统媒体。

政策解读是新闻媒体发挥桥梁作用的良好载体,运用与决策部门的联系权威解读政策,运用手中的话语权把权威解读传播出去。政策解读栏目对广大新媒体工作者来说更多的是对舆论引导能力的一个考验。当前中国正处于经济社会全面转型时期。多年来的改革实践体现的现实性、渐进性本身决定了政策有过渡性,决定了每一步改革都要尽量让改革的支持者数量最大化。

坚守传统电视台在内容上表现出的权威性、公信力优势,严格把关质量内容,形成区别于网络信息泛滥、鱼龙混杂现状的精品内容。

(2) 有效来源。政府颁布了《互联网电子公告服务管理规定》,对申请开办服务的网站有着严格的要求。同时实行新闻刊登许可证制度,将有权设立刊登新闻的"新闻网站"限于中央和省级以及省会所在城市的新闻单位,而众多非新闻单位建立的网站,只有综合性的互联网站可以申请刊登新闻,并且限于转载中央和省级新闻单位发布的新闻,不得自行采编新闻和刊登其他来源的新闻。

5.1.2 新媒体在后融和时代的地位

1. 新技术的创造者

近年来,技术引发了各个行业的变革。媒体行业也在逐步进行着跨时代的发展与变革。由最初以传统纸质、电视、广播等媒体形态蔓延至以手机、平板电脑等移动媒体为终端的媒体形态,这其中的推动力正是互联网技术与移动通信技术结合发展形成的。

(1) 通信传播技术。4G 等通信技术的发展使得新闻信息传播速率、传播范围等都大幅提升。思科公司指出,2015 年互联网流量较 2010 年增加 4 倍,其中 54.3% 的流量用于传输实时的电视和广播节目,网络视频流量从 2010 年 5000 亿 GB 增长到 2015 年接近 35 000 亿 GB。随着 4G 网络的部署,以及固定互联网络接入速度的提升,以视频网站、视频直播为主的新媒体电视发展迅速,如图 5-1 所示。观众进一步分流,尤其是年轻观众已不再依赖传统平台,而是越来越依赖手边的终端设备和想要观看内容时所在的位置,可以实现在客厅、卧室、上下班途中,通过电视、手机或平板电脑等连续观看电影、电视剧。

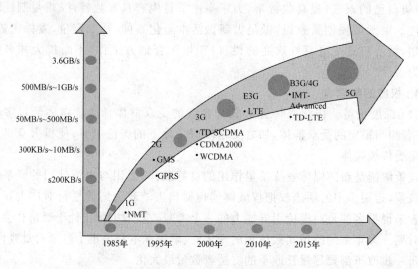

图 5-1　移动通信技术演进图

传统媒体收视率下降。据中新网报道,美国《华尔街日报》等媒体报道,数据统计公司尼尔森公布美国全国广播公司(NBC)里约奥运会开幕式的收视率比上届伦敦奥运会收视率大幅下降 35%,只吸引到 2650 万人,其中,18 岁到 34 岁年龄段的观众大约流失了 43%。传统媒体在人们生活方式中所占的比例不断降低。

(2) 大数据人工智能定向挖掘用户取向。自媒体的普及与运用改变了人们的信息处理行为,将个体塑造成为传播的核心。在这种根本性的转变中,自媒体成为大数据时代自主生成优质数据的重要平台,同时成为大数据运用的关键阵地,为大数据营销提供了广阔的价值空间。

如通过云端构成一个资源有效池向用户按需提供服务。随着用户分享的增多,资源的利用价值就会随之增大。基于此,交互性强、传播效果明显的自媒体正以病毒扩散式的传播方式不断吸引更多的用户参与其中,积聚海量数据,无形中一个庞大的"数据资源有效池"被铸就而成,而利用云计算进行大数据采集、分析和应用则是水到渠成。

随着新媒体的崛起与大数据的应用,传播环境发生了翻天覆地的变化,整合营销传播呈现出新的形态与趋势。这就意味着传播主体在新媒体大数据背景下面临全新的挑战与机遇,对传播主体提出了更高的要求。

从传播主体来看,随着新媒体大数据背景下传播门槛的降低,传播主体的数量随之激增,他们本身所扮演的角色也日趋多样化——主要有政府机构、媒体机构、网络服务商和广大网民。"人人都有麦克风,人人都有发言权"的时代早已到来,广大网民更是获得了极大的自由,他们能够随时随地通过各种渠道发出自己个性化的声音。但传播主体数量的激增直接导致信息量的增加,但过量的信息在很大程度上分散了受众的注意力,这对受众有效地获取信息产生了不良的影响。在这种情况下,大数据的广泛运用可以十分有效地对信息进行过滤与筛选,从而对特定受众进行内容的精准化投放。

政府机构主要通过政府门户网站、政府官方微博和微信公众平台等来传播信息。媒体机构包括报社、期刊杂志社、广播电台、电视台等,它们将传播业务扩展至网络,通过网络报道新闻、引导舆论、提供服务等,成为当下重要的传播主体。网络服务商包括百度、新浪、搜狐、网易等,成为众多网民获取资讯、使用网络的重要平台。而日益活跃的网民凭借微信、微博、博客等自媒体平台来为自己发言。在新媒体大数据背景下,受众已经不是传统意义上的受众,即被动的信息接收者,已经转变为行为更主动、需求更多样、表达更大胆的消费者、手机用户、电视观众、网民、讯息搜集者,他们与各种移动终端如影随形,能够借助各种平台和途径,与传播主体进行互动与沟通。在当下,人们生活在遍布媒介和信息的环境中,在同一时间,受众可能一边在看电视,一边在网络上即时分享自己的感受、与他人进行互动,受众因而成了集观众、用户、听众等多重角色为一体的存在,他们与各种媒介进行着不同深度的交流,与媒介相互依存、相互影响。

2. 新思维的传播者

(1) 个性化推送。个性化传播是在媒介技术日新月异的数字化时代背景下,新旧媒体在整合处理独立的个体受众(包括具有共性的某一群体受众)释放出的数据后,针对每一个个体受众的个性特征推送相关信息,从而满足个体受众需求的专门化传播形式。

媒体消费的基础是信息,以网络、手机为代表的新媒体实现了信息传播与收阅的个性化,用户可以按照自己的习惯、偏好和特点,寻找与自己的信息需求相匹配的传播媒介;用户可以运用新媒体选择信息、搜索信息甚至定制信息。所以,新媒体的时代是一个"受众个性化"的时代,传统媒体中具有"被动接收信息"的受众转变为主动寻找和制作信息的用户,这是一个基于用户个人建立起来的双向交流的新的传播系统。

在开放性、兼容性、多元性的新媒体环境下,相继涌现了一大批优秀的新型传播媒介,特别是近年来移动网络技术和移动电子设备的蓬勃发展将社会带入电子化信息时代,以微博、微信为代表的移动社交软件以及以优酷、搜狐等为代表的视频搜索门户网站成为信息承载、信息传播的重要媒介,甚至多款具有电视回看功能的电视直播软件被相继开发出来,对传统电视台形成了合围之势。新型媒介借助于新媒体技术具有携带便捷、内容丰富的优势特征,能够超越时空限制,随时随地浏览信息,这是传统电视台难以实现的。此外,新媒介通过对大数据技术的应用能够有效掌握用户的阅读习惯、浏览喜好等个人信息,从而实现内容的精准推送,成为传统媒体的有力竞争。

数字化时代的新特点——开放、兼容、共享及给用户带来的各种前所未有的体验,同时也助推了数字化时代新媒体的推广和普及,而这必然引起传播方式的变革。媒体面对的不再是被动的受众,一种"用户型"的受众产生了:为了吸引"用户型"受众,各媒体首先要做的便是对受众个人信息的收集分析与甄别细化,再通过"大数据""云计算"等技术,自主地将相应的信息呈现在"用户型"受众眼前。

同时,数字化时代带来的媒介技术变革使得自媒体成为可能,"用户型"受众发出的内容成为了来自事发现场的第一手消息来源。具有专门性、针对性的信息传递与收集将传播的个性化发展推到了新高点,并且在今后,随着传播技术的更新,个性化传播将不断走向极致,成为传播主流。

传播技术的发展带来了传播形式的变化,无论是传统媒体还是新媒体,在当前已经不能忽略任何一个受众的需求。传播形式已经发展到了"有需求就有传播,有需求就要传播"的阶段。然而在数字化时代,普遍的分众传播已然满足不了新媒体的发展,对受众的追求不再是按类区分,而是精确到了个体。

(2)找寻定位。面对数字时代碎片化的阅读倾向、信息获取方式的转变、移动阅读的普及等因素致使传统报刊业面临新的洗牌、转型,如何适应新形态下的融合与创新已刻不容缓。从媒体发展格局看,传统媒体的受众规模不断缩小,市场份额逐渐下降,越来越多的人通过新兴媒体获取信息,青年一代更是将互联网作为获取信息的主要途径,这些必将对传统的出版行业产生广泛而深远的影响。在媒体融合发展的大背景下,传统出版业的确应当积极思考、妥善应对。特别是找寻定位是很关键的。

传统媒体的大众传播已经发展到分众传播的阶段,正朝着精准传播的方向演进。受众不能简单用"听众""观众""读者"来概括,不同的人群有着不同的需求,跟互联网大数据时代为用户提供个性化的内容相比,传统媒体现在的"频道专业化"

(如新闻台、交通台、少儿台等)也即将跟不上发展的步伐。在与新媒体融合的过程中,传统媒体需要依托技术的支撑,在内容生产的"特色化、分众化上下功夫","要认真研究用户的不同需求,有针对性地生产特色信息产品,点对点地推送到用户手中",实现精准化的传播发展时代,出版的主体和用户实现紧密互动。同时应当实现营销数据化。

3. 新传播环境的协作者

(1) 新兴媒体改变了传统媒体单向的传播方式,不仅让受众可以更加便捷地获得大量的信息,更能让受众在接收信息后在线发表言论和观点,及时有效地进行良好的互动;受众还可以建立自己的个人网页,极富个性化,这样受众既是信息的接收者也是信息的传播者。同时,新兴媒体在信息传播形式上综合了传输文字、图表、图片、声音、录像、动画等多种形式,表现力强。

新技术和新的生活方式正在深刻地改变着人们的信息传播方式以及对生存环境的认知方式。随着科技的发展,尤其是大众对信息传播与接收的新需求产生后,新媒体迅速发展并在信息传播中占据了一席之地。新媒体深刻改变着信息传播的模式。在新媒体背景下,传统的单向传播被双向甚或多向传播模式所取代,媒体之间的边界日益消弭,媒体逐渐整合资源走向立体化,双向立体的传播网络正在日益成型。

① 从传播主体来看,在传统媒体中,传播主体通常是政府机构、大众传媒以及一些社会组织。这些主体在传播过程中拥有绝对的优势,因此在传播过程中处于强势地位,可以决定传播的内容和方式。而受众作为庞大但彼此独立的群体,只能处于传播中的弱势地位,被动接收。但在新媒体的环境中,这种传播的垄断被打破了,普通受众也可以成为传播者,在信息传递的链条上,每一个传者都是平等的。传媒技术的发展使博客、论坛、微博、播客等互动空间兴起,这就使信息传播的技术门槛大大降低。每一个人都可以通过手机、计算机等工具将信息上传网络空间,由过去的被动接收者成为现在的主动传播者。大众成为信息传播中的新主体。

② 从内容来看,传统媒体尽管传播手段不尽相同,但传播的信息量是可控的、有限的。印刷品的信息依靠空间呈现,空间的限定性决定了信息的有限性。广播、电视等电子媒体是在时间的延续中完成信息呈现,线性的传播方式也为传播内容限定了边际。新媒体打破了这种单一的传播方式,也打破了信息的有限性。在新媒体中信息以超文本和超链接的方式呈现,不管是时间还是空间都无法像在传统媒体中一样限制信息的边际,新媒体中的信息呈现出海量化的特征。

从传播方式来看,传统媒体中传播方式是从传者到受者的单向线性传播。新媒体打破了这种单一的传播方式,呈现出一种网状传播的特征。传播主体的多元化以及接收者的二次传播使得传播者和接收者的界限模糊了。每个人在充当接收者的同时也可能是传播者,在传收双重身份的共同作用下,传播活动呈现出一种异常庞大也异常复杂的网络结构。在传统传播方式中自上而下的单向传播方式在新媒体的环境中受到了前所未有的冲击。网状的传播方式极大地丰富了信息量,且每个参与传播的个体,不管是传播者还是接收者都是巨大网络中的一个结点,其地位是绝对平等的,传播路径是循环往复的。新的网状传播方式为传播者以及传播内容的革新提供了更大的可能性。

　　在传统媒体中,信息的传播方式是一种单向度的自上而下的传播。信息的传播方在传播过程中拥有绝对强势的地位。传播者拥有更丰富的信息资源,在信息的获取上具有先天的优势,同时还掌握着有限的传播工具和渠道。在20世纪末,互联网和移动通信技术的进一步发展,为人们传递信息提供了新的手段和方式,追求个性化传播和自我表达的现代都市人毫不费力地接受了这种创新。新技术和新媒体带来的崭新的信息传播方式,打破了传统的以传播者为中心的单向传播模式,从而形成了传播者与接收者同等重要的双向传播模式。并且传播者与接收者固定的角色定位也被打破,传播者与接收者的角色随时可能置换。这是一种全新的传播模式。在新媒体背景下,传统的受众角色被颠覆,传播者和接收者的界限越来越模糊。传播路径不再是单向的,而是呈现出网络化的特征。在技术高度发达的今天,人人都是传播者,同时人人也都是接收者。信息流动的渠道越来越复杂,信息既可以反向流动,也可以通过人们的二次传播和转发改变原有的流动路径。可以感受到底层民众潜在的巨大力量。这种力量的聚集和碰撞,成为新媒体一个非常重要的特征。这种力量背后所代表的对"平等""民主""自由"精神的追求,也是当前社会进步的必然趋势。新媒体时代传受关系的变化所彰显的不仅仅是技术和手段的创新,而是一种更为深刻的社会深层变革。

　　(2) 依靠大数据技术,能够精细地采集用户对相关内容的浏览时间、访问频率等,对每一次鼠标的点击都能进行采集,随后进行精确的数据分析,再根据用户对内容的喜好程度为他们提供精准的信息服务。

　　在大数据时代背景下,我们必须跨越从人口学定义受众,必须了解受众的行为习惯和行为倾向,从受众的态度、偏好和价值观来重塑传播过程。数字时代,Web 2.0、移动互联网创造了传统媒体乃至传统互联网媒体无法比拟的全新传播生态,用户不仅可以通过分布在全网的触点主动获取信息,还可以作为发布信息的主体,与更多的好友共同体验和分享。媒体也可以通过技术手段在全网范围内感知用户并响应需求。DCCI 大胆地断言,传播信息的获得甚至不再是一个主动搜索的过程,而是关系匹配、兴趣耦合、应需而来的过程,传播就是响应或点燃那些人们已经蕴含在内心、表达在口头、体现在指尖的需要。

　　首先,优质应需的内容越发成为确保传播效果的核心与前提。内容与传播策略的关系,犹如道与术。有道无术,尚可求术;有术无道,止于术。曾风行一时的强制逻辑在新的传播环境中已寿终正寝,内容为王是正道。正因为如此,笔者认为,强制关注不如吸引眼球,吸引眼球不如打动人心。

其次,如何在快速移动的碎片化环境中动态、实时地感知、发现、跟随、响应一个个人,并且与他们对话,成为提升传播效率的关键。对于受众来说,关注、分享、订制、推送、自动匹配、位置服务等,都是其有效感知的重要通路。媒体运营商所需要做的,就是以最恰当的方式能够被用户通过这些通路感知。在这方面,云计算和大数据为之提供了强有力的技术支撑。

最后,我们必须认识到,新媒体一方面正在加速分流受众,使之更加碎片化;另一方面又为碎片化的时间、受众和场景提供了高度聚合的可能。事实上,全媒体环境正在从两个相反的方向建构着受众:一个是受众的细分以及专业化受众的出现;另一个是作为媒介集中之产物的更大规模受众群的生长。这种动态的聚合与分化成为制定传播策略时不容忽视的重要因素。

5.2 深度融合下媒体环境反思

媒体融合体现的是经济的发展和媒体传播技术的进步,媒体融合给传统媒体带来了很大的思想冲击,使得传统媒体不再依赖于过去的良好发展态势而停滞不前。打破了媒体之间各自为政的现实状况,融合实现了媒体的扬长避短和优势互补。但同时也存在内容低俗化、同质化、竞争无序等问题存在。虽然呈现出百舸争流的发展态势,但也存在思维落后、路径误区、障碍难破、不能持续发展等问题。

5.2.1 内容低俗化

部分媒体在突出受众重要性、能动性的同时,一味地迎合受众的各层次需求,减弱了媒体作为传播主体的社会责任,从一个极端走向了另外一个极端。

1. 网络媒体低俗化表现

(1) 电视节目低俗化。电视节目低俗化是近年来伴随着电视产业化进程而泛滥的。很多娱乐节目,格调和品质走低端路线,以低俗、奇异取胜;一些民生节目,变"贴近"为"直观",追求猎奇,对人性丑恶毫不避讳,对社会负面现象大肆宣扬;一些情感谈话节目,热衷炒作个人隐私和社会边缘话题,甚至请演员扮演、编造故事;在婚恋交友节目中,追求话题"火爆""语不惊人死不休",使一些嘉宾扭曲的价值观得以传播,冲击社会伦理道德。

(2) 网络制作缺乏人文关怀。对于玄幻题材大热、IP火爆的现状,李京盛认为魔幻、奇幻、神幻、虚幻题材勿盲目,呼唤科幻;大IP勿盲目称大,勿背离主流文化价值的传承;资本助力艺术,勿盲目攀比高举高打。"电视剧不仅要颜值,更要价值,不仅要养眼,更要养心,不仅要解乏,更要解惑。"原国家新闻出版广电总局网络视听节目管理司司长罗建辉专门就网络剧的"发展现状与规范"做了报告。他指出网络剧存在问题是制作粗糙,精品比较少,跟风严重,部分题材把关能力明显不足,刑侦、灵异、暴力题材把关尤其不足,造成恶劣影响,故意打擦边球现象严重,有意冲击底线。

(3) 视听新闻内容失实,扭曲社会真实环境。新闻人都知道,真实是新闻的生命,但对于网络新闻发布者来说,及时性成了他们发布新闻的首要考虑因素,所以失实成了家常便饭。经济利益至上的网站片面追求新闻的速度和数量,忽视其真实性和质量,常出现新闻报道失实的情况。

在网络新闻传播条件下,新闻信息的摘抄、拼凑、嫁接极为方便,特别是在目前信息爆炸的情况下,制造出一条新闻并非难事,由于网站之间互相引用和摘抄,一旦一家网站发布了假新闻,可能很快就会被其他网站转发,造成假新闻的传播范围非常广,不良影响也就更大。

对于片面追求点击率的网络媒体来说,新奇醒目的标题更为重要,网络新闻发布者们不惜用一些不符事实、低俗不堪或是挑逗性字眼的标题,就我们接触的娱乐新闻而言,标题大多是与女性、性、丑闻有关系的,利用雷人的字眼制造噱头、哗众取宠,而正是这些庸俗、挑逗性字眼营造了一种颓废的网络社会风气。在众多新闻或公众号里,恶俗"标题党"并不少见。

业内分析人士认为,传统媒体的新媒体账号在这方面应当表现出更高的专业素养和责任担当。否则,片面追求时效而影响了真实性,既会丢失新媒体平台的受众,又会丢失原有的公信力。

2. 网络媒体低俗化成因分析

(1) 盲目迎合受众需求,价值观异化。不断消除对外部环境的不确定性,满足自身发展的需要,是受众接触媒体的根本动机,面对大数据上五花八门的信息,网民们已不再是被动的接收者,不同的受众由于经济地位、文化程度、职业特征等不同,对网络信息需求的兴趣也不一样,但他们都是在有选择性地使用和反馈。因此,网络媒体无论在内容的选择上还是在表现上,都渐渐走上了满足网民对性感、美女原始兴趣的道路,采用这种方式选择和加工的网络信息,如果没有生理障碍或特殊的毅力,一般的网民是难以抗拒其强烈的故事性和冲击力的,其注意力会被吸引,网络媒体的这种做法无疑能够吸引更多的网民,然而这样的需求只会让受众的媒介素养越来越低,审美趣味也不高,价值观异化。所以,媒体越是满足受众的这些需求,新闻报道也就越来越走向低俗,这样不断恶性循环下去,最终导致网络媒体的低俗成为必然。

(2) 过度追求商业利益,恶性竞争泛滥。随着大数据的盛行,各行各业的网站如雨后春笋般出现在大众眼前,各个网站为了生存,不断地挖掘互联网的潜在流量,网络媒体开始不断增加低俗内容的制作,以增加自身流量和吸引广告投入,而一旦获得利润就更加放肆地走向低俗,所以不管是标题还是图片、视频都做得特别醒目,越是露骨、越是血腥、越是耸人听闻,越是能引起网民们的注意,哪怕标题与内容、图片与事件毫无关联。

(3) 网站从业人员职业道德修养欠缺,责任感淡化。在网络信息发布中,记者作为信息的采集者、编辑作为信息的把关者,成为信息传播中的重要环节,但对网络媒体来说,记者入行门槛低、职业人员素质良莠不齐,使得记者的职业道德修养、价值取向很难达到标准,以至一旦发现受众的哪一类好奇心就将其放大性地给以满足,夸大事实,导致新闻连连失实。然而,作为编辑特别是网络编辑,在网络信息泛滥的同时,更应该做好把关人的角色,将低俗化信息扼杀在萌芽状态,但是网络编辑为了完成版面、增加点击率,没有事实根据地胡乱转发,而不顾及传播效应,从业人员在选择新闻时,只以事件是否具有所谓的新闻价值,即能否满足人们的好奇心、能否引起轰动效应作为标准,甚至一味地迎合部分人的低级趣味,而往往将新闻中最重要的因素忽略,将社会责任抛于脑后。

(4) 新闻法规不健全,政府监督弱化。我国的媒体一向被视为党和政府的喉舌,是舆论宣传的工具,我们也可以看到,从中央到地方的各级主流媒体,都受到党和政府的严格约束,但是对网络媒体、社会新闻、娱乐新闻的监督却是薄弱的。正是由于政府的管理薄弱,使网络媒体传播从娱乐化逐步走向低俗化。

3. 内容低俗化对受众和社会的影响

低俗化内容的传播对媒体受众会产生消极的影响,引发社会范围内的负面价值观导向问题。

(1) 对于受众个人价值观层面的影响。网络视听新媒体存在着难以计数的迎合低级趣味、包含负面思想的信息内容,影响个人正确价值观的确立。尤其是对于青年人的价值观无疑产生了极恶劣的影响。此外,很多网络视听新媒体热衷于报道负面事件,也在一定程度上造成了受众辨析事物的阴暗心理。行使舆论监督职能是媒体行业责无旁贷之职守,无可厚非,但是当前国内很多网络视听新媒体在处理新闻事件上常有"厚此薄彼"之嫌,对于负面事件怀有更高的报道热情,这种选择性报道的后果就是在媒体受众中间形成了对于社会的单向负面认知。

(2) 对国家整体价值观层面的影响。当前网络视听新媒体包含一部分煽动不理性情绪,严重危及了社会舆论场与国家文化安全体系的稳定性。如前些年的"郭美美事件",部分媒体炒作与传播该条新闻,严重打击了国内公立慈善组织的声誉,造成了一些民众对慈善组织监管方的不满,挑战了政府的公信力。近年来,网络视听新媒体上常有关于各地民间群体性事件的不实视频流出,主要集中于一些设施修建引发周边民众抗议、少数民族地区民族矛盾等方面,如个别网站曾将某地因核电站、PX工程修建引发的偶发性群体事件的影像资料反复安插到其他工程选址地,造成一种群体事件"常态化"的假象,类似于此的失实报道不可避免地煽动了部分民众对国家政策的抵制情绪。更有甚者,一些网络视听新媒体上还传播有自诩为"学者"的所谓讲座,散布历史虚无主义、无政府主义、崇洋媚外等与社会主义核心价值观相悖的消极思想,极大地挑战了我国的文化安全体系。

4. 抵制网络媒体低俗化的对策

针对当前网络视听新媒体行业发展态势与存在的问题,从受众、从业人员和相关责任部门三个方面入手,进一步完善现行的监管策略,使之更适应促进网络视听新媒体行业的高速与合理发展。

(1) 加强受众的媒体素养教育。一个拥有良好媒体素养的人,能有效地运用网络媒介,阅读和辨别网络媒介信息,不受网络媒体的操纵和蒙蔽,成为一个精明的媒体消费者。媒体素质教育也就是帮助受众辨别媒体与社会的真实,形成对媒体性质和功能的正确认识,并学会如何使用传媒、如何利用传媒发展自我。对受众而言,学校媒体素养教育最具可操作性,而学生正处于成长发育阶段,可塑性最强,从学校教育入手,把媒体素养培养作为一门课程列入学校的教学计划,在中小学和普通高校可以开设不同层次的媒体素养课程,让学生自己举办各种媒体等实践活动,使他们提前学会正确使用媒体,清晰地分辨媒体所传播的信息,抵制低俗的媒体文化产品。

(2) 加强从业人员职业道德规范和人文关怀意识。对于新闻从业者来说,职业道德的基本要求即追求新闻的真实性。受众首先需要的是获取信息和知识,来消除其对外界的不确定性,其次才是休闲性内容,但是人们对知识处理、建构信息的能力有限,这就要求作为把关人的媒体从业人员充分认识并着力强化自身所担负的社会责任,不仅要报道真实准确的信息,更要引领受众分辨不良信息,朝着良胜的轨道健康发展。同时,媒体从业人员也应该加强人文关怀意识,即对人的生存状况的关注、对人的尊严和自由的保护、对社会负起责任,其中抵御冷漠与低俗的侵蚀是网络媒体工作者职业操守的重要内容,是网络媒体实现人文关怀的必要条件。

(3) 加强政府对于新媒体视听产业的规制和引导。政府对于广播电视传媒产业的规制和引导是影响广播电视传媒发展的关键,能直接影响传媒产业的竞争态势与发展格局,因此,必须深化广电体制改革,建立公平的市场机制,加强广播电视媒体特别是电视媒体的监管和电视产业的引导,进一步推进广播电视的声屏净化与市场繁荣,以开放的视野和客观、理性、包容的心态,高度关注广播电视媒体在融媒体环境下的变化。

为此,国家新闻出版广电总局于2011年10月25日颁布《关于进一步加强电视上星综合频道节目管理的意见》,要求自2012年1月1日起,34个电视上星综合频道要提高新闻类节目播出量,同时对部分类型节目播出实施调控,以防止过度娱乐化和低俗倾向,满足广大观众多样化、多层次、高品位的收视需求。并对节目形态雷同、过多过滥的婚恋交友类、才艺竞秀类、情感故事类、游戏竞技类、综艺娱乐类、访谈脱口秀、真人秀等类型节目实行播出总量控制。

不可否认,网络媒体在带给受众丰富信息的同时,也给受众带来了困扰,要抵制网络媒体低俗化现象,还需要受众、媒体、相关部门等的共同努力,以制造一个绿色、健康的网络环境。

5.2.2 无序竞争

1. 版权在新媒体时代下遭遇的困境

新媒体时代是一个版权时代。新媒体时代的本质是运行版权。新媒体快速运行版权,内容就是版权法保护的各种作品,包括已有作品和未来作品、有版权作品和过保护期作品、原创作品和衍生作品等。这些作品借助信息平台并以信息形式进行复制和传播。版权法保护一切人类需要的有价值、有意义的知识信息和思想信息等,新媒体则能够使这些信息在同一个时间、不同的空间同时出现,最大限度满足人们获取作品的需求。迅速传播、立刻传播,为每个人公平地获取有价值和思想的信息一直是传媒的使命,新媒体为这个目标实现提供了坚实的基础。

在新媒体环境下,版权法却遭遇了意外的困境,甚至面临生存还是死亡的挣扎。一方面,新媒体信息技术和网络技术使传播成本接近0,获取的便利使收费成为争议性问题;另一方面,新媒体需要运行大量的作品和思想信息,版权的财产权保护期限也为经营者获取经营信息制造了巨大的障碍。因为版权的财产权保护期最少为作者终生加死后50年,这个保护期限对任何作品都是同样的保护标准,因此,向作者购买许可并经许可付费才能使用作品的版权,也为获取作品增加了谈判成本。复杂的版权关系制约了出版,正常的获取版权许可的途径很艰难。新媒体时代版权侵权"海盗"与"罗宾汉"并存。海盗的盛行直接侵害了作者的合法权益,导致大量的作者不再投入长期的辛苦劳动,转而创作"快餐"短期作品。新媒体时代作家维权艰难。行业内有一些媒体及其从业人员放弃社会责任,一味追逐商业利益,致使盗版、新闻炒作等不良现象屡禁不绝。

在一个没有版权保护的舆论环境中,首先是媒体之间陷入无序竞争状态,媒体市场上出现媒体工作者失去创新动力的"逆淘汰"现象,因为侵权盛行的环境中,媒体侵权的收益高于成本,创新却屡屡成了"为他人做嫁衣",媒体机构和创作者均失去了对内容投入更多人力、财力及智力的动力和热情,市场的激励机制失灵。如此一来,不仅将损害创作方、传播方和使用方等各方利益,而且长此以往,也将影响整个传媒产业健康持续发展。

2. 新媒体版权侵权方式

近年来,网络侵权案件呈井喷式增长,以视频网站作为被告的信息网络传播权侵权案件在著作权侵权纠纷中占据了主要部分。如"百度公司侵权案""快播公司侵犯著作权案""土豆网侵权《舌尖上的中国》案"等,都引起了社会的广泛关注。除视频网站的侵权问题外,网络转载也成为侵权纠纷的高发区。2013年6月,"中国新闻网"起诉浙江同花顺网络公司涉嫌转载海量新闻的侵权案件,涉案作品上万篇;2014年6月24日,搜狐网对"今日头条"网站侵犯版权和存在不正当竞争行为提起诉讼,索赔金额1100万元。这充分说明,互联网技术的发展,已经根本性地改变了作品的传播方式,新媒体作品的保护问题也日渐成为司法案件的热点。

新媒体版权侵权主要表现在以下两方面。

(1) 侵犯新媒体作品的复制权。复制权是指以印刷、复印、拓印、录音、录像、翻录、翻拍等方式将作品制作成一份或者多份的权利。新媒体平台可以为各种盗版侵权行为提供复制技术基础,用电子手段或数字形式复制作品已成为比较普遍的现象。侵犯新媒体作品的复制权是新媒体版权侵权行为的主要表现形式。

(2) 侵犯信息网络传播权。信息网络传播权是指以有线或无线方式向公众提供作品,使公众可以在其个人选定的时间和地点获得作品的权利,这种权利还延及表演者、录音录像制造者、演员及唱片制作单位,他们对其作品也可以享有网上著作权。

3. 新媒体版权侵权主要特点

(1) 侵权盗版趋于隐蔽。由于网络新媒体无形性的特点,视听节目作品即使被侵权人擅自使用,也并不会影响著作权人的正常使用。而且网络视听新媒体传播速度快、范围广、易被删除,不受时间和地域的限制,使得网络侵权行为和侵权结果很难被发现、认定和取证。

(2) 侵权盗版涉及面广。随着移动互联网视听服务、IPTV、互联网电视的爆炸式发展,侵权行为不仅涉及PC网页,还全面涵盖了PC客户端、移动客户端、电视盒子等诸多领域。而且侵权客体也从单纯的热播影视变得更加多元化,综艺类节目、网络自制剧、微电影、体育赛事、教学课程等均被列入其中。在权利主体、侵权行为主体、侵权方式的定性等方面成为新的课题。

(3) 侵权盗版形式多样。随着P2P、云存储等新技术的应用,侵权的形式和盗版的技术也不断更新,主要有:一是盗链,服务提供商本身不提供服务内容,而是通过技术手段绕过其他有利益的最终用户界面,直接在自己的网站上向最终用户提供其他服务提供商的服务内容,骗取最终用户的浏览和点击率,大量无偿地使用他人的版权资源,盗用他人的存储和带宽资源;二是客户端式盗版,将视频以聚合和嵌套的形式放在客户端播放器中,使用户下载包含侵权影视作品的客户端;三是P2P式盗版,2014年1月,北京市海淀区人民法院对视频网站"2345rb.com"和"星际s电影"利用P2P技术,通过播放器盗版网络视频一案进行宣判,这是国内首例个人利用P2P技术侵犯知识产权获刑责的案件。

4. 版权保护我们还在路上

这些年来,关于版权保护的话题并不新鲜,但是侵权现象也如同行业顽疾,久挥不去。这不仅与相关法律法规的制度刚性、行业组织等机构在版权争议调解等方面的衔接机制建设不足有关,也表明全社会尊重原创、保护版权的氛围有待培育,媒体及互联网企业严格自律的行业环境有待养成。新媒体领域的知识产权保护意识已经越来越强,几大视频网站正在着力解决版权问题。但面对拥有新技术、内容海量、传播迅捷的网络媒体,传统媒体依然面临着维权的困难和尴尬。当前,一方面,新媒体上存在着大量随意的、恶劣的、掐头去尾的嫁接、转载和"洗稿",法不责众成为默许的规则。另一方面,维权能力弱、维权复杂、维权成本高等也是传统媒体面临的困境。

"第八届中国版权年会·保护新闻作品版权论坛"在北京新华社新闻大厦举行。新华社社长、党组书记蔡名照在主旨演讲中指出,无论是传统媒体还是新兴媒体,原创内容都是核心资源,新闻作品版权是媒体的核心资产。保护好媒体的新闻作品版权,才能将内容资源转化为版权资产。

"应该说,我国《著作权法》在保护网络版权方面已比较健全,媒体遭遇侵权并不是法律缺失造成的,但媒体维权的确面临着一定困难。"业内人士介绍,之前《新京报》起诉某网站非法转载其内容,但当地法院却要求《新京报》按被侵权文章"一篇一起诉",结果《新京报》要起诉7706次,只能无奈撤诉。此种风气之下的新媒体环境,版权意识淡薄、版权保护不力,无论传统媒体还是新媒体,其实都是侵权者,也都是受害者。"传统媒体以成熟的采编队伍和巨额成本,采写了及时有效的重大新闻和难以复制的深度报道,大都被新媒体无授权无偿使用;新媒体很多投入巨大的原创内容,也轻易被传统媒体无偿转载。这样下去,新闻专业精神和专业队伍都会受到损害。"

为治理这种无序竞争状态,我们应该从以下几个方面建立完善新媒体版权的保护。

(1)加强行政保护。加强立法是网络视听新媒体版权保护体系中最重要的一个环节。我国先后通过修订国家基本法、颁布新的司法解释等,形成一套从民事权利、行政、刑事三方面保护的法制系统。从2005年开始,国家版权局联合国信办、工信部、公安部等部门,开展"全国打击网络侵权盗版专项治理行动",对非法网站、非法传播电影等侵权行为作出严厉整治,成效显著。

2013年12月,国家版权局召开打击网络侵权盗版专项治理"剑网行动"新闻通气会,公布百度影音、快播播放器,在未授权的情况下盗版视听网站内容的行为,构成侵犯信息网络传播权,并分别向百度、快播公司下发行政处罚决定书。同时,将360视频及音乐网站也纳入监管范围。

2014年4月,国家版权局公布2013年各级版权执法相关部门侦查破获一批侵权盗版重大案件,其中包括网络影视、网络动漫、网络音乐等领域侵权盗版行政处罚案件,以及网络游戏、音像制品等侵权盗版刑事案件,涵盖侵犯著作权案件的不同类型。

同时,广播影视行政部门相继出台一系列管理政策,成为行政保护体系中不可或缺的一部分。国家新闻出版广电总局先后于2004年7月发布《互联网等信息网络传播视听节目管理办法》(广电总局第39号令);于2007年12月,与原信息产业部联合发布《互联网视听节目服务管理规定》(广电总局、信息产业部第56号令);于2012年7月、2014年1月,分别制定并下发《关于进一步加强网络剧、微电影等网络视听节目管理的通知》(广发〔2012〕53号)及《补充通知》(新广电发〔2014〕2号),明确提出相应的网络视听新媒体版权保护要求,强调采取版权保护措施,充分发挥引导规范作用。

当前,面对网络版权保护对象大量增加,版权管理工作任务明显加重,如何强化版权行政管理,改革管理和执法体制,完善机构设置和职能配置,提高整体效能,使版权管理合理化、法治化,适应当前各领域版权事务的迅速变化和发展,是当前存在的问题。

(2)合力营造新媒体版权保护的社会环境。面对新媒体版权侵权问题大量存在,侵权案件数量逐年递增的社会现实,在加大新媒体版权行政保护力度的同时,建设全民参与的社会保护环境也非常重要。通过充分发挥社会力量,合力营造良好的版权保护社会环境,为新媒体版权保护构建坚实的社会基础。

2005年1月,由网络运营商、内容服务商、著作权人三方共同发起的、全国性的、非营利性的自律组织——中国互联网协会行业自律工作委员会网络版权联盟成立。旨在通过行业自律维护网络版权,推动信息网络版权法律的实施,为中国互联网用户提供具有合法授权的内容和服务。

2009年9月,由搜狐网、激动网等100多家互联网视频版权所有和发行单位共同创建中国网络视频反盗版联盟,先后两轮在法院起诉68起和111起网络视频盗版侵权案件,在网络视频领域掀起了一场维护正版影视版权的风暴。

2010年1月,人民网、新华网、搜狐网等101家网站联合签署《中国互联网行业版权自律宣言》,向全社会做出"坚持先取得授权再使用作品的原则,不以任何方式传播未经版权人授权的作品"等十项承诺,自觉维护良好的互联网版权环境。

2014年4月,由氧气听书、浙江电子音像出版社等单位联合全国听书作品版权各方权利人以及广大听书作品作者和播音者,发起建立国内首个"中国听书作品反盗版联盟",向音频盗版侵权行为宣战,推进听书行业的正版化进程。

各行业协会正在积极发挥着协调作用,整合多方力量,发挥资源优势,监督侵权行为及时分享信息,协调各方利益,引导整个视听新媒体行业的健康发展。

(3) 创新技术保护

目前,我国网络版权保护方面的技术措施主要是对访问用户采取限制措施、信息加密等,此外还有数字水印技术、数字版权保护技术(DRM)、影视基因技术、SDM工等,许多著作权人开始在影视作品和网络上使用各种技术手段保护自己的权利。技术措施本来是存在于法律之外的一种私力救济手段,它有效地防止了作品被非法复制、传播和利用。但技术是不断向前发展的,再先进的技术措施总会被更先进的技术规避措施所突破。而且一些技术手段也有其局限性,比如数字水印技术,只能在发现盗版后用于取证或追踪,不能在事前防止盗版。由于购买和使用成本较高、实际效果却不甚明显,版权技术还需不断创新并得到应用。

总之,网络视听新媒体技术的快速发展和广泛运用,不断改变着社会资讯、精神文化产品的传播方式,对网络版权保护工作提出了更高、更迫切的要求。我们还要继续完善相关法律法规,理顺行政执法体制,推动行业自律机制,提高全社会版权保护意识,研发技术保护新措施,切实建立健全全方位的、适应新情况的、行之有效的网络视听新媒体版权保护体系,促进网络视听新媒体产业繁荣有序发展。

5.2.3 内容同质化

网络传媒的信息来源极度广泛,且又难以像传统媒体那样对消息来源进行把关、审查,网络上的消息经过许多网站反复转载,各取所需,断章取义,有的最后竟与原文大相径庭。有的网络媒体任意转载传统传媒的新闻或其他形式的作品,容易造成侵犯他人知识产权的现象。

从私自转载转引、不署作品来源,到对原文改头换面、拼凑嫁接、断章取义,甚至抄袭剽窃,各种乱象纷至沓来,整个媒体行业将成一池浑水;其次是受众知情权、选择权等新闻权益失去保障,因随意转载、抄袭盛行,人们从媒体上接收的信息和内容少有更新、创新,形式雷同,内容肤浅,各个平台上的内容出现单调、沉闷、乏善可陈的局面。"从当前新媒体发展的实践来看,一些新媒体仅仅被当作技术和渠道,或者仅仅是为了赶个时髦。罔顾自身实际,盲目跟风新的传播形态,而不是考虑打造符合新媒体传播规律的产品。结果是新瓶装旧酒,换汤不换药,导致新媒体内容同质化严重,出现了一批'僵尸产品'。既浪费了大量资源,又没有产生良好的传播和社会效果。"人民网舆情监测室副秘书长刘鹏飞指出。

面对蓬勃发展的网络新闻市场,不仅各大媒体纷纷开辟"两微一端",就连各种手机浏览器、视频平台、社交软件、电商应用等也都开始部署内容开放战略。记者仅通过安卓应用商店,就搜索到了465个新闻资讯类应用。新闻端口众多,媒体数量激增,各种信息量呈井喷式增长,甚至出现泛滥态势。

在竞争白热化趋势下,一些媒体片面追求速度与时效,互相复制转载,产出大量信息垃圾。不少网民抱怨,每天一连无线网,手机就震动不停,同样的内容频繁地被各大应用重复推送,让人不胜其烦。更有网友表示,现在的"推送"已经成了"吸引"的反义词,信息刷屏令人避之不及。

互联网内容同质化的主要原因有两方面:一是内容平台缺少原创动力。任何文化产品的研发都需要一定投入,而直接去克隆一个已经成型的文化产品,投入基本为零,反而还会有一个可预见的收益,所以跟风盛行。好产品做出来,很快就"被同质化"了。二是很多内容平台没有形成品牌意识,仍处于早期的原始积累阶段,造成了现在的同质化局面。

同质化问题在网络文学这条供应链上更是不断加剧。原国家新闻出版广电总局数字出版司网络出版监管处副处长程晓龙认为,目前我国网络文学"大而不强,丰而不富,多而不优,快而不稳"。在受众市场和商业逻辑的推动下,网上类型化作品往往扎堆出现。记者从晋江文学网了解到,在被普遍认为已经过度饱和的"宫斗"题材下,仍有大量写手以每天 5000~10 000 字的速度不断产出,网络文学作品在数量疯长的同时逐渐走向泡沫化,滥竽充数者众多,甚至劣币驱逐良币。

作为网络文学衍生品,"IP 剧"在 2015 年呈现爆发式增长,而观众关注度却屡次"爆冷",几部"宫恋剧"收视率均是低空掠过。有专家指出,故事题材类似、情节架构雷同、人物形象刻板、后期制作粗劣的套路化运作,已让观众失去新鲜感、产生"免疫力",IP 自身的光环再盛也难抵题材同质化的"副作用"。

就目前来看,内容网站品牌建设的思路和途径是多样化的,关键要明确自己的定位和方向,进行有针对性的建设。比如优酷本身就是 UGC(用户生产内容)起家的,而它的自制剧就是在大量 UGC 调研的基础上来形成 PGC(专业生产内容)。而爱奇艺、搜狐等视频网站则更倾向于 PGC 端的生产,因而会推出一些优质的网络节目。移动互联网时代是聚焦竞争,用户分层和个人化倾向越来越明显,从大众传媒向窄众传媒的转化应该是趋势所在。做纵向的窄众用户深挖,显然比大而全地横向发展网站有价值,它能够更精准地面向用户,提供更专业的内容,因此也会在衍生品与产业链开发方面具有优越性。

下面就以网络自制剧为例分析国内网制剧存在的问题。

(1) 内容同质化,艺术性不足。

我国网络剧内容同质化严重。搜狐出品的《屌丝男士》与优酷出品的《万万没想到》同为轻喜剧,腾讯出品的《探灵档案》与《暗黑者》同为悬疑推理剧,这些类型虽填补了现有电视剧类型的空白,但相同的题材、风格乃至剧情使得观众审美疲劳。

另外,我国网络剧还缺乏艺术性,娱乐化色彩偏重,在一定程度上忽略了人文价值的彰显,与美剧相比差距很大,如《纸牌屋》在讽刺政治的同时更表现了对权力和欲望的深层解读,体现对人性的反思。我国许多爆红的网络剧内容肤浅,如《太子妃升职记》就含有许多低俗不雅的段落,满足观众一时的感官刺激而缺乏长久价值。

(2) 原创优质剧本严重缺失。

从内容本身来看,网络剧出现同质化、艺术性不足的根本原因是缺少原创优质剧本,剧本的缺失使制作商不得不为增加剧情吸引力而诉诸娱乐甚至低俗元素,加之网络IP大热,各大制作商争相购买IP更遏制了原创力量的发展。

总的来看,网络剧已成为视频行业快速崛起的链条,其引发的经济效应不可小觑。打铁还需自身硬,网络剧要想获得良性发展,需要直面自身存在的问题,在内容上发展原创剧本、注入人文情怀,在制作上统一标准、深层参与,在赢利模式上多元发展,实现跨媒体经营。随着产业的不断成熟和市场秩序的完善,网络剧将在未来几年继续突起,甚至改变现有电视剧从生产到传播到赢利的模式,这种态势是确定无疑的。

在这个移动互联网的时代,竞争是聚焦的,用户分层和个人化倾向越来越明显,从大众传媒向窄众传媒的转化应该是趋势所在。做纵向的窄众用户深挖,显然比大而全地横向发展网站有价值,它能够更精准地面向用户,提供更专业的内容,因此也会在衍生品与产业链开发方面具有优越性。

现在很多垂直网站大多缺少对内容的深挖能力,往往挖到一定程度就挖不动了,在遇到竞争压力之后,为了继续做大产业,只好再做横向发展,最终还是会走向平台化生产的矩阵。实际上,还是做浅表综合业务的思维方式在作怪,这反映出某些专业领域缺少专业人才引领的问题。

5.2.4 传统媒体的话语权、公信力减少

在移动互联网、物联网、云计算技术的共同推动下,大数据时代的到来已成为不争的事实。"数据已经渗透到当今每一个行业和业务职能领域,成为重要的生存因素"。社会化媒体凭借自身技术优势向大数据靠拢,成为适应大数据时代的核心媒体。与之相反,传统媒体话语权被稀释,生存空间被挤压,面临着前所未有的生存困难。

1. 传统媒体的困境

(1) 新闻时效性差。传统媒体的新闻线索主要由通讯员、群众提供或记者实地采访后发现,而收集来的新闻线索需要经过筛选、编辑、编排等环节,并由具有专业经验的人士层层"把关"之后才能公之于众。传统媒体的新闻时效和出版周期一般是以天为单位,但是在现代网络化社会,"天"为单位似乎显得很漫长,新闻的定义正由"最近发生"改写为"正在发生""即时发生",新闻信息的生产也向现场发稿、滚动发稿的方式转变。而报纸受出版周期的限制,在时效性上比新

媒体慢了"半拍",难以满足快节奏生活方式下人们的信息需求。互联网技术的发展使每一个用户都可以在事件发生的第一时间通过手机等移动设备发布新闻,可以是几句话也可以是照片、视频、音频等,新闻制作成本大大降低,新闻发布简单、快捷。

随着技术进步,新媒体在内容报道中越来越占据重要的地位,频繁亮相于危机事件当中。比如马航失联事件、汶川地震事件,以门户网站、微博、微信等为主体的新媒体充分发挥主力军的作用。以往稳坐头把交椅、紧握话语权的传统媒体,这些年在与新媒体的对抗中,却常常处于相对疲软的境地。以传统媒体的老大央视为例,近年来央视每一次义正词严的报道,都会时不时地遭遇"舆论逆流",过往树立的舆论权威形象频繁遭受打击,人们不再对其报道的内容全盘接收,更多时候是扮演一种看客的角色,对其报道的信息进行甄选、质疑后,再进行选择接纳吸收。

(2)人才构成单一。与传统意义上的数据不同,基于云计算、物联网等技术而产生的大数据记录了人类活动的各种分散信息,包括政府、企业、社会团体等主动公开的数据库、媒体自己建立的数据库、用户数据、社会化平台上的 UGC(即用户制造的内容)、移动终端的地理信息、物联网及各种传感器捕捉的数据。海量的数据资源一方面成为新闻生产可供挖掘的富矿;另一方面又在新闻传播技术层面对新闻工作者提出更进一步的要求。而当前,传统媒体的人才结构主要以文字编辑和摄影记者为主,信息收集、分析和处理技术的能力相对较弱。因此,虽然对大数据有效加工会产生巨大的价值,但传统媒体对大数据的实际利用率较低。

(3)受众忠诚度低。互联网技术的发展,移动终端的普及,催生了去中心化的传播模式,直接消解了传统媒体的传播特权。第一,网络新闻的发布几乎与新闻事件的发生同步。人们只需要借助移动终端便可以随时浏览资讯,了解事件的最新动态,满足自身对于新闻信息的需求,而不必单纯依赖定时刊的传统媒体来获取新闻;第二,网络的交互性赋予用户前所未有的参与感和自由度。用户不仅可以第一时间代替记者进行现场报道,还可以自由地发表评论,交换见解。而相比之下,传统媒体的新闻时效性差,受众干预能力较弱,导致受众忠诚度下滑,广告投放量缩减,媒体生存环境恶化。

2. 传统媒体的出路

鉴于提到的公信力下降问题,传统媒体要寻求自救,不然只能在激烈的报道环境里被淘汰。那么,传统媒体要如何找到自己的出路呢?

(1)改变观念,适应新形势。新的技术传播对传统观念是一次大的冲击,必须转变观念、适应新的形势,发现和利用新技术,为改革发展服务。面对强大而又迅速传播的新技术,传统媒体应该抓住机遇,争取主动,该公布的事实应该及早公布。

现在互联网等技术十分发达,想掩盖事实是比较难的。尤其是微博等的发展,使受众了解新闻事实的方式越来越多。因此,事件发生之后,如何抢占第一时间并提供最为准确的报道,成为传统媒体应该考虑的问题。新的传播手段,凡是有条件、有能力掌握的,要尽快地适应,去接触、去运用。网上有很多混淆是非的言论,但是网上也可以看到很多真实的东西。传统媒体的新闻工作者要善于利用新媒体上面的资源,使自己眼界更为开阔,获取新闻的来源更为丰富。而且,要善于学习先进的技术手段,为自己掌握最新情况提供服务。

(2) 勇于创新,谋求新发展。创新是媒体发展的动力。在美国,无论是新媒体还是传统媒体,都十分注重创新,都有自己的个性和新颖独特的风格,这是他们能够在激烈的竞争中生存和发展的基础。创新引领发展,不管是机制或者体制方面的创新,还是新闻内容或者形式的创新,都能为传统媒体带来新的发展。

正如新闻贵在发现,报道贵在创新。传统媒体在报道新闻时,可以在报道理念、报道内容、报道方式、表现形式上,实现创新。比如说在报道角度上,就可以做到大处着眼,小处落笔,追求大众视角。例如说传统媒体对会议新闻的报道,假如一味地模式化报道,受众肯定不愿意花更多时间阅读、观看新闻。所以,记者应该善于抓住"闪光点",尤其是观众"应知"的"点",将会议新闻写出生色,写得让受众能够高兴接受。

创新是传统媒体生存发展的推动力,这里的创新不仅指形式的创新、内容的创新、赢利模式的创新,还要追求传播方式的创新,这一点就需要传统媒体寻求和新媒体的合作,追求共赢的局面。

(3) 引用人才,积聚新能量。强调人才的核心地位。在新媒体的冲击下,传统媒体要发挥自身"内容为王"的优势,保持品牌效益,继续增强在受众心中的信任度以及满意度。积极引用新闻人才,既要加强采编队伍的建设,也要增强营销管理方面人才的培养,更要注重引进懂得新技术运用方面的人才。在人才的引用与培养方面,要尽力做到使他们能够获得比较多的发展机会,给他们提供更多获得培训的机会,促使个人的能力得到提高,尤其是专业技能方面,让他们的利益回报跟他们的预期比较匹配。

总的来说,传统媒体应该放开心态,促进改革发展,坚持创新,强调人才的核心地位,贴近群众,善于运用新技术。利用足够好的内容质量,利用新技术新思想带来的新的传播模式,才能产生足够好传播效果,吸引足够多的受众。

媒体融合转型是时代的使命,对于互联网和新媒体,未知远远大于已知。在媒体平台建设的艰辛探索中,必须切实把握传统媒体的"痛点"、融合转型的误区、新媒体的发展趋势,把媒体转型当作科学去研究,当作事业去追求,当作使命来献身,方能实现媒体的华丽转身。

① 要有位卑未敢忘忧国的政治意识。互联网的发展使党的执政环境发生了

深刻变化，体制内的官方舆论场和自媒体时代的民间舆论场之间的分歧和对立越来越明显，少数网民在网络上肆意妄为，任意宣泄对社会不满；一些意见借助网络平台散布、宣扬各种歪理邪说；少数网络大V利用自己的影响力散布各种谣言和非法言论；一些网络事件通过网络、自媒体广泛传播正日益影响到现实社会。一个不可否认的事实是，网络的议题设置能力牵引着纸媒等传统媒体的议题设置，这种线上对线下的冲击比以往任何时候都强烈，以至一些传统媒体在逐渐丧失舆论的引导权、话语权。如何在互联网时代加强党对新闻媒体的领导、解决好"挨骂"的问题，夯实党的群众基础和执政基础，是摆在我们面前的一项重要政治任务和重大课题。媒体转型的初衷就应该是坚持问题导向，作为每一位新闻工作者、宣传工作者，应该有位卑忧国、匹夫有责的情怀和担当。

② 要有大胆探索、锐意改革的创新意识。互联网对传统媒体的冲击首先表现在思维理念和运作方式上。传统媒体这种"主观主义＋经验主义"的操作手法，越来越脱离受众的需求。在媒体转型成为必然的大环境下，大多数传统媒体的转型之所以不成功，就在于没有突破传统观念的束缚，仅仅是做内容的搬运工，而忽视了互联网时代受众对信息不仅仅停留在接收，更多的是发布、分享和社交的需求，这种社交化、移动化趋势，让信息因为受众的创造、分享而变得更有价值。这种冲击还表现在体制机制上。在原有思维和体制基础上谋求转型的过程，总是受到理念观念的冲撞和体制机制的掣肘，效果不明显而且耽搁时机。因此，我们按照互联网思维、公司化运作的机制构建一个全新的运作平台，通过"效率竞争机制"的制度安排和"增量带动存量"的改革思路，逐步带动促进传统媒体转型，真正突破"地区封锁、行业壁垒、所有制障碍"的现存媒体格局，最终实现传统媒体和新兴媒体的融合发展、一体化发展。

三是要有敢为人先、勇争第一的龙头意识。新一轮信息技术改变着我们的工作和生活，也改变了很多行业的游戏规则，谁拥有最尖端的互联网技术，谁就有可能实现"弯道超车"，坐上行业的"第一把交椅"，这种新的"打法"为媒体转型提供了机遇。充分抓住时代机遇并依靠核心技术的拥有和运用，就有可能迈入全国新媒体第一阵容，成为媒体融合的领跑者。这为那些在传统媒体上不具优势，但在媒体融合上想要领跑的人提供了无限可能。媒体转型就是要利用互联网的规律，掌握大数据技术的机理，找准转型的正确路径，用站在制高点的技术来整合资源，屹立在食物链的顶端，实现科学发展的一步到位。在实际探索中，我们认为，互联网的"争做第一"法则对新媒体的可持续发展有着深远影响，新媒体的发展必须要争做第一，只有成为行业的排头兵，才能在激烈的市场环境中生存，才能吸引源源不断的资金、人才、技术资源，才能让强者更强，把影响力转化为舆论的引导力，不断强化舆论地位和公信力。

5.3 未来媒体环境展望

在这个媒体环境日新月异的时代,每天都会有新的媒体产品诞生,视听节目的内容和形式也都不断丰富,创新是媒体产品长期保持活力的重要因素,产品创新主要是指视听新媒体的形式和功能日渐多样化,为用户带来更多种类的视听体验;内容创新是我国视听新媒体行业亟须加强重视的方面,前文我们已经提到多类视听新媒体业务存在的原创内容匮乏、内容同质化等现象,只有通过内容创新来应对内容困境,才能满足受众多元的需求;政策创新主要是指我国视听新媒体。行业的政策仍不够健全,而行业的发展离不开政策的指引,所以政策创新的必要性也显而易见。

5.3.1 媒体微观环境预测

1. 媒体产品预测

科技的进步最终目的就是为人类提供更为便捷的服务。对于新媒体产品也一样,是否被广泛接受,是否能带来一系列变革,关键因素在于其是否能提供新的更为便捷的服务。

由于新媒体技术的进步和互动性的增强,可以看到,当今的新媒体产品正在更加贴合于人们的需求。这种贴合性体现在,新媒体产品会紧密追随用户的需求,为其量身定制。传统媒体时代,"一点"对"众多"的信息传播自然难以达到这种要求,随着新媒体时代的到来,信息技术的进步,特别是越来越成熟的大数据采集分析,使得这种定制越来越贴合于群体与个体用户的潜在需求模式。每个用户都是独一无二的,每个用户都想要专属自己的一种新媒体产品,因此未来新媒体产品无论在产品内容还是在技术服务上都会贴合性更强,黏度更高。新媒体产品未来的发展趋势,体现在如下。

(1) 内容全面化、精准化。随着新媒体个性定制程度的日益提升,每一个体在选择收看新媒体内容的时候都体现出一定选择性,推送是按照受众个人喜好出发的,那么新媒体产品内容在制作上就可以考虑精准的实施。同时,在各种商业经营方式的共同推动下,亚文化和小众的内容也是有发展空间的。此外,由于未来融媒体平台日益实现深度应用,新媒体产品将被要求具有无限连接特性,即从一个表达文本到另一个表达文本,任何希望搜索和获取的服务内容都是相连的,且能够快速呈现在用户面前,这也要求新媒体产品有十分广泛的内容。

(2) 形式全媒体化。传统媒体在文字、声音和影像等方面,进行的是分裂式呈现,不同媒体刺激的是受众的单一感官。而新媒体产品技术的进步,已使得全媒体的展现装置,如智能手机、平板电脑等,能够支持受众得到全媒体的视听需求。新媒体产品在形式上具备一种全媒体表达特性,而新媒体内容的生产、技术和管理也都将需要相应地进行全媒体化。新媒体技术的发展，使得任何一种媒体形态都能在统一的数字生产经营平台上进行转换，无论是新媒体内容的生产阶段、技术设计阶段，还是管理阶段，都可以将传统形态与新媒体形态进行一体化融合。

（3）界面虚拟化与传播生物化。新媒体产品凭借新技术的应用，可以承载更多样、更直观的交互方式，新媒体技术提供的可能性越多，产品内容就越能够激发用户的使用兴趣，并形成更强的用户黏性。

由其掌上化、移动化的特征和多点触控技术的应用所决定，当前一代的新媒体在交互创新上较为集中体现在借助手部动作创造更多的交互模式。在智能手机的触摸屏上，"点击"是最基本的交互方式，在此基础上，新媒体产品正在支持更多的操作方式，如拍打、轻敲、旋转、滑动、利用重力和方位变化进行交互、利用语音感应实现智能化、利用气流感应实现新交互方式等。这些是众所周知已经实现的人机互动交流体验，但从一定意义上说，这种人机交互机制仍然过于机器实物化，基于用户体验优化与平衡发展的需求，这种人机交流界面在未来将进一步转向虚拟化、生物化。

（4）互联网电视、移动互联网、户外生活圈媒体成为新崛起的优质沟通渠道。

① 互联网电视（计算机、网络机顶盒、IPTV）。根据 CTR 媒介智讯《2016 年广告主营销趋势调查》显示，广告主对互联网电视的使用意愿增强，包括互联网电视在内的 OTT 广告收入快速成长，传统电视的主力行业同样重视 OTT 渠道（OTT 是"Over The Top"的缩写，是指通过互联网向用户提供各种应用服务。这种应用和目前运营商所提供的通信业务不同，它仅利用运营商的网络，而服务由运营商之外的第三方提供。目前，典型的 OTT 业务有互联网电视业务，苹果应用商店等）。

② 移动互联网（手机 APP）。随着移动互联网的受众黏性逐步增强，以及 APP 数量增长放缓，拥有巨大流量的 APP 也成为广告主的投放重地。目前，广告品牌数量较多的 APP 集中在新闻资讯类，使用频率较高的 APP 更易形成广告吸引力。与传统媒体相比，APP 更吸引垂直类行业。

③ 户外生活圈媒体（电梯电视、地铁电视、公交电视等）。户外活动的增多，推动户外媒体的发展，尤以户外生活圈媒体最为明显。户外生活圈媒体的规模化与场景化，构建品牌的场景化营销生态，获得了越来越多广告主的关注。

2. 媒体生产者预测

中国媒体市场开始形成传统电视媒体、互联网新平台/媒体、生活圈媒体三足鼎立的头部媒体阵营格局。

媒体生产元素将进行大胆的重组，一些其他产业元素和创新因子将会被纳入未来媒体生产的过程之中，有时甚至会取代原来的主体元素。随着受众参与、社群参与、远程参与等生产形式的出现，媒体融合生产、混搭制造、反复生产、合作创新会成为趋势。专业传播者身份淡化给媒体产品出现质量问题而追究其责任增加了难度。由于"人人都是记者"，"各个都有话筒"，本来的"前端制造"可能有部分变成了"终端制造"，而传统的受众一旦成为传播者，传统的生产规则和游戏规则也必将随之改变。

随着信息技术和计算机技术的不断发展,大数据极大丰富了媒体内容的内涵,也冲击了媒体生产者的主体地位。大数据对媒体信息采集来源、生产方式、内容内涵以及"把关人"角色带来的影响的基础上,传统媒体在大数据浪潮中如何重新定义自己的位置,实现媒体从"生产者"到"挖掘者"的转变,为大数据时代媒体生产者的工作提供创新性对策。大数据的充分挖掘和利用,可使一切事物都变得可测量化和可预见性,计算机写作新闻成为新趋势。新闻与娱乐产品私人订制、群体定制成为一种需求和时尚。

3. 媒体消费者预测

越来越多的媒体管理者发现,现在想用一种媒体让所有的受众在场的时代已经一去不复返了。接收媒体信息的"大众"正在消亡,而一种具有各种视听、阅读特点的"小众"正在崛起。过去聚集在客厅里的受众也不多见了,他们待在公司、宅在书居、躺在床上、走在路上、玩在户外。新受众产生新媒体,新媒体产生新体验,新体验产生新需求。广播媒体的重新崛起,地铁报纸的走红,车载媒体的热销,微博微信受到全民追捧,都是受众变化所引发的巨大改变,聪明的媒体企业正是在发现和服务新变化方面获得了飞速发展的机会,才创造了辉煌的业绩。

《山海今》研究是一项针对全国一至四线共 278 城市 15～64 岁居民进行的年度调查,总样本量超过 20 000 个。95 后很大一部分处于学生阶段,所以相对于 80 后、90 后,还未踏上社会,然而他们代表着年轻的消费势力,对于品牌今后的发展至关重要。95 后在第六次人口普查中,人口数约为 7848 万,其占全国当时总人口比例的 5.9%,如图 5-2 所示。

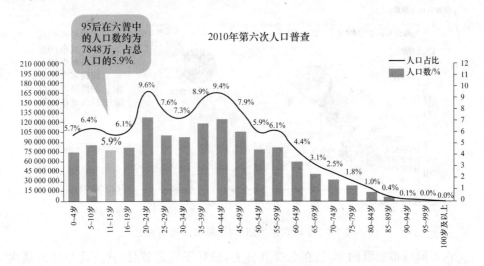

图 5-2　2010 年第六次人口普查

媒体习惯分析——1995 年后中国互联网信息产业发展迅猛,家庭电脑开始普及,根据《山海今》2015 研究发现,95 后人群里,互联网是最经常接触的媒体,其中一二线城市的 95 后互联网的日到达率达 92%,三四线城市为 87%,如图 5-3、图 5-4 所示。此外 95 后的移动互联网使用也要高于电视的使用比例,这一点与 80 后的媒体接触习惯非常不同。此外,研究同时发现 95 后平均每天使用在互联网上花费的时间占到 150 分钟,并且在电视与网络视频上使用的时间近乎相同,均要达到 70 分钟以上,如果要做一道加减题,我们会发现 95 后平均每天上网的时间中有一半的时间是在观看网络视频。同时我们可以发现一二线城市与三四线城市的 95 后在各个媒体上的使用频率以及花费时间上并无太大不同。

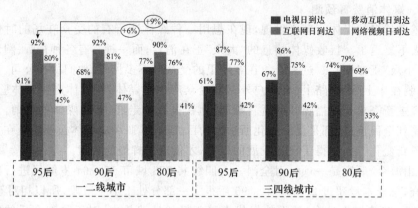

图 5-3 2015 年中国用户媒体习惯分析

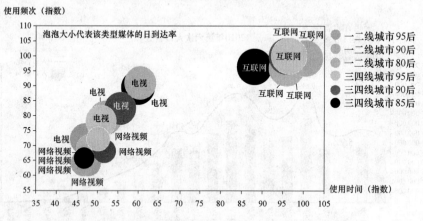

图 5-4 主流媒体使用时长、频次及覆盖人数

在不同城市层级的 95 后在电视节目上,偏好于综艺节目,其占比最高。其次电影与内地连续剧是他们的最爱。而在网络视频类型偏好上,95 后消费者对搞笑视频以及内地连续剧较为热衷,然而通过研究可以发现,一二线城市的 95 后更为喜爱在互联网上观看外国电影,而三四线城市的小青年们则对内地电影情有独钟。

第 5 章 深度融合下媒体环境的反思及未来媒体环境的预测

最喜欢看的电视节目

一二线城市			三四线城市		
95后	90后	80后	95后	90后	80后
综艺节目47%	综艺节目47%	综艺节目45%	综艺节目49%	综艺节目46%	综艺节目42%
电影36%	内地连续剧35%	内地连续剧42%	内地连续剧38%	内地连续剧36%	内地连续剧39%
内地连续剧29%	电影32%	新闻节目38%	电影29%	电影30%	新闻节目29%
新闻节目26%	新闻节目31%	电影28%	港台连续剧19%	新闻节目23%	电影28%

经常看的网络视频节目

一二线城市			三四线城市		
95后	90后	80后	95后	90后	80后
外国电影26%	内地连续剧29%	内地电影28%	内地电影28%	内地连续剧27%	内地连续剧24%
搞笑视频26%	内地电影27%	内地电影24%	内地连续剧28%	内地电影24%	内地电影21%
内地连续剧24%	外国电影26%	搞笑类视频21%	搞笑类视频24%	搞笑类视频23%	搞笑类视频18%
内地电影23%	搞笑类视频26%	外国电影19%	娱乐休闲18%	娱乐休闲20%	娱乐休闲16%

图 5-5 不同城市层级、不同年龄段用户视频类型偏好统计

值得一提的是，在看到电视以及网络视频上出现的广告时，不同际代的消费者的行为分别是什么样的呢？

三四线城市的 95 后均表示遇到电视广告会立即转台，然而根据分析来看，他们对于网络视频广告则更容易接受。一二线城市的 95 后则处于较为中立，通常会视广告的内容是否与自己有关或者有趣来选择是否要看完广告，如图 5-6 所示。

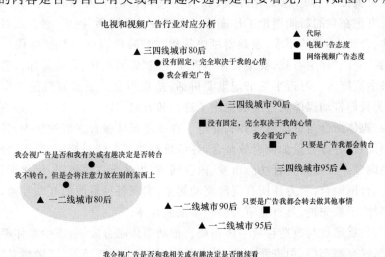

图 5-6 2015 年中国用户媒体习惯分析

5.3.2 传统媒体与新媒体进一步走向深度融合

1. 媒体形态

打造媒体平台需要媒体在内容融合、技术融合、资源融合、运营融合、组织融合五个方面同时进行。其中,技术融合是指充分利用互联网先进的思维方式和技术对原有内容资源进行重新整合,做到以"用户为王"和"互联网+"(而不是"+互联网"),最终形成一体化高效能的解决方案。基于手机等新媒体传播的应用场景已经成为人们阅读资讯的首选,技术革新的方向也应该首先考虑互联网和移动应用的需求和体验。基于云技术和大数据的一体化矩阵式多媒体内容管理平台将成为媒体未来融合发展不可缺少的支撑。

2. 媒体功能

以内容为核心,广告市场将平台、制作方、广告主、各类传播媒体以及目标人群,合成一个联合体,形成紧密关联,融合成市场营销的新生态系统。

"内容审核"的重新定义:大数据会提升技术在媒体生产中的地位。传统的媒体生产由专业编辑、媒体领导作为"把关人"决定什么是受众需要的信息,他们的选择会受到传统的思维模式影响,也会有特定领域隐含的固有偏见。但是,建立在大数据基础上的分析与选择可以有效避免这一问题,给用户更加客观与精准化的信息服务。

3. 传播手段的融合

2014年8月,习近平总书记就推动媒体融合发展作出重要指示,中央深改组会议讨论通过关于推动媒体融合发展的指导意见,媒体融合发展上升为国家战略,成为党中央巩固宣传思想文化阵地、壮大主流舆论的重大部署。2016年2月,习近平总书记在党的新闻舆论工作座谈会上发表重要讲话,提出"融合发展关键在融为一体、合而为一"的要求,强调要尽快从相"加"阶段迈向相"融"阶段,从"你是你、我是我"变成"你中有我、我中有你",进而变成"你就是我、我就是你",着力打造一批新型主流媒体。习近平总书记重要讲话,是我们党关于新闻舆论工作的纲领性文件,为我们推动媒体融合发展提供了遵循和方向。

第一,媒体融合与资源整合齐头并进。在推进媒体融合发展过程中,各种资源如何合理配置,各方力量如何有效整合,各项机制如何无缝对接等,是无法回避、必须解决的问题。要重点整合功能重复、内容同质、力量分散的资源,优化配置,通过报网合一、台网融合,努力让所有资源流动起来,实现各种资源的互联互通,努力打造形态多样、手段先进、具有竞争力的新型主流媒体。

第二,发展增量与改造存量一体布局。推动媒体融合发展,不少媒体都选择从增量做起,成立新部门,引进新人才,开发新应用,推出新产品等。"做增量"取得的成效,增强了媒体融合发展的信心。接下来,要在"做增量"的基础上,尽快推进"改存量",打破旧有藩篱,在渠道、平台、管理、经营、体制机制等各方面走向深度融合,从简单嫁接走向融为一体、合而为一,把媒体融合发展推向一个新阶段。

第三,报道创新与流程创新同步推进。在媒体融合发展开始阶段,许多媒体在报道创新方面迈出了坚实步伐。下一步,要加大力度推进采编流程调整,以符合媒体融合发展要求、适应新兴媒体生产规律、提高新闻生产力水平为目标,加强后台技术支撑,实现信息内容、技术应用、平台终端、采编力量的共享融通,建立全媒体内容生产流程,提高内容生产效率,扩展信息分发渠道,努力实现新闻信息一次采集、多种生成、多元传播。

第四,内容优势和技术支撑双轮驱动。在互联网传播时代,专业、深入、独家、权威的优质内容,以及新闻信息的专业生产能力,是传统媒体无可替代的优势与核心竞争力。目前,在新闻信息内容生产上依然有很大的空间,要始终坚持内容生产创新,以内容优势赢得发展优势。为此,要始终保持对新技术的敏感性和前瞻性,紧盯技术前沿,瞄准发展趋势,不断以新技术新应用促进内容生产。

第五,融合发展与制度改革并行并重。传统媒体与新兴媒体融合,既有发展问题,也有改革问题。推进媒体融合发展,必须通过制度改革,调整媒体机构设置,探索媒体组织重构,推动组织机构一体化、传播体系一体化,实现人员、管理、运行融合。同时,要积极发挥市场机制作用,努力建立可持续发展模式,为媒体融合发展注入源源不断的动力。

4. 技术的融合和经营方式的融合

信息采集来源更多元:伴随着社会化媒体和移动终端的兴起,专业记者不再是媒体采写的唯一主体。一方面,越来越多的互联网用户拥有了"自媒体","众包"方式在新闻界的反映尤为明显,渠道开放使得公众掌握了更多的话语权。另一方面,物联网的建立使得物体的状态数据可以由它们自身所携带的装置向互联网传送,这些数据也将成为未来媒体内容的重要来源。伴随着各种随身设备、物联网和云计算存储等技术的发展,人和物的所有轨迹都可以被记录,移动终端通过位置、生活信息等数据可以更快、更准确地收集用户信息,改变了传统媒体采写的时空观。

生产流程趋于数据化:传统媒体记者的地位受到冲击,这也意味着传统的媒体作为生产的组织者其主体地位也受到了冲击。在维克托·迈尔(牛津大学网络学院教授)看来,数据比有经验的记者更能揭示出哪些是符合大众口味的新闻。博客类网站和个性化的阅读应用如"Circa"等培养了一大批互联网和手机移动终端的忠实用户。平民文化的兴起,大数据一定程度上改变了媒体评判的标准。